品牌

超级品牌管理日志

之王

彭雅青　著

电子工业出版社·
Publishing House of Electronics Industry
北京 · BEIJING

所有的"套路"，正在被踏平成一条路

一

罗伯特·B. 西奥迪尼（Robert B. Cialdini）在其著作《影响力》的开篇，讲述了这样一个故事——

在美国亚利桑那州，一位朋友开了家印度珠宝店，店里的绿宝石首饰一直不大好卖。一天，这位朋友要出城采购，她给售货员写了一张字条："本柜的所有物品，价格乘以 1/2。"

几天后，这位朋友回来了，她发现所有的东西都已销售一空。让她无比惊讶的是，由于自己的字迹太过潦草，售货员把"1/2"误当成了"2"。

所有的首饰都是按原价的两倍卖出去的！

这个故事经典地诠释了"一分钱一分货，价格贵就等于东西好"的顾客心理。但如果把这个故事放在当下的时代环境中，还能有如此结局吗？

答案显然是否定的。

在《影响力》一书出版并风靡全球时，互联网尚不发达。故事之所以如此结尾，是因为买卖双方之间信息不对称。而今，万物互联已渗透到人们生活的方方面面。消费者只要打开手机，就可以对商品的真实情况一目了然，怎么可能轻易为原本半价出售的滞销商品付出双倍的价格呢？

但如何才能按原价的溢价卖出去呢？

除非你是——品牌，或者与品牌有关。

也就是说，互联网荡平了信息不对称的旧有壁垒，让诸多传统营销套路纷纷失灵，唯有品牌尤其是超级品牌，才能赢得强大的市场溢价和消费忠诚。

例如，许多超级品牌越是涨价消费者越排队购买。而许多非品牌产品，哪怕价格"脱了底裤"，销售员心计用尽，也依旧无人问津。

又如，同样是卖笔，某企业将自己与超级文化品牌——孔庙连接，推出孔庙祈福考试专用笔，顿时销量爆棚……

世界，真的变了。

二

有人曾问计算机科学家、图灵奖获得者艾伦·凯："计算机会接管世界吗？"艾伦·凯说："其实对大多数人来说，计算机已经接管了他们的世界。"

品牌化，亦正在全面接管我们的商业世界。

其背后，是一场深彻的消费演变和时代变革。

1. 消费"精"化

以前，人们普遍满足于"能用就行"。现在，人们追求的不再只是对产品功能层面需求的满足，而是对精选、精品和精神层面需求的品牌满足。

2. 竞争"常"化

以前，商家可以"关门做生意"。现在，生产过剩、产品同质、信息过载……竞争白热化已成为商业常态。唯有品牌，才能杀出重围。

3. 世界"平"化

以前，信息不对称、信用不传递、物流不便捷、法规不健全，商家没有"套路"，就可能没有路可走。现在，世界是"平"的，消费者足不出户，就可以"零距离"接触全球品牌。所有"套路"，正在被踏平成一条路——品牌。

甚至在某种意义上，全球化=品牌化、信息化=品牌化。品牌，不仅成企业持续生存之必需，亦成国家商业力量之先锋。

4. 品牌"+"化

有了品牌，才有可能"+"；有了超级品牌，还在不断"+"：+折扣，+资源，+海量用户，+生态圈……"马太效应"愈演愈烈。

尤其面对不断出现的"黑天鹅"，品牌特别是超级品牌的强大确定性，更使其成为整个社会的宠儿，对非品牌形成了扫荡式绞杀……

要么品牌，要么退场。

未来的商业世界，或许就是如此简单而又酷烈。

三

可口可乐前董事长罗伯特·伍德鲁夫曾说："假如我的工厂一夜间被大火烧光，但只要可口可乐品牌还在，第二天我就能东山再起。"

谈起品牌，很多人常常引用这一名言。

但很多人并不知道的是，可口可乐这一畅行世界的棕褐色饮料，原本并非棕褐色，而是绿色。其本是一款减轻头痛的药剂，通过品牌化演变而来。

可口可乐在刚进入中国市场时，也不叫可口可乐，叫蝌蝌啃蜡，销量始终不见起色。后名字一变，效果斐然。

如今红衣红帽的圣诞老人形象，原本也花花绿绿，高矮胖瘦不等。是可口可乐以自己的品牌色重新创作了圣诞老人形象，并以此为代言。这一形象，慢慢演变成全民共识，沉淀成经典符号。

所以，重要的不仅是品牌，更是品牌背后的逻辑、思维与方法。

遗憾的是，面对已经完全变化的品牌生态，很多人对品牌的认知，依旧停留在"品牌只是一个牌子"的阶段。

品牌到底是什么？

名称？商标？名气？产品质量？广告形象？市场溢价？

这些，均只是品牌这只"大象"身上的某一部位，而非"大象"之本身。简单地将它们等同于品牌，就会陷入片面主义和短期主义的泥沼。

例如，中国市场上曾一度流行"名牌"概念，许多企业以为有名就是品牌，纷纷砸锅卖铁争当央视"标王"。结果，在危机来临时，企业说没就没了。

品牌的本质，其实是一种关系，即消费者—品牌关系，其他均只是建立这种关系的媒介而已。

罗伯特·伍德鲁夫之所以有如此底气，就是因为可口可乐通过品牌与消费者建立起了紧密而稳固的关系。若与消费者的关系"起火"，纵有再好的工厂、再响的名气、再美的商标，也是枉然。

诺基亚、柯达品牌大厦的轰然倒塌，不正是典型案例吗？

四

"不要告诉我世界是怎么样的，要告诉我如何创造世界。"

这是 20 世纪 60 年代，美国嬉皮士思潮诞生出的一句醒世之言。

那么，到底该如何进行品牌创建和管理呢？

1. 一个中心

一个中心即以建立、发展和维护与消费者的持续、紧密关系为中心。

借用中国传统文化里的太极图，它可以这样表达（见图 0-1）：

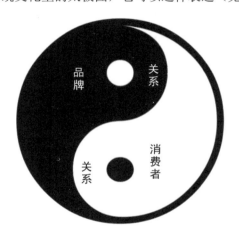

图 0-1　消费者—品牌关系

品牌与消费者相生相连，你中有我、我中有你。企业通过品牌创建和
价值创造，直击消费痛点，满足了消费者对美好消费生活的向往。消费者
通过购买行为和消费忠诚，推动了品牌的进一步发展。

所有品牌，都是从与消费者建立关系开始的。超级品牌，就是超级关系的约定和象征。

2. 两个基本点

两个基本点即以消费需求、竞争对手为基本点，推动品牌的持续发展与壮大。

如果把品牌比作一个人，它可以这样表达（见图0-2）：

图 0-2　人本品牌发展模型

消费者—品牌关系，并不是温室里的花朵，而是市场风雨的产物。在这个过程中，消费需求属于动力，竞争对手属于阻力。

一般来说，当竞争对手产生的阻力大于消费需求产生的动力时，品牌就会退步；当竞争对手产生的阻力小于消费需求产生的动力时，品牌就会进步。品牌必须"死磕"这两个基本点，不断放大动力，消除阻力，方能不断前进。

当然，这里的竞争对手不只是企业同行之间的竞争者，也可能是跨界竞争者，甚至就是品牌自身，抑或是时代变革的风雨。

3. 八大系统

八大系统即通过构建品牌战略、形象、内容、流量、交付、口碑、竞争、公关八大系统，进行系统的品牌建设与管理。

借用中国传统文化里的八阵图，它可以这样表达（见图0-3）：

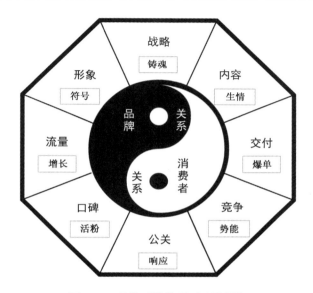

图 0-3　品牌系统管理"八阵图"

八大系统，犹如八大作战方阵，具体而详细地对"一个中心"和"两个基本点"进行了深度呼应——

到底如何才能打造稳固、强大的品牌关系？

到底如何才能持续有效地"放大动力，消除阻力"，构建起自己的超级品牌力？

4. 九大金字塔

九大金字塔即通过打造品牌铸魂、品牌符号、品牌生情、品牌流量、品牌爆单、品牌活粉、品牌势能、品牌响应、品牌关系九大金字塔，对"八大系统"和"一个中心"进行具体建设和深度推进。

例如，品牌战略的核心是铸魂，如何铸魂呢？借用金字塔模型，它可以这样表达（见图0-4）：

图 0-4　品牌铸魂金字塔

这些，正是本书在具体章节里将一一解密的内容。

这些，既源于笔者在长期品牌策略工作中的实践总结，亦源于对上千家中外品牌案例的深度研究。

五

在世界 500 强企业榜单上，最长寿的企业，是已经 355 岁的圣戈班。

圣戈班给自己的定位是——"每个人幸福生活的源泉，人类美好未来的基石"。

很多人可能认为这"好虚"，可恰恰是这份"务虚"，令其创新不止，愈老弥坚。

在世界 500 强企业榜单上，最年轻的企业，是刚刚 10 岁的小米。

小米一直奉行"轻资产"——不建工厂，不压库存。很多人一度质疑：这不是"皮包公司"吗？

事实上，小米的逆袭，正是缘于对品牌本质规律的透彻把握——借力移动互联网，其快速完成了对用户关系的创新耕耘和超级获取。强大的"用户重资产"，才是其笑傲江湖的绝杀武器。

这两个相差 300 多岁的企业，虽然身上沐浴着不同的岁月风雨，但绽放着一种同样的底层逻辑光芒——超级品牌思维。

秉持这样的逻辑，本书从上千个中外知名品牌中，烛照出 100 余个超级品牌经典案例，并通过剥丝抽茧式的"解剖"，以日志的形式，将它们独有的智慧、经验和背后的普适规律，一一奉献给大家。

雀巢如何"把咖啡卖给不喝咖啡的人"？

Costco 为何一开业就火爆无比？

不做广告的海底捞，为何成了流量之王？

…………

本书的诸多案例，无不在极富戏剧性的思维冲突中，将强大的品牌智慧演绎得淋漓尽致。你既可以在此"一览众山小"，也可以"蓦然回首，那人却在灯火阑珊处"。

或许有人会问，我只是一个小微企业的品牌工作者，这些大多是各个领域的"品牌之王"，对我有参照意义吗？

其实，最好的参照，就是向标杆致敬。哪怕是街头卖豆浆的老太太，若有着"品牌之王"的思维，她的豆浆，也会散发出令人心动的独特芬芳。

雷军在创办小米前，就选择了同仁堂、海底捞、沃尔玛和 Costco 为研究标杆。正是在对这几大"品牌之王"的学习和参悟中，找到了属于小米的"王者心法"。

六

20 世纪 50 年代，索尼创始人盛田昭夫去美国拓展市场，美国著名钟表品牌宝路华表示可以一次性下 10 万台订单，但条件是——产品要换成宝路华品牌。

这笔订单金额甚至超过了当时索尼的总资产，以致索尼在东京的董事会强烈要求接受该条件。

但盛田昭夫毅然选择了拒绝——

"50 年前，你们同样也是无名小卒。我现在就是要凭借我们的新产品，迈出缔造 50 年辉煌的第一步。"

不到 50 年，索尼已如日中天，风头远盖宝路华。

2004 年，在中国珠江口岸的海滨之城，当地政府拟引进一家世界 500 强企业收购格力，价格都谈好了，对方还对总经理董明珠做出了 8000 万元年薪的承诺。

但董明珠却强烈反对——

"珠海应打造自己的世界 500 强，而不是依靠别人。"

多年之后，格力果然跻身世界 500 强，崛起为"中国制造"的品牌代言。

当我们越过岁月的尘埃，你是否发现——这两个相隔半个世纪的故事，其画风竟然没有丝毫的违和？

这些年，风起云涌的变革大潮裹挟着每一个人，人们争前恐后，生怕错过每一个"风口"。但大潮散去，那些真正抓住了变革风口的人，恰恰是那些坚守"不变"品格的人。

如梦想、信念、远见，如对真善美的孜孜以求、对匠心精神的锲而不舍，如处低谷时的无畏从容、面诱惑时的初心不改、临高峰时的如履薄冰……

这些，几乎是所有伟大品牌背后的"不变密码"。

所以，在本书里，你遇见的不仅是一个个独一无二的案例，还有其背后一个个鲜活的人——

于地下车库开启了世界最大线上零售帝国之门的杰夫·贝佐斯。

从一个小小县城西装店起步的日本首富柳井正。

卖掉保单、抵押别墅打造"迪士尼乐园"的华特·迪士尼。

巧妙对万宝路实施"变性手术"的李奥·贝纳。

大胆将一场"反倾销官司"打成"国际广告"的曹德旺。

…………

亮一盏灯，与他们促膝而谈，与伟大品牌格局者为伍，不亦乐乎？

七

"这个世界会好吗？"

这是晚年梁漱溟先生振聋发聩的叩问。先生认为，人类面临三大问题，顺序错不得——

先要解决人和物之间的问题，接下来要解决人和人之间的问题，最后一定要解决人和自己内心之间的问题。

这三个问题，不正是每一个品牌面临并需要回答的吗？

你的品牌，如何解决人和物之间的问题？

你的品牌，如何解决人和人之间的问题？

你的品牌，如何解决人和自己内心之间的问题？

从这个角度来看，品牌学从来不是单纯的商品学，而亦是社会学、人文学。

从这个角度来看，中外品牌史正是对这三个问题的追问史、回答史和迭代史。原本冰冷的商业，也因此多了英雄与阳光，多了侠骨与柔情，多了诗与远方。

所以，不管是已在路上，还是尚未出发，每一个品牌和品牌人，都需要清晰地问一问自己——

这个世界，会因我而更好吗？

这个世界，会如何因我而更好呢？

本书，愿陪你一起去探寻属于自己的答案。

目　录

1月　思维革命："品牌+"时代的品牌警钟

2月　常识归位：那些被误读的品牌理念

3月 战略规划：没有"魂"就没有品牌

4月 形象塑造：超级品牌就是超级符号

5月 内容生产：请换个角度"好好说话"

6 月　流量战争：穿越"黑暗森林"

7 月　价值交付：打通信任"最后一公里"

10 月　危机公关：关键时刻的"三重响应"

11 月　管理密码：谁是你的超级品牌官

12 月　未来已来：新品牌，新世界

JANUARY

思维革命：
"品牌+"时代的品牌警钟

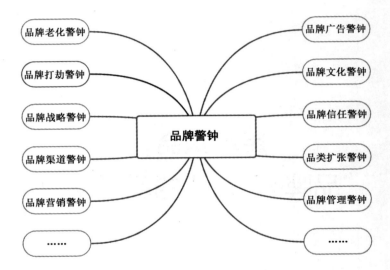

品牌警钟导图

品牌老化警钟："全球最性感内衣"缘何败于性感

品牌老化的本质，不是年龄老化，而是赢得消费者的能力的衰退。

➤ 品牌案例

2020 年 6 月 9 日，全球著名连锁内衣品牌——维多利亚的秘密（Victoria's Secret，VS，中文简称维密）英国公司正式宣布破产，25 家门店全部关闭。

消息传出，舆论哗然。

维密始于 1977 年，崛起于 20 世纪 90 年代，以"贩卖性感"闻名。其 1995 年开始的维密时尚秀，一度成为风靡世界的时尚盛宴，也将"性感营销"推向了巅峰。

鼎盛时期，维密每分钟可卖出 600 件内衣，年销售额达到 107.5 亿美元，是响当当的"全球最性感内衣""世界内衣之王"。

然而，随着人们对性感消费观念的转变，维密迅速跌下神坛。

2020 年 2 月，因不断关店和连续亏损拖累业绩，维密母公司曾计划将整个维密卖掉，估价仅为 11 亿美元。

➤ 品牌分析

几年前，当有模特在维密时尚秀舞台上"一摔成名"时，维密今日之命运，似已显露端倪。

因为，这说明人们对维密时尚秀的兴趣焦点，已不再是黄金身材、天使翅膀和性感内衣，而是"花边新闻"。其背后，是维密尽管很有名，但却已无可奈何老去的现实。

明明拥有高知名度，得到的却是低口碑认可度，这是品牌老化的典型特征。

在商业界，随着时间的变迁，品牌老化是个普遍现象。但品牌老化的本质，并不是品牌年龄老化，而是品牌赢得消费者的能力的衰退。

维密的老化，主要体现在以下三个方面。

一是观念老化。维密以"贩卖性感"起家，但随着多元审美和个性化消费的兴起，其以"魔鬼身材"和"取悦男性"为标志的性感观念开始遭到厌弃，甚至被打上"不健康"和"物化女性"的标签。

二是行为老化。维密时尚秀是维密最重要的营销驱动行为，也是"电视造神"的产物。但随着移动互联网的发展，维密时尚秀与消费者渐行渐远，最终因收视率下降而停办。

三是场景老化。全球店面连锁，一直是推动维密崛起的重要场景。但在电商时代，成本高昂的门店，成了维密的沉重包袱，而新冠肺炎疫情则成了压垮其英国公司的"最后一根稻草"。

显然，时代在变，环境在变，品牌与消费者的逻辑关系也在变。

在传统媒介时代，信息以单向传播为主，品牌的主动权属于企业，以宏大主题为中心的"洗脑式营销"，是品牌赢得消费者的能力的重要表现。

在移动互联网时代，信息以社交交互为主，品牌的主动权属于消费者，以消费者口碑为中心的"价值互生"，才是品牌赢得消费者的能力的全新表现。

昔日成就你的高山，可能就是今天埋葬你的深坑。维密英国公司的破产背影，是给所有品牌敲响的沉重警钟！

➢ 品牌感悟

我们未来的富有不在于财富的积累，而在于观念的更新。

——彼得·德鲁克

品牌打劫警钟：大润发"卖身"阿里巴巴的背后

一个全新的品牌竞合时代已经来临，"品牌打劫"正成为新常态。

➢ 品牌案例

"我战胜了所有对手，却输给了时代。"大润发创始人黄明端的这一名言，曾刷爆网络。

黄明端是中国台湾人，其1997年携大润发进入大陆，一手打造出横跨海峡两岸，由华人领导的第一大零售品牌。2016年，大润发营收破千亿元，牢牢占据中国大陆零售业第一把交椅，并将第二名远远甩在身后。

但即便是这样的行业巨头，也难逃被新兴电商"打劫"的命运。2017年，大润发被阿里巴巴收购；2018年，黄明端等高管集体辞职，被业界视为零售业改朝换代的标志性事件。

➢ 品牌分析

关于大润发被阿里巴巴收购，网上流传着这样一个段子——听说在大润发购物不能使用支付宝，马云果断表示：买下！

段子当然只是段子。但段子的背后，透露出大润发的尴尬——当街边卖菜的老太太都已经接受支付宝付款时，当马云倡导的新零售变革已经势不可挡时，不接受支付宝的大润发实际上已经落后了。

黄明端并非没有看到这样的趋势，他也曾经希望独自给实体零售找出一条出路，并选择亲自主抓飞牛网。但事实证明，用台湾模式来做电商不仅水土不服，反而耽误了提前改造大润发的宝贵时间。

飞牛网的失败，宣告了大润发自我变革遇阻，也注定了大润发"卖身"的结局：顶住了同行惨烈的竞争，却在趋势面前败下阵来。

套用那句流行的话："时代抛弃你时，连一声再见都不会说。"

这到底是一个什么样的时代？

当中国移动和中国联通竞争得不可开交的时候，它们没想到会被微信抄了后路。

康师傅和统一方便面的销量急剧下滑，并非因为白象、今麦郎等对手凶猛，而是因为美团、饿了么等外卖平台的出现。

尼康关闭了它在中国的工厂，不是因为被索尼、佳能等同行打败，而是因为智能手机的崛起。

抢了银行生意的，竟然是支付宝、微信红包及京东金融。

故宫悄悄卖起了口红，可口可乐卖起了咖啡……

这是一个全新的品牌竞合时代！

互联网在重构了人与信息、人与社交、人与商品、人与金融的交互关系之后，又在重构一个全新的消费生活方式。在这样的重构中，所有的用户习惯都可能被重新改写，所有的品牌都可能被重新定义，你的对手可能并非你的同行，而是来自你未知的新领域。"品牌打劫"便成为新常态。"新物种"往往踩着老品牌的"尸骨"，黄袍加身，君临天下。

而"品牌打劫"之所以如此强悍，就在于"打劫者"往往自带流量优势、用户优势、技术优势及品牌优势而来，并重新生成一套全新的游戏规则，在新的维度对你的消费者进行"截胡"。未来的品牌竞争，将是全方位、多维度、新局势的用户争夺战，传统的竞品思维正在失效，来不及变革的品牌，随时都可能遭遇"虚晃一枪"。

从这个意义上说，"大润发事件"不是第一起，更不会是最后一起。

> **品牌感悟**

消费习惯及用户关系的改写，是最大的"打劫"。

品牌战略警钟：乔布斯成功预言了苹果的颓势吗

任何市场和业绩上的漂亮数据，都掩盖不了品牌战略的"懒惰"。

➤ 品牌案例

2020 年 5 月，市场分析机构 KeyBanc Capital Markets 发布的报告显示，4 月，iPhone 销量同比下降 77%，环比下降 56%。

2019 年，iPhone 销量下滑，已被三星、华为甩在了后面。2020 年，这种趋势似乎愈演愈烈。

在中国市场，iPhone 2020 年第一季度的销量让人大跌眼镜——被 OPPO、VIVO、华为、小米悉数超越，位居第五。据路透社报道，苹果因隐瞒中国市场 iPhone 需求下滑的事实致股东损失数百亿美元，而遭到起诉。

那个昔日的手机霸主，那个曾"重新定义了手机"的苹果，到底怎么了？

➤ 品牌分析

对于苹果之颓势，有人根据苹果创始人乔布斯生前的视频感叹——乔布斯早就预言到了！

原来，在早年的一次访谈中，乔布斯曾谈到处于垄断地位的科技公司因为营销人员掌握了话语权，不再注重产品研发而衰败："能让公司更成功的是营销人员，于是他们就能控制公司。而那些产品部门的人就会被逐渐边缘化，接着公司就会忘记打造优质产品的意义。"

2011 年，乔布斯去世，由营销出身的库克接棒，这被很多人视为苹果命运的转折点——那个曾誓言"改变世界"的苹果，从此再也没有推出任何重新定义大众消费电子市场的重大创新产品。

不过，表面看来，这是乔布斯时代与库克时代的区别，是产品先导还是营销先导的问题，在本质上，这是苹果的品牌战略问题。

在乔布斯时代，苹果执行的是进攻性的品牌战略。苹果原本只是一个小众电脑公司，可乔布斯并不局限于此，先后推出 iPod、iPhone、iPad 三个革命性的产品，一举重构了传统音乐、手机和电脑行业，奠定了其在电子产品市场的霸主地位。

到库克时代，苹果执行的是防御性的品牌战略。推出大屏，推出金色、玫瑰色款式，推出双卡双待，推出平价 iPhone ……对于市场，苹果不再刻意进行改变，而是不断迎合。在这样的迎合中，苹果曾一举成为美国首个市值超越万亿美元的上市公司；苹果市值的大部分增长，也均发生在库克时代。

然而，库克尽管赢得了公司业绩和市值的增长，但这种增长，却变得越来越不可持续——

既然不再"重新定义"，三星、华为等追赶者对市场的蚕食甚至颠覆，就成为必然。

既然不再"无可替代"，落空的用户期望就开始演变为"票房毒药"……

显然，在这个一日千里的新科技时代，最好的战略防御，其实就是战略进攻；最好的市场营销，其实就是战略创新。唯有时刻保持品牌战略的坚定性、敏锐性和先进性，方可"以不变应万变"。否则，任何市场和业绩上的漂亮数据，都掩盖不了品牌战略所体现的惰性。苹果需要的，是彻底的战略革新，而不是温和的市场修补。

"活着就是为了改变世界，难道还有其他原因吗？"

这是当年乔布斯振聋发聩的宣言。或许，这也是乔布斯送给所有品牌尤其是高科技品牌的"战略警钟"——改变，是应对这个变化世界的不变法门。

> **品牌感悟**

品牌决定成败？一定要在战略"勤奋"的前提下！

品牌渠道警钟："国民第一奢侈品牌"为何风光不再

渠道利益链升级为品牌价值链，方能赢得未来。

➤ 品牌案例

谁是中国市场的"国民第一奢侈品牌"？

若回到 20 世纪八九十年代，那一代人几乎有着共同的答案——皮尔·卡丹。

1978 年，皮尔·卡丹品牌创始人皮尔·卡丹先生第一次来到中国，并登上了长城。文明古国散发的强大市场潜力，促使他决定在这里播下时尚的种子。这一创立于 1973 年的法国品牌，成为第一个进入中国的奢侈品牌。

据报道，在巅峰时，皮尔·卡丹占了中国高档服装市场份额的 40%，是当之无愧的"国民第一奢侈品牌"。

然而，进入 21 世纪，皮尔·卡丹在中国很快走下"神坛"，跌落出一线品牌的阵列。

➤ 品牌分析

深陷"假货""山寨"及"质量门"——人们普遍认为，这是皮尔·卡丹在中国逐渐衰落的主要原因。但实际上，其背后的品牌渠道运作模式才是"罪魁祸首"。

皮尔·卡丹采取的是品牌授权代理模式。

皮尔·卡丹在 140 多个国家拥有 800 多个注册品牌特许经营权，每年卖出上千件设计草图。2009 年，皮尔·卡丹甚至将其在中国区所有业务的商标权，均出售给了中国机构。

这一由皮尔·卡丹首创的模式，曾一度在业界影响巨大，并受到设计师品牌的追捧——授权代理能迅速建立渠道，抢占市场，降低市场拓展风险，给品牌方带来巨额的前期利润。

然而，大面积的品牌授权，亦导致皮尔·卡丹失去了对品牌旗下产品品质和口碑的有效把控。良莠不齐的产品、口径不一的宣传、各自为政的降价、不断涌现的假货，对皮尔·卡丹品牌造成了直接的、不可逆的严重破坏。

事实上，不仅皮尔·卡丹，包括爱马仕、香奈儿、迪奥、路易威登等在内的很多国际奢侈品牌，都曾靠品牌授权获益。但后来，许多奢侈品牌又迅速收回了授权。而依旧狂奔不止的皮尔·卡丹，最终一步步滑落。

皮尔·卡丹的风光不再，宣告了传统品牌渠道思维的终结——昔日"占地为王""铺货为王"的时代已经过去，品牌正迎来"占心为王""价值链为王"的新渠道时代。

也就是说，一切品牌，均应以占领消费者的心为核心，让渠道利益链升级为品牌价值链，方能赢得未来。

在这个过程中，品牌渠道的两个核心变革，正愈发明显。

一是渠道分化。实体渠道、电商渠道、微商渠道、会员渠道、直销渠道……品牌渠道正在不断分化，品牌与消费者正在向"零距离"发展。

二是价值聚化。分化的渠道，瓦解了传统的品牌渠道壁垒，品牌必须让自己的价值更加凸显，才能打动消费者的心。所以，品牌渠道在分化的同时，又在进行着价值聚化。

分化是放，聚化是收。放是拓展，收是管控，一放一收间，构筑起全新的品牌价值链，翻开了品牌渠道建设的新篇章。

➤ 品牌感悟

渠道建设，不仅要让消费者"买得到"，更要让消费者"买得爽"。

品牌营销警钟：“黄”了的“网红餐饮鼻祖”

不能转化为品牌效应的“网红”效应，都是伪效应。

➤ 品牌案例

他在北京，女友在天津。每次去看女友，他下了火车总喜欢买一个煎饼果子。2012 年，他辞职创业，决定做个煎饼果子铺。

他叫赫畅，这个煎饼果子铺，就是后来响彻大江南北的“网红餐饮鼻祖”——黄太吉煎饼。最风光时，黄太吉的估值高达 12 亿元。

然而，仅仅 3 年之后，黄太吉就迎来关店潮。2019 年，曾号称要做“中国麦当劳”的黄太吉，已被列入失信被执行人名单。

➤ 品牌分析

2012 年，互联网思维开始流行，赫畅凭借“开跑车送煎饼”“美女老板娘”等新鲜概念，通过微博等网络渠道，让黄太吉煎饼迅速爆红。

但这些概念，除了博人眼球的噱头，几乎都与煎饼本身无关。

黄太吉的重心，似乎也从来没有放在煎饼本身上，其官方微博甚至直接拉黑了说煎饼不好吃的人。“很多人说黄太吉煎饼难吃，我从来不直接回应，因为我觉得这样的人太 Low 了！我有说过我做产品了吗？”赫畅曾如此坦言。

将营销与产品割裂，在一开始就注定了黄太吉的命运——因为缺乏过硬产品的核心支撑，缺乏对用户口碑的悉心经营，其轰轰烈烈的“网红”效应，最终并没有转化为品牌效应——“网络噱头”虽然帮助黄太吉赢得了眼球，甚至资本，却没有赢得顾客。

因为，对于顾客来说，餐饮毕竟是餐饮，顾客是来吃东西的，而不是来看热闹的。

近些年，随着移动互联网的迅猛发展，互联网营销风起云涌，"网红"也一度被视为"互联网营销头顶的皇冠"而备受追捧。但一切互联网营销，均只是一种连接方式和营销手段的改变，并没有改变商业的本质——赢得品牌效应，才是一切品牌营销的根本，也是检视真假"网红"的关键。

什么是品牌效应？就是品牌赢得顾客的效应。其背后，是包括产品、组织、战略、营销等综合的顾客经营能力。

概括为一句话就是：你的品牌靠什么赢得顾客，并持续这种赢得顾客的效应？

这是任何一个品牌都必须回答的"生死之问"！

佛说：用手指着月亮，可千万别把手指当月亮。将"网红"效应当作品牌效应经营，追求"爆红""速效"，而不在顾客经营能力上精耕细作，是众多"网红"餐饮品牌失败的根源，也是一切品牌营销应当尽力避免的误区。

➢ 品牌感悟

没有赢得顾客的能力，再"红"的品牌，也难逃"黄"的命运。

品牌广告警钟：金立式"豪赌"为什么不灵了

以激活用户价值为核心的有效沟通，才是品牌广告新王道。

➤ 品牌案例

2005 年，刘德华携一款手机登上央视一套，用不太标准的普通话大声念道："金品质，立天下。"从此，金立开始名扬天下。

这则由著名导演冯小刚亲自拍摄的广告片，成了金立迈向"国产手机销量第一"的重要标志。

10 年后，中国手机市场已全面进入智能时代，金立风光不再，于是再次找到冯小刚合作，试图重现昔日的"王者荣耀"。

冯小刚问金立掌门人刘立荣，诺基亚怎么就没了呢？

刘立荣回答："缺乏适应性，诺基亚的体制、文化让它缺乏了适应性。"

然而，自以为具备"适应性"的金立，最终也没能适应新的时代。2018 年年底，金立宣告破产重组，刘立荣被法院列入失信被执行人名单。

➤ 品牌分析

2015 年，刘立荣亲自驱动金立转型。这个昔日的"国产手机销量之王"喊出了新口号——"金立，成功的标配"，希望再次借助广告，取得成功。

但这次，成功不再。

据刘立荣透露，2016—2017 年，金立投入营销费用 60 多亿元。在代言人方面，从冯小刚徐帆夫妇、柯洁、余文乐到吴刚、凤凰传奇、刘涛、薛之谦，可谓星光熠熠；在节目冠名方面，从《笑傲江湖》《四大名助》《欢乐喜剧人 3》到《最强大脑》《跨界歌王》，可谓全面出击……

这样的"豪赌"，不但与 10 年前如出一辙，甚至有过之而无不及。

10 年前，信息传播途径单一，传统媒体处于"中心位置"，品牌利用信息不对称，只需要向传统媒体疯狂砸广告，就可以获取高流量，不需要和用户直接沟通。"在央视打广告+线下快速开店"曾一度是品牌屡试不爽的成功模式。

但在移动互联网时代，信息的旧有传播壁垒被颠覆，用户拥有了信息的主动选择权，甚至传播权。品牌必须和用户直接发生关系，让用户产生兴趣，主动选择，才能形成真实流量。

也就是说，广告的核心在于激活用户价值，与用户达成有效沟通关系。否则，用户可以对你视而不见、见而不理、理而不睬。

显然，金立这种以传统电视渠道为主的广告，不仅流量效应式微，而且用户无感。尤其是，面对中高端有华为、苹果的"铜墙铁壁"，中低端有小米、OPPO 的年轻化"铁粉"，金立始终没能回答——成功者，为什么一定标配金立，而不是其他品牌？

缺乏用户价值激活和有效沟通的金立广告，只是依赖冯小刚等名人背书式的自说自话、自导自演。这样的广告，自然扛不起金立转型的"包袱"，更无法再现其 10 年前的"神话"。

可在疯狂的广告计划催促下，金立频繁地推出新机型，不断地更换代言人，试图全线出击，力挽狂澜……最后，一批高调推出又快速退场的新产品，不但增加了库存，败坏了口碑，更压垮了自己。金立的"王者归来"梦，终成泡影。

➤ 品牌感悟

广告不是万能的，"赌徒式"的传统广告思维更是万万不能的。

1月19日

品牌文化警钟：中国国产可乐的集体之殇

品牌的终极竞争，就是品牌文化的竞争。

➤ 品牌案例

生活在 20 世纪八九十年代的人，可能都还记得"非常可乐一开，好事自然来""汾煌可乐，大家齐欢乐"的广告语。

20 世纪 80 年代，天府可乐甚至被定为国宴饮料，一度占据了国内饮料市场 75% 的份额。

娃哈哈集团旗下的非常可乐，年销售额曾近 30 亿元。

还有少林可乐、崂山可乐、幸福可乐……细细数来，我国的可乐品牌曾经多达数十种。

但如今，它们大都已销声匿迹。可口可乐和百事可乐在中国市场达到了绝对垄断。

➤ 品牌分析

一提起圣诞老人，你可能就会想到那个红衣、红帽、白胡子的快乐老人形象。这，已经是标志性的世界文化符号。

但很多人并不知道，这个形象源自可口可乐的品牌广告。

此前，市面上圣诞老人的形象多种多样，服装花花绿绿且高矮胖瘦不等。1931 年，可口可乐请著名商业插画家 Haddon Sundblom 以可口可乐品牌色创作了圣诞老人形象，并以此作为形象代言。此后数十年，随着可口可乐品牌广告的不断持续和强化，这一形象，慢慢变成了全民共识，成了经典文化符号。

之所以提及这段往事，是想告诉读者——文化，才是"两乐"横扫世界的最大"杀手锏"，也是中国本土可乐品牌集体溃败的根源。

可口可乐代表快乐，百事可乐崇尚青春，它们背后的可乐文化实际上是美国文化的缩影。

不论是消费者，还是国产可乐品牌的缔造者，似乎都默认了这种认知。于是，大部分国产可乐从口感到称号，从包装到概念，从广告到活动，都迷失在对"两乐"的模仿里。尽管许多国产可乐大打民族牌，宣称是"中国人自己的可乐"，但没有人能够给出下面这个问题的答案：遮掉 Logo，一瓶同"两乐"并无明显差异的国产碳酸饮料，与中国人和中国文化到底有什么关系？

这样的尴尬，似乎注定了中国可乐品牌的集体之殇——当可乐市场的大门一步步打开，"两乐"携原生可乐文化长驱直入，几十种国产可乐竟无一能与之抗衡。

品牌战略家斯科特·多哥曾指出："打动你头脑的品牌你会为它而改变，打动你心灵的品牌你会为它而奉献。"品牌文化的价值，在于它通过精神境界的塑造，赋予产品以温度和灵魂，带给消费者更高层次的情感体验、价值共鸣及精神归宿。

可以说，品牌的终极竞争，就是品牌文化的竞争。

最典型的莫过于非常可乐，它由娃哈哈集团于 20 世纪 90 年代末推出。当时的"两乐"已经雄霸中国城市市场，非常可乐转而进军农村市场，凭借娃哈哈在二三线市场的渠道优势，年销售额一举突破 20 亿元，与"两乐"形成三足鼎立的局面。

然而，当"两乐"渠道下沉，可乐文化开始在中国农村普及时，无法形成自有文化的非常可乐很快就溃不成军，至今已难觅踪影。

没有文化的强力支撑，资本、渠道、市场、营销等几乎所有的壁垒都将不堪一击。这便是品牌之"魂"的力量，更是品牌之"魂"的警钟！

➤ 品牌感悟

资源是会枯竭的，唯有文化才会生生不息。

——《华为基本法》

品牌信任警钟：别了，那些伪装的"洋马甲"

品牌立信，不再迷信"信任状"，而要构建"价值锚"。

➤ 品牌案例

"实际上，这么多年来，我们发现加上'法国'两字不仅没能令销量增加，反而制造了很多麻烦。"2010年，网友爆出号称"法国彩妆品牌"的卡姿兰其实是国产货，卡姿兰创始人唐锡隆在接受媒体采访时，发出以上感慨，并公开表示："我们马上就把'法国'二字去掉，不要了。"

去掉了"法国"字眼的卡姿兰，果然更加熠熠生辉。《2018Q2天猫热销品牌排行榜》数据显示，在颇受关注的唇膏/口红品类中，卡姿兰超越众多国际品牌，位列大众彩妆销量榜第一。

➤ 品牌分析

诺贝尔瓷砖诞生于杭州，跟诺贝尔没有关系；乔丹运动鞋跟"飞人"乔丹也没有关系；美国加州牛肉面大王创始人是个美籍华人；法国合生元、美国施恩奶粉都是广州企业……

曾几何时，国产品牌披"洋马甲"的现象，屡见不鲜。

站在品牌管理的角度，这叫建立"信任状"。

"信任状"是品牌让消费者产生信任的一种"投名状"。在传统工业时代，信息传播渠道有限，品牌与消费者之间的信息并不对称。为赢得信任，让自己与可信的权威关联方联系起来，是营造"信任状"的最基本套路。

披"洋马甲"、上权威媒体、找明星代言、请专家推荐、挂各种荣誉头衔……都曾是功效强劲的"信任状"。

但在互联网时代，信息高度透明，消费关系重构，传统的"信任状"开始失灵。

首先，消费者只要打开手机，就能溯源品牌的前世今生。一旦被爆出品牌是"伪装"的，即便其本身表现良好，"欺骗"也将成为其难以摆脱的"污点"。

其次，消费者经过市场"教育"，已不再迷信"信任状"，也不再执着于"洋"还是"土"，而是追求所见即所得——我喜欢的、我有体验感的、对我最有价值的，就是最好的品牌。

于是，"价值锚"理念开始兴起。

《爆品战略》一书指出，"价值锚"就是从用户的角度出发，从用户痛点、产品尖叫、爆点营销等维度寻找他们对一款产品做出判断的价值锚点。

通俗地说，打动用户的关键，已不再是信任背书，而是找到能直击用户内心的"价值锚"。

卡姿兰的经历，正是从"信任状"崇拜到"价值锚"思维的转换。告别"洋马甲"，聚焦用户价值，卡姿兰不但没有失去用户，反而超过了许多国际品牌。

"做出年轻人足够喜欢的产品，用年轻人喜欢的方式呈现出来。年轻人自然就会喜欢中国品牌。"唐锡隆感言。

不仅卡姿兰，小米的爆品理念、滴滴出行的补贴思维、微信的红包服务……均是"价值锚"思维的典范。互联网公司的名字一度被人们笑称为"动物世界"，也是基于这一理念——只为用价值让用户"走心"，而非靠"背书"令用户信任。

其实，洋品牌也好，本土品牌也罢，关键看你是不是有价值的品牌！

➤ 品牌感悟

中国企业的下一个机会：成为价值型企业。

——陈春花

1月25日

品类扩张警钟：地产巨头为什么卖不好一瓶水

品类扩张一定要基于价值能力，而非价钱能力。

➤ 品牌案例

与一开始的"高调诞生"完全相反，恒大冰泉的"卖身"显得异常低调。

2016年9月，中国恒大在香港联交所悄然发布公告称，以18亿元将恒大冰泉售与第三方。

3年前，在亚冠决赛的鲜花和镁光灯下，恒大宣布进军矿泉水领域，那时是何等的豪迈！掌门人许家印更是亲自宣布"卖水小目标"：销售额第一年达到100亿元，3年后达到300亿元。当时，行业几个领军企业的销售额总和，也才300多亿元。

显然，雄心勃勃跨界的恒大在交了天价学费后，最终选择了撤退，成了快消品行业的匆匆过客。

➤ 品牌分析

许多人至今还记得恒大冰泉的第一次亮相——2013年11月9日，在备受瞩目的亚冠决赛上，恒大球员的球衣上突然出现了"恒大冰泉"四个字。这格外抢眼的强力传播，让恒大冰泉一举成名。

结局，怎么就完全相反了呢？

其实，恒大冰泉犯了许多知名品牌曾经犯过的跨界错误。

企业发展到一定规模进行品牌跨界原本并没有错，这也是企业做大做强的重要路径。但每一个行业有每一个行业的规律，品牌进行品类扩张，一定要基于价值能力，而非价钱能力。否则，就可能搬起石头砸了自己的脚。

什么是价值能力？就是品牌进入新品类能持续为顾客创造卓越价值的能力。这种能力主要源自三个方面：品牌基因的创新能力，品牌组织的经营能力，品牌发展的动态能力。

也就说，你的品牌基因是否适应新的行业？你的品牌组织能否驾驭新的行业？你的品牌发展能否应变新的行业？

什么是价钱能力？即品牌进入新品类能整合行业资源的议价能力。这种能力主要体现在现有品牌影响力、现有资金实力、现有行业资源、现有机会优势等方面上。

价值能力是一种内生能力，也是品牌跨界的"生根"能力；价钱能力是一种外在能力，却是很多品牌贸然跨界的"诱因"。因为外在能力"看上去很美"，而内在能力又往往容易被忽略。

恒大冰泉的高调起步，正是缘于其超常的价钱能力：品牌优势、资金优势、水源优势、传播优势……这些，恰恰掩盖了其价值能力的不足。

房地产行业考量的是资本运作的能力，而快消品行业考量的是市场运作的能力，两者截然不同。在恒大冰泉项目启动时，其主要团队成员均来自恒大地产，对快消品所知甚少。恒大冰泉的运作套路，从品牌策略到渠道路数，都带有地产商的影子……这样的跨界，焉能不被市场"教做人"？

其实，当年娃哈哈跨界奶粉、贵州百灵药业进军饮品、餐饮品牌湘鄂情转型互联网……都是因为在新品类的价钱能力有余、价值能力不足而失败的。甚至当年派克生产低档笔都遭到挫折。恒大冰泉，只是为此再添警钟而已。

➤ 品牌感悟

鸡蛋从外打破，是食物，从内打破是成长与生命。

——李嘉诚

1月28日

品牌管理警钟：一把吉他引发的品牌事故

品牌管理不是单一的"某某为王"，而是整体的"系统为王"。

➤ 品牌案例

2008年3月，加拿大歌手戴夫·卡罗尔（Dave Carroll）乘坐美国联合航空公司的航班前往美国。在行李托运过程中，他的一把价值3000美元的吉他被摔坏了。

在此后长达9个月的时间里，卡罗尔先后向美国联合航空公司的诸多部门投诉，结果，"皮球"被踢来踢去，他要求赔偿的诉求始终没有得到解决。

卡罗尔决定利用音乐讨回公道。他将事件经过谱写成一首名为《美联航弄坏吉他》（United Breaks Guitars）的歌曲，并拍成MV放到网上。没想这首歌迅速爆红，10天之内，其点击量竟近400万次……

美国联合航空公司因此付出了巨大代价——其不但备受舆论指责，而且股价暴跌10%，相当于蒸发了1.8亿美元市值。

➤ 品牌分析

"……联航啊，联航/你们弄坏了我的'泰勒'吉他……"

当这首《美联航弄坏吉他》的歌曲火爆网络时，美国联合航空公司的管理层无疑懊恼不已。后来，他们不但主动要求给予赔偿，还声称要用这个歌曲视频培训员工，以提高服务水平。

可他们一开始为什么没有这个态度呢？

一个原本非常普通的客户投诉，最后演变成重大的品牌事故，表面看来，这是因为美国联合航空公司服务部门的"傲慢"与"忽视"，其实是因为美国联合航空公司品牌系统管理思维的缺失。

对于品牌管理，很多人错误地认为，只有有了品牌，才需要管理；或者品牌发生了危机，再去管理。事实上，是因为有了管理，才有品牌；有了管理，才减少或杜绝了危机的发生。

品牌管理是个系统工程，它贯穿品牌塑造、维护、发展的全过程，是品牌资产的"火车头""安全带""保护伞"。它的核心，不是见招拆招，而是从系统抓起，做长期管理。

也就是说，企业的品牌管理，并不是某一部门、某一环节、某一时段的工作，而是贯穿企业上下的全员行为，贯穿消费关系的全域功课，贯穿发展始终的长期工程。它是一个有机整体，需要产品、渠道、传播、营销、服务等所有环节围绕品牌顶层设计的紧密配合、系统推进。它不是单一的"某某为王"，而是整体的"系统为王"。

尤其在万物互联时代，人人都是"自媒体"。若没有系统的品牌管理思维，任何一个小小的疏忽，都可能演变成一场巨大的危机海啸。

星巴克品牌创始人霍华德·舒尔茨曾指出："品牌其实是很脆弱的。你不得不承认，星巴克或任何一种品牌的成功不是一种一次性授予的封号和爵位，它必须以每一天的努力来保持和维护。"所以，他称"管理品牌是一项终生的事业"。

➤ 品牌感悟

人格乃是我们所有的各种习惯系统的最后产物。

——约翰·华生

2

常识归位：
那些被误读的品牌理念

商号=品牌？

代言=品牌？　　　　　　贴牌=品牌？

产品=品牌？

盈利=品牌？　　　　　　品类=品牌？

销售=品牌？

烧钱=品牌？　　　　　　大企业=品牌？

名气=品牌？

品牌常识导图

销售 ≠ 品牌：你嫁给我吧，我是谁谁谁

销售是一种推介力，品牌是一种吸引力。

➤ 品牌案例

这是一位市场学教授在演讲时，给出的关于销售与品牌的绝妙比喻：

男生对女生说：嫁给我吧，我是最棒的。

这是推销——直接向顾客兜售产品。

男生对女生说：嫁给我吧，我爹有 3 处房子。

这是促销——在产品之外，增加"好处"吸引顾客。

男生对女生说：我不仅是最棒的，我爹还有 3 处房子，将来都属于你。

这是营销——一种综合性的销售策略。

男生对女生说：嫁给我吧，我是谁谁谁。

这是品牌——一个名字，胜过千言万语。

➤ 品牌分析

品牌的英文单词 Brand，源自古希腊文 brandr，意思是"To Burn"，即"烧灼""烙印"。

在古时，为在交易时区分财产，西方牧场主们常在马、牛、羊等牲口身上烙上能够识别的印记。这些烙印，就是品牌的雏形。

到中世纪的欧洲，手工艺匠人们开始用烙印的方式标记自己的产品，除了便于顾客识别，还表示其对产品的承诺。这种承诺，不只是功能性的，还包括情感、个性和价值观等。

20 世纪，品牌的理念开始在西方企业中普遍兴起，关于品牌的定义，也变得明晰起来。归纳起来，主要有以下几个流派。

1. 品牌是一种识别符号

代表：美国市场营销协会（AMA）。

它认为，品牌是用以识别产品或劳务的名称、术语、象征、记号或设计及其组合，以和其他竞争者的产品或劳务相区别。

2. 品牌是一种综合印记

代表：大卫·奥格威（David Ogilvy）。

他认为，品牌是一种错综复杂的象征，它是产品或企业的属性、名称、包装、价格、历史、声誉、广告风格的无形组合。

3. 品牌是一种消费感受

代表：杰克·特劳特（Jack Trout）。

他认为，品牌就是代表某个品类的名字，当消费者有相应需求时，立即想到这个名字，才算真正建立了品牌。

4. 品牌是一种无形资产

代表：大卫·阿克（David Aaker）

他认为，品牌是具有战略价值的资产。品牌资产主要包括 5 个方面，即品牌忠诚、品牌知名度、感知质量、品牌联想、其他所有权品牌资产。

5. 品牌是一种消费关系

代表：苏珊·福尼尔（Susan Fournier）

她将品牌与消费者之间的关系，类比为人际交往中的关系模式，并提出了品牌关系发展的六个阶段：注意、了解、共生、相伴、分裂和复合。

当然，随着时代的变革，品牌的实践和理论还在发展变化中。

但不管教授的比喻，还是专家的定义，从表面看来，品牌与推销、促销、营销一样，都是一种市场策略行为，都是一种与顾客沟通、承诺的方式。本质上，它们其实是不一样的。

推销、促销、营销，是一种推介力，核心在于通过对顾客的有效说服，而让顾客被动购买。品牌是一种吸引力，核心在于通过对消费者心智中"烙印"的系统构建，实现顾客主动购买。

前者是有形的，卖货具有短期性，后者是无形的，卖货具有长期性；前者是市场战术，是一种点的积累，后者是企业战略，是一种面的引爆。

一句话：做销售不等于做品牌。只有跳出销售层面，站在更高维度上理解品牌，我们才会探寻到品牌蕴含的宝贵财富和无穷力量。

➢ 品牌感悟

建立品牌的目的，其实就是要让销售成为多余。

商号≠品牌：不同的"同仁堂"

商号握在企业手中，品牌存在于消费者心中。

➤ 品牌案例

2018 年 4 月 20 日，证监会官网披露天津同仁堂计划 A 股上市的招股书。对此，很多人表示惊讶：同仁堂不是 1997 年就已经在 A 股上市了吗？

原来，此同仁堂非彼同仁堂。

1997 年上市的那家是北京同仁堂。二者之间，没有任何利益关联。

而且，全国名为同仁堂的不止这两家。

还有南京同仁堂、成都同仁堂，甚至还有台湾同仁堂。它们均属不同的企业，生产不同的产品，彼此之间并无瓜葛。

➤ 品牌分析

商号和品牌是两个极易被混淆的概念。就像很多人容易混淆这么多"同仁堂"一样。

1669 年（清康熙八年），乐显扬在北京创办同仁堂药室，以供奉御药名扬天下。"同仁堂"这个名字取自《易经》，意为"无论亲疏远近一视同仁"。这就是现在北京同仁堂的前身。

天津同仁堂始于 1644 年张孙氏在天津创办的张家老药铺，乾隆年间，因代理北京同仁堂的产品而易名。

民国时期，北京同仁堂开设南京分号，从此有了南京同仁堂，1956 年公私合营后，南北同仁堂分开经营，各成一家。

成都同仁堂，原名"陈同仁堂老铺"，和北京同仁堂相似"纯属巧合"。

台湾同仁堂，则是乐氏传人到中国台湾后开办的。

由于历史原因，这些企业虽都拥有"同仁堂"商号，但在消费者心中，北京同仁堂才"根正苗红"。其由康熙赐名的品牌故事，其"炮制虽繁必不敢省人工，品味虽贵必不敢减物力"的品牌口号，以及以北京同仁堂为原型的热门电视剧《大宅门》，均让"同仁堂就是北京同仁堂"的品牌印象深入人心。

2018年，北京同仁堂营收142.09亿元，而天津同仁堂营收6.65亿余元，不到前者的1/20。

也许正是意识到这种品牌地位的不可撼动，天津同仁堂和南京同仁堂在强调渊源的同时，选择了差异化之路。

北京同仁堂经营的是"同仁堂"商标，天津同仁堂经营的是"太阳"和"红花"商标，南京同仁堂经营的是"乐家老铺"和"遐龄"商标。天津同仁堂甚至在招股说明书中，没有将北京同仁堂列入主要竞争对手，因为它们主营产品针对的人群完全不一样。

显然，它们虽然都有同仁堂商号，其实是完全不同的品牌。

商号即厂商字号或商业名称，是企业具有法律人格的表现。品牌是消费者对于商家提供的产品和服务的一种综合的"印象"，是一种消费人格的表现。

很多企业常常将商号用作品牌名称，消费者经常将商号与品牌混淆。

其实，二者是两个完全不同的概念。

商号没有被用作品牌名称时，二者区别极大。例如，宝洁不是海飞丝，亦不是飘柔。消费者购买的是海飞丝或飘柔，而不是宝洁。

商号被用作品牌名称时，二者依旧有区别。商号自企业一诞生就存在，品牌则是消费者认知的结果。市场接受不接受，消费者认可不认可，认可到什么程度，才是品牌的"真正密码"。

所以，重要的不是商号，而是品牌；重要的也不是你叫什么，而是消费者认为你是什么。

> **品牌感悟**

品牌名称必须始终优先于公司名称。

——艾·里斯

产品≠品牌：当产品覆盖75%的美国市场之后

产品源于工厂制造，品牌源于消费者认同。

➤ 品牌案例

新婚的戴女士正在挑选双人床。她在网上看到一款智能电动床，功能很新奇：床头床尾角度可调节，还有一键止鼾功能……她转头征求爱人意见。

爱人只问了一句："什么牌子的？"

"索菲莉尔。"戴女士也没听过这个牌子，念得磕磕巴巴。

爱人犹豫了下："要不买名牌吧，大牌子可能质量更好一些。"

这是《人民日报》报道的一则故事。

其实，很多人并不知道，索菲莉尔的研发生产企业舒福德是世界最大的电动床制造企业，其生产的电动床覆盖了75%的美国市场。

➤ 品牌分析

几乎是同样的产品，国外代工畅销风行，国内品牌寂寂无名——索菲莉尔的问题在于，有好的产品，却没有形成好的品牌。

这其实是很多企业容易陷入的误区。企业管理者往往认为只要有好产品就不愁销售，甚至认为，有了好产品就等于拥有了品牌。但实际上，产品与品牌是两码事。产品是工厂里生产出来的，品牌是消费者心智中打造出来的。从产品到品牌，还有很长的路要走。

产品重要不重要？当然重要。可以说，产品是品牌的前提和生存基础，是品牌与消费者建立情感的核心载体。但在商品过剩的时代里，再好的产品也不是独一无二的，消费者凭什么选择你？

答案只有两个字——品牌。

因为品牌在产品的功能价值基础上，进一步赋予了情感价值、文化价值和精神价值，是商家和消费者之间进行价值沟通的重要"烙印"及承诺。如果离开了品牌的指引，消费者就很难对商品做出快速判断和有信心的选择。

那么，如何才能实现从产品到品牌的"飞跃"呢？

首先，产品要完成价值升级。要在产品固有的客观价值基础上，锁定消费人群，站在定位消费人群主观感受的角度，塑造满足消费者需求的主观价值。客观价值+主观价值=顾客价值。只有完成对顾客价值的升级，消费者的购买行为才会有核心理由。

其次，价值要完成符号升级。符号是顾客认知产品的载体，塑造了顾客价值的产品只有符号化，才能够迅速进入消费者心智，并被接纳。

符号分两种，一种是外在符号，即产品的标志和外形；一种是内在符号，即产品的个性及特点。超级符号最终将成为核心价值甚至品类的代名词。如沃尔沃的"安全"、海飞丝的"去头屑"、王老吉的"防上火"。

再次，符号要完成影响升级。符号只有建立了影响，才算真正进入了消费者心智。

如何建立影响？一是媒介占领，二是渠道占领，三是口碑占领。在移动互联网时代，创意在"占领"过程中变得无比重要。好的创意，可以"一夜成名"；差的创意，"儿童相见不相识"。

价值、符号、影响，是构建品牌的三个核心要素。只有完成了价值、符号和影响的"三级飞跃"，好产品才会成为好品牌。

否则，像舒福德这样的龙头制造企业都会遭遇尴尬，何况普通的中小企业？

➤ 品牌感悟

品牌不是产品，但是它赋予产品意义。

——卡普费雷尔

名气≠品牌：曾经名震一时，为何说没就没

名气是一种曝光效应，品牌是一项系统工程。

➤ 品牌案例

2020 年 9 月，上市公司 ST 夏利发布公告，拟将相当于目前所有资产和负债作价 1 元钱，卖给一汽股份。

曾 18 年蝉联行业销售冠军的"国民汽车"，就这样悲情落幕。

不仅夏利，中国第一个运动饮料品牌健力宝，在 1984 年洛杉矶奥运会后一炮而红，但现在，也难见踪迹。

曾与海尔、容声、美菱并称中国冰箱业"四朵金花"的新飞冰箱，一度称霸市场，但"新飞广告做得好，不如新飞冰箱好"已成绝唱……

➤ 品牌分析

"假如我的工厂一夜间被大火烧光，但只要可口可乐品牌还在，第二天我就马上能东山再起。"这是可口可乐第二任董事长罗伯特·伍德鲁夫响彻世界的名言。

然而，一个闻名了近 20 年的中国"国民汽车"品牌，最后竟只值 1 元钱。这与罗伯特·伍德鲁夫的名言，形成了鲜明对照。

显然，一度停滞不前无法完成自我品牌升级的夏利，最终落入"低端车"的"陷阱"，其品牌资产几经辗转，已遭严重透支，成为负累。

不仅夏利，那么多名震一时却说没就没的中国品牌，莫不如此。

综观上述品牌，普遍崛起于中国市场经济早期，占得时代先机，提前形

成了影响，打开了市场；再者，它们深谙"出名要趁早"的道理，通过广告轰炸树立了名气。尤其在 20 世纪八九十年代，信息闭塞，媒介有限，不少企业"砸锅卖铁"上央视，就是为了"一举成名天下知"。

然而，有名气并不一定是品牌。名气只是一种曝光效应，品牌则是一种系统工程。从名气到品牌，还需要完成三大转化。

一是名气效应转化为品牌效应。将知名度转化为认知度、信任度、美誉度、忠诚度等系统的品牌效应，在消费者的心智中构建完整、牢固的品牌印象。

二是名气效应转化为壁垒效应。通过知名度，建立竞争优势，构建竞争壁垒，塑造竞争对手无法超越的"品牌护城河"和品牌竞争力。

三是名气效应转化为持续效应。持续保持品牌知名度和市场热度，有效防范消费者的"眼球疲劳"和"心智疲劳"，不断创新，不断发展，不断坚持。

遗憾的是，成长于草莽的那一代中国企业，以为赢得了家喻户晓的名气，就形成了品牌。它们或疏于管理，或盲目冒进，或止步于创新，或局限于体制……当危机来临时，才突然发现，再高的知名度，也掩盖不了虚弱、草莽的本质。

若无法成为真正的品牌，所谓的"名气"，很可能就有"名"无"气"！

➢ **品牌感悟**

名气是 0，品牌才是前面的 1。

盈利≠品牌：说麦当劳是地产公司，你信吗

盈利是价值收益，品牌是价值资产。

➤ 品牌案例

麦当劳是一家地产公司——近年来，有这样一种说法曝出。

麦当劳在全球拥有 3 万多家门店，其中直营门店 6000 家左右，其他均属加盟。据媒体披露，2016 年，麦当劳实现营收 246.22 亿美元，净利润 46.87 亿美元。其中，50%的利润来自加盟店的地产出租，40%来自品牌授权，只有 10%来自直营餐厅。

原来，地产才是麦当劳最赚钱的"法门"。

那么——麦当劳真的是一家地产公司吗？

➤ 品牌分析

从赚钱的角度看，这种说法似乎没错，也非常有亮点。

据悉，麦当劳的主要利润来源为自营餐厅、品牌授权、地产出租。相对而言，汉堡和薯条是"流量"产品，利润很低，且自营餐厅还有着可能亏损的风险。而通过精准选址，签下地产，然后再连同品牌一起授权给加盟商运营——这是一个高利润而又无风险的生意，自然成了麦当劳的重要利润来源。

然而，从品牌管理的角度，这种说法是一种严重误导。

什么才是决定一个公司和品牌属性的"关键因子"？

答案是品牌资产（Brand Equity）。

品牌资产也称品牌权益，是指只有品牌才能产生的市场效益。也就是说，

判断一个品牌的属性，不是看它靠什么最赚钱，而是看它靠什么才能产生市场效益。

麦当劳靠什么最赚钱？靠地产。

可什么让麦当劳的地产赚钱？不是麦当劳的地产资产，而是麦当劳的品牌资产。

麦当劳的品牌资产，是麦当劳作为一个快餐连锁公司而不是地产公司，为顾客创造的价值效应。

麦当劳通过汉堡、薯条、可乐，及"麦当劳叔叔"等元素，为消费者创造了一种快乐、便捷的用餐文化及生活方式。从曾经的"常常欢笑，尝尝麦当劳"，到如今的"我就喜欢"，麦当劳始终致力于在食物、人与快乐之间建立链接，倡导一种快乐式的快餐文化。这甚至被视为美国文化的象征。

正是这种价值，构筑了麦当劳的品牌资产大厦，为麦当劳创造了客流，赢得了加盟商的青睐。否则，麦当劳的地产凭什么盈利？

显然，盈利不等于品牌。你靠什么赚钱，不等于你就是什么品牌。盈利只是价值收益，品牌才是价值资产。支撑一个公司或品牌的关键，不是盈利收益，而是品牌资产。

也就是说，不是看你靠什么赚钱，而是看你靠什么为顾客创造价值。价值决定盈利，盈利彰显品牌。

但在品牌经营中，因为利润总是散发着诱人的魔力和耀眼的光芒，很多人常常误将盈利收益当成品牌资产或品牌价值经营，有的甚至透支品牌资产，挖空心思在盈利模式上大做文章。结果，"皮之不存，毛将焉附"？

所以，若真以为麦当劳是个地产公司，在地产的领域去强化核心竞争力，那就本末倒置了。

➤ 品牌感悟

与公司门面和财务状况相比，我们更应该关心公司的灵魂。

——李奥·贝纳

贴牌≠品牌：褚橙"三果志"，品牌似与非

贴牌是一种价值粘贴，品牌是一种价值创造。

➤ 品牌案例

2012年10月，84岁的褚时健来到北京，与一家互联网公司开展品牌合作。

很快，他种的"褚橙"被贴上"励志橙"标签，迅速红遍大江南北。

受到"褚橙"的启发，2013年，联想集团佳沃公司的奇异果上市，被命名为"柳桃"；潘石屹家乡滞销的苹果，被命名为"潘苹果"。"柳桃""潘苹果"与"褚橙"，一度被媒体誉为水果界的"三果志"。

几年过去了，"褚橙"一路高歌猛进。2017年，仅"褚橙"一个单品的产值就近2亿元。而"柳桃"和"潘苹果"，则渐渐淡出了大众视野。

➤ 品牌分析

都以商界大佬的姓氏命名，都有名人背书，都有情怀故事，甚至有着相似的营销模式，"三果志"中，为什么只有"褚橙"一枝独秀呢？

"褚橙"系褚时健于2002年开始打造的，其背后，首先融汇的是一个老人对产品品质十年磨一剑的匠心，让一种来自湖南的普通冰糖橙品种，摇身成了橙中精品——"褚橙"。

但如果仅仅停留于此，"褚橙"还只能说是一个好的产品，并非品牌。

于是，"褚橙"与褚时健个人品牌合二为一的人格化运作，开始登场。通过"昔日烟王，今日橙王"的价值赋能，"褚橙"赋予并打动消费者的，不仅

是美味的橙品，更是一种年逾古稀却匠心不改的情怀，一种遭遇挫折却屹立不倒的精神。这样的情怀和精神，使"褚橙"价值倍增，一再脱销。

由此，"褚橙"不仅成为一个品牌，更跳出了冰糖橙的限制，开辟出励志橙新品类。在这个新品类里，"褚橙"独一无二，毫无对手。

柳传志和潘石屹虽然也是知名企业家，但他们既非农产品专家，更没有与冠名产品之间形成品牌内涵上的核心关联。二者之间，"勉强嫁接"的痕迹过于明显。这表现在品牌运作上，前者无法帮助后者实现价值升级——难道因为有了柳传志和潘石屹，"柳桃"和"潘苹果"就更好吃？就意味着高品质、高文化、高价值？

显然，不但无法有这种意味，而且柳传志和潘石屹在农产品领域的"不专业形象"，反而会局限消费者对产品本身的认知。在这样的认知下，产品价格却比同类产品贵出一大截儿，谁来买单？

所以，"褚橙"因为褚时健，实现了一个品牌的成功塑造，而"柳桃"和"潘苹果"，则仅仅停留在贴牌阶段。

利用原有品牌的影响力，对新产品进行贴牌，是打造新品牌的一个常用途径。但贴牌不是简单、粗暴的"拉郎配"，更不是贴个牌子就了事，而是在价值内涵一致的基础上，使贴牌产品通过对原品牌无形价值的承接，从而生成新的品牌价值，实现新的品牌塑造。

否则，简单的"拉郎配"，不仅容易出现"基因排斥"，而且对原有品牌和新品牌均会造成"反伤害"，不得不慎重。

➤ 品牌感悟

贴在自己脸上的，只是贴牌；贴进消费者心里的，才是品牌。

代言≠品牌：成龙真的是"品牌杀手"吗

代言是一种信任背书，品牌是一种价值承诺。

➤ 品牌案例

"代言小霸王，小霸王倒闭了；代言爱多 VCD，爱多老总坐牢了；代言汾煌可乐，汾煌可乐没了；代言开迪汽车，全国才卖九百多辆；代言霸王洗发水，霸王被查出致癌了……"这是网上流传甚广的"顺口溜"。

"顺口溜"讥讽的是功夫巨星成龙，其代言的品牌，几乎都不得善终。网友甚至给成龙起了个外号——"品牌杀手"。

可是，成龙真的是"品牌杀手"吗？

➤ 品牌分析

表面看来，成龙代言的诸多品牌均不得善终，但事实上，这些品牌的不得善终，与成龙并无必然关系。

在游戏机市场上斗不过索尼、任天堂等巨头，学习机又被电脑取代，小霸王的由盛而衰是一种必然。

资金链断裂、管理混乱、信誉透支、创始人胡志标因经济犯罪而入狱等多重问题的爆发，是爱多 VCD 崩盘的主要原因。

汾煌可乐的背后，更是整个中国本土可乐品牌面对"两乐"的全线溃败。

霸王洗发水被查出含有致癌物，也并非是成龙的原因。

显然，将成龙说成"品牌杀手"，是一个"伪命题"。这种声音的背后，反映了很多人"代言等同于品牌"的认知误区：品牌只要找到好的代言人，进行铺天盖地的广告轰炸，就可以成功；若没有成功，是因为没有选对代言人。

这是非常错误和危险的观念与论调。

首先，代言不等于品牌。代言是一种品牌推介行为，是代言人利用自己的知名度和形象为所代言品牌进行信任背书，便于消费者认可和接受的一种行为。品牌是一种价值承诺，是建立在消费者心中的综合价值象征。代言人只是品牌形象的"流量入口"，而非品牌形象本身。品牌本身若存在问题，再好的代言人也没有用。

其次，代言不等于口碑。代言可以帮助品牌打响知名度，但不一定能形成品牌口碑——这只能依赖品牌价值体验本身。而且，品牌综合影响力的建设，是一个长期的过程，需要一步一个脚印。试图通过代言人的影响力"一步到位，一劳永逸"，并不现实。

最后，代言人并非越有名越好。很多品牌迷恋"巨星代言"，殊不知，代言人只是"品牌木桶"中的一块"木板"而已，品牌选择代言人，应基于阶段性的品牌策略规划，系统推进。比选择代言人更重要的，是系统的品牌建设，并化代言人的影响力为品牌的影响力。若品牌的相关配套建设存在"短板"，代言人越出名，"短板"反而暴露得越明显。

真正成就一个品牌，只有代言显然是不够的，押宝代言更是危险的。成龙用铁的事实再次警示我们：他这样的国际巨星都如此，更何况其他人呢？

> **品牌感悟**

代言人只是"保健品"，而不是"药品"。

品类≠品牌：索尼与苹果的"随身听恩怨"

一流的品牌为品类代言，超一流的品牌让品类迭代。

➤ 品牌案例

在索尼之前，"随身听"这个词并不存在。

1979 年 7 月，索尼推出了首款 Walkman 产品。这种便携式磁带播放器从此迅速流行并风靡全球，开启了"耳机文化"的新时代。

随后，Walkman 一词被正式收入《牛津大辞典》，中文翻译为随身听。Walkman 也从一个产品名，变成了行业品类名。

作为一个品类的缔造者和代言者，索尼凭借 Walkman 一度风光无限。到 1998 年，Walkman 全球销售 2.5 亿台，被誉为"最成功的电子消费产品"。

然而，2001 年 10 月，苹果 iPod 诞生，宣告了数字音乐播放器时代的来临。索尼从随身听品类的引领者，变成了追随者。

2007 年，苹果 iPod 销量突破 1 亿台大关。也是在这一年，iPhone 横空出世，iPod 的功能，开始融入 iPhone 之中。

随后，iPod 慢慢退出了市场。随身听这个产品品类，也被慢慢边缘化。

➤ 品牌分析

对于随身听这种便携式音乐播放器，索尼和苹果走了两条截然不同的路。它们的轨迹，也折射出品类和品牌之间的关系规律。

作为品类的开创者，Walkman 一举奠定了索尼的领导者地位。1995 年，困境中的苹果甚至期待被索尼收购，但遭拒绝。

Walkman 也深深影响了乔布斯。据说当年乔布斯去日本拜访索尼掌门盛田昭夫时，获赠了一个 Walkman，令他爱不释手。

然而，索尼怎么也没有想到，就是这个获赠 Walkman 的乔布斯和索尼拒绝收购的苹果，会成为 Walkman 的颠覆者。

关于品类（Category），全球著名市场调查研究公司——AC 尼尔森曾如此定义：确定什么产品组成小组和类别，与消费者的感知有关，应基于对消费者需求驱动和购买行为的理解。

也就是说，品类是根据消费者需求对产品进行的分类，即消费者心中的产品分类。它代表了消费者选择产品的思维向导。消费者要选购某种产品时，脑海里往往首先浮现的是品类，然后再在品类中搜索关联的品牌，那些品类的代表者往往就会成为"首选"。

例如，一提到可乐，人们就会想到可口可乐；一提到随身听，大家自然就会想到索尼。

品类如此重要，以至于被誉为"品牌之母"。成为品类的代名词或"第一品牌"，一度是无数品牌追求的终极目标。

然而，品类又并非一成不变。随着消费趋势的改变，品类会落伍，甚至会被淘汰。这时，代表品类的品牌要么推动品类升级迭代，要么开创新品类。否则，品牌就会成为品类的"陪葬品"。

遗憾的是，随着数字音乐时代的来临，沉迷于 Walkman 光环的索尼并没有驱动 Walkman 的品类迭代，最终，被苹果颠覆。2010 年，Walkman 宣布停产。

可以说，iPod 的大卖是苹果开始崛起的标志，此前，苹果曾数次濒临破产，是 iPod 改变了这一切。

但不同的是，苹果并没有就此止步，而是主动"自我革命"，将 iPod 的功能融入 iPhone 及苹果的系列产品之中。随身听这个品类被慢慢边缘化，而苹果，却迎来了更大的发展。

➤ 品牌感悟

长盛不衰的唯有品牌。

——英国联合饼干公司 CEO　赫克特·莱恩

大企业≠品牌：世界级"隐形冠军"的品牌密码

品牌不一定要"大而全"，品牌更可以"小而美"。

➤ 品牌案例

一根小小的吸管，还需要做品牌吗？

来自浙江义乌的楼仲平给出了答案——他1994年创立的双童品牌，20多年来只专注吸管生产，一根吸管拥有数十项专利，并主导发布了全球吸管行业标准。

目前，双童年销售额近2亿元，位列世界第一。全国75%的吸管、全球30%的吸管都出自双童品牌。可以说，它是一个不折不扣的"隐形冠军"。

➤ 品牌分析

在很多人看来，没有门槛、没有技术含量、没有规模，吸管是世界上最不需要品牌的事物。

然而，正是因为这样的理念，许多吸管企业常常以次充好、偷工减料，最后纷纷退出了市场。相反，坚守品牌的双童，不但活了下来，还从一个小小的作坊，崛起为"世界吸管大王"。

其实，大企业因为拥有雄厚的资金和较大的市场占有率，没有品牌也可能活得很好。而广大小企业挣扎在市场最底层，要资金缺资金，要技术缺技术，没有品牌，凭什么生存、发展下去？

也就是说，做品牌不是大企业的专利，相反，越是小企业，越需要做品牌。正确的品牌战略，可以赋予小企业更多的附加值，让小企业的产品变得独一无二，从而找到自己独特的成长空间。

著名管理学家赫尔曼·西蒙曾率先提出"隐形冠军"的概念。他将那些在各自细分行业中占据领导地位，但大众知名度很低的中小企业，称为"隐形冠军"。这些"隐形冠军"，为小企业的品牌发展，提供了最好的参考。

参照一：聚焦

"隐形冠军"品牌总是聚焦于一个非常小的、甚至不为人知的细分市场。例如，德国的 Kryolan 公司专为戏剧电影业提供专业化妆用品；豪尼公司是全世界唯一能够提供全套卷烟生产系统的企业……聚焦可以使企业把所有的资源和力量集中在一个核心点上，把产品和服务做到极致，从而形成绝对的品牌竞争力。

参照二：专注

"隐形冠军"品牌往往有着长远的品牌战略，数年甚至数十年地专注于一个领域，持续深耕下去。对技术，它们往深处做。研究数据显示，"隐形冠军"品牌所拥有的专利数目，比大型企业多。对市场，它们往高处长。它们往往有着强烈的使命感和成为"世界第一"的宏大目标。

正因为这种长期的专注，"隐形冠军"品牌形成了独有的行业壁垒，不但同行难以望其项背，一些大品牌对它们也无可奈何。

据悉，国外像双童一样的"隐形冠军"比比皆是。杰里茨公司是世界上唯一一家大型舞台用遮光布的生产商，其市场占有率是 100%；专注生产可伸缩拴狗绳的福莱希在全球的市场份额高达 70%；Uhlmann 是全球医药包装系统的领导者……无数"小而美"的品牌，创造出了属于自己的动人天地。

> ### 品牌感悟

企业越小，越需要品牌加持。

烧钱≠品牌：一个酒业"小白"的品牌逆袭

品牌是品牌者的通行证，烧钱是烧钱者的墓志铭。

➤ 品牌案例

2011年，从金六福酒业离职的陶石泉开始自主创业。他拉了十多个人，凑了几千万元，决定继续做酒。

很多人并不看好。

当时的中国白酒市场，已完全是一片红海。有人打赌道：陶石泉的酒公司，活不过3年。

然而，陶石泉创立的"江小白"品牌，用年轻化、时尚化的"青春小酒"形象，很快实现了逆袭——江小白不但连续几年销售额达到100%增长，销售额迅速破十亿元，而且掀起了一股IP流行旋风，成为中国白酒市场中的一匹"黑马"。

➤ 品牌分析

卖产地、卖原料、卖工艺、卖香型、卖历史、卖概念、卖广告……江小白之前，中国的白酒品牌早就形成了一套"高大上"的传统打法。

2017年，单广告费投入，五粮液达32.71亿元，茅台达23.59亿元，泸州老窖达18.8亿元。

然而，陶石泉却说："即使砍掉2017年的广告费，我们也能增长80%。"

显然，江小白的逆袭，凭借的是打动消费者的独特品牌基因，而不是靠广告，更不是靠烧钱。

陶石泉一开始也不生产酒，找的是一家酒厂帮助做代工。他首先瞄准的是年轻人群——这个传统酒品牌相对漠视的群体，跳出传统的酒品类，甚至模糊"小曲清香高粱酒"的定位，直奔消费者心智——定位"青春小酒"，将江小白从所有传统酒品牌中独立出来，成为全新的存在。

与此同时，陶石泉革新传统的酒品包装，将江小白定义为"小瓶装"，他还亲手绘制了江小白的 IP 人物形象，将江小白从一款"青春小酒"，升级为一个有态度的青年意见领袖。

"我是江小白，生活很简单"——于是，江小白坚持"简单纯粹，特立独行"的品牌精神，聚焦"小聚、小饮、小时刻、小心情"的社交化场景，借助社会化媒体，通过"约酒"等系列营销，一步步俘获了年轻人的心。

"我有一瓶酒，有话对你说"的表达瓶和"扎心"文案，更让其迅速走红，崛起为一个流量 IP。

很多企业一谈到品牌，总觉得这是一个需要"烧钱"的活儿，从而迟迟不敢出手。其实，做品牌从来不等于烧钱，靠的是对消费者心智的精心耕耘。尤其在移动互联网时代，信息传播的便捷，为有创意、有思想、有态度的品牌提供了无限可能——只要你是品牌，你本身就是最大的"蓝海"。

因为，消费者的心智，永远有着无限广阔的新空间。

"很多人说要做'性价比'，这一点我不赞同，我们想做的是'品价比'。"陶石泉说。在他看来，这是一个注重精神消费的时代，品质、品牌才是成功的关键。

> **品牌感悟**

从产品的角度观察，处处是红海；从品牌的角度洞察，处处是蓝海。

战略规划：
没有"魂"就没有品牌

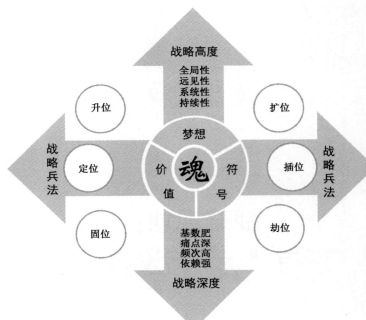

品牌战略系统导图

战略高度：看任正非如何定义"品牌战略"

品牌战略就是企业的最高战略。

➤ 品牌案例

"华为公司在今天千军万马的时候，一定要找到出口，出口就是品牌战略做出的假设。有假设，有牵引，万江才能汇流。"关于品牌战略，华为创始人、CEO 任正非曾如此明确表态。

他强调：

"品牌战略有时要超越战略 MKTG（市场营销策略）。"

"品牌战略的人不能完全着力在埋头苦干上，要有一定的眼光。"

"战略宣传要坚决地以客户为中心。"

正可谓：字字珠玑，直击本质。

➤ 品牌分析

总结起来，任正非品牌战略思想的核心有三点：

第一，战略地位要高。不仅超越 MKTG，更是万江汇流的"出口"，是公司的最高战略。

第二，战略眼光要高。其"备胎战略"、其 5G 战略……瞄准的均是"无人区"。

第三，战略要求要高。"坚决地以客户为中心""几十年只对准一个城墙口冲锋……"

正是这样的高度，让华为从一个深圳棚屋区的小作坊，一步步登上世界品牌之巅。

那么，到底什么是品牌战略？该如何建立品牌战略的"高度"？

战略一词，源自军事术语。其英文 Strategy 源自希腊语 strategos，含义为"将军"。《辞海》中对"战略"的解析是：军事名词，指对战争全局的筹划和指挥；后被管理学家引入企业管理，指对企业全局发展的筹划和谋略。

品牌战略是企业战略的重要组成部分，是指企业根据环境变化，通过构建品牌竞争力，并在市场竞争中取胜的一种战略决策和行为。

品牌战略本质上是如何赢得顾客的战略——因为品牌是在顾客的心智中形成，并通过顾客的消费行为来决定的。

所以，品牌战略就是企业最高战略，是企业一切战略的核心。因为失去顾客，企业的一切战略都会归零。

很多企业常常把品牌战略视为品牌宣传战略，认为有钱就进行品牌战略建设，没钱就不进行。这其实是对品牌战略的严重误解。

具体而言，品牌战略的"高度"，主要表现在以下四个方面。

第一，全局性。品牌战略是以企业的全局为对象，根据企业的全局发展战略而制定的。品牌战略的第一责任人，就是企业全局的负责人，而非企划或营销负责人。企划或营销负责人只是战略执行者。

第二，远见性。品牌战略必须具有远见性，应基于未来构建现在——未来会怎样，所以我们现在需要做什么，而非基于现在构建未来——我现在有什么，所以未来会是什么。

第三，系统性。一是品牌战略本身的系统性。企业应通过品牌的系统建设赢得顾客，而非把品牌建设等同于广告宣传。二是品牌战略配套的系统性。企业应以品牌战略为中心，构建其他战略系统，确保"力出一孔，利出一孔"。

第四，持续性。品牌战略必须确保持续性。那些百年品牌，无一不是数十年如一日的积累的结果。

如何持续？一是坚持，唯有坚持，才能形成定力，赢得耐力；二是创新，唯有创新，才能战胜挑战，保持发展。

如果把品牌战略看作一个桌面，"四性"就是支撑桌面、决定其高度的"四根柱子"。找到这"四根柱子"，是企业构建品牌战略的第一步。

➤ 品牌感悟

居高声自远，非是藉秋风。

——唐·虞世南

战略深度：万宝路成功实施"变性手术"的背后

品牌战略要向四个维度寻找市场深度。

➢ 品牌案例

现在的万宝路（Marlboro），不仅是世界香烟品牌的领军者，其粗犷的"西部牛仔"形象，更是美国文化和美国精神的象征。

然而，在20世纪50年代前，万宝路其实是一款女性香烟。其宣传口号为"Mild As May"，意思是"像五月的天气一样温和"。

但定位为"妇女之友"的万宝路不管怎么改革，销量始终低迷。1954年，一筹莫展的万宝路找到了当时的著名营销策划人李奥·贝纳。在李奥·贝纳的主导下，万宝路进行了一场彻底的"变性手术"——重新定位为男性香烟，并以"西部牛仔"形象，进行品牌再造。

奇迹很快产生了。第二年，万宝路在美国的香烟销量一举跃居第10位，之后便扶摇直上。其母公司——菲利普·莫里斯（Philip Morris），也从当时美国六家主要香烟公司中最小的一家，崛起为世界第一大烟草公司。

➢ 品牌分析

"变性"之前，万宝路对品牌不可谓不重视。为消除白色烟嘴染上女性口红而导致不雅的担忧，万宝路甚至把烟嘴换成红色，并浪漫宣称"与你的嘴唇和指尖相配"。

但这一切，对销量并无改观。

因为，香烟对女性消费者来说纯属"小众需求"，而"五月天气"和"红色烟嘴"亦非必须购买的理由。也就是说，定位为"妇女之友"的万宝路，其品牌战略缺乏市场深度，根扎不下去，苗自然立不起来。

品牌战略的深度，即品牌战略的市场深度。因为任何品牌，都是市场消费环境的产物。品牌战略应基于现实的市场环境，找寻最深厚、最肥沃的用户消费土壤。

如何寻找？应向以下四个维度出击。

1. 用户基数肥

用户基数肥，是构建品牌战略深度的关键。这种"肥"主要体现在两个方面：用户数量大、用户购买力强。

万宝路一开始是希望李奥·贝纳帮助其把烟更好地卖给女性。可李奥·贝纳并没有顺着这个思路走，而是果断地转向男性烟民，因为那才是"肥地方"。

2. 需求痛点深

寻找到用户需求最痛的那个点。这是催生用户购买行为最关键的一点。

"变性"后的万宝路，以粗犷、豪放的"西部牛仔"为牵引，其广告直指人心——哪里有男士，哪里就有万宝路。

吸烟是痛点，男人气质、英雄梦想更是深痛点。

3. 消费频次高

寻找到用户的高频次消费点，或者创造用户的高频次消费点。

当时，男性烟民还流行无滤嘴香烟，万宝路不但大胆推出滤嘴香烟，还首创平开盒盖技术，大大拉高了消费频次。

诺基亚手机为什么失败？有人总结：就是因为质量太好，用不坏，实现不了高频次消费。

4. 消费依赖强

寻找到用户最强烈的依赖点。这是最核心的因素。

万宝路的方法有二：一是由淡烟变为重口味香烟，强化用户的功能依赖；二是找来地道的美国西部牛仔代言，强化用户的情感、精神依赖。

四个维度，互为犄角，共为一体。

正是这四个维度，让万宝路"钻探"到最深厚的市场根基，摇身一变，成为世界级的品牌运作经典。

➤ 品牌感悟

客户是战略的起点。

——宁高宁

超级战略：品牌铸魂金字塔

品牌铸魂三核心：梦想、价值、符号。

➤ 品牌案例

美国国防部的"Maven 计划"是一项利用人工智能技术挖掘作战数据的大型政府项目。2017 年 9 月，经过与 IBM、亚马逊和微软等巨头的竞争，谷歌（Google）最终拿下了该项目。

然而，这一项目却遭到了谷歌员工的强烈抗议。

先是项目的核心员工拒绝工作，接着，4600 多名员工联合上书反对，甚至还有数十名员工为此愤然辞职……

2018 年 6 月，谷歌正式宣布退出"Maven 计划"，并承诺永不会将人工智能技术用于关联武器类等可能造成人身伤害的项目。

➤ 品牌分析

我们说高度和深度，是品牌战略的两个重要"坐标"，而"坐标"的交汇处，才是品牌战略之圆心。

这个圆心，就是——铸魂！

品牌铸魂即赋予品牌以灵魂，让其不仅是用户功能和解决方案的供应者，更是人们情感、精神的依赖。它是构建企业信念和消费信仰的重要支点，更是品牌赢得顾客的最重要、最核心、最终极的密码。

人们购买产品和服务，其实最终都是为了情感、精神的满足——人们对美好消费生活的无限追求和向往。

可以说，没有魂就没有品牌，一切品牌的终极竞争，都是魂的竞争。

面对很多人梦寐以求的军方项目，谷歌员工却拒绝为此工作。就是因为在他们看来，这一可能会夺人性命的项目，悖逆了谷歌长期铸就的精神之魂——"完美的搜索引擎，不作恶"。

那么，品牌到底该如何铸魂呢？有三大核心路径：梦想、价值、符号。如图 3-1 所示。

图 3-1　品牌铸魂金字塔

1. 梦想

品牌梦想是品牌为满足消费愿景而构建的奋斗使命和未来蓝图。它是品牌灵魂之"巅"，唯有发掘梦想，方能"入魂"。

如何发掘？

方法是——梦想拷问：我要创造一种××样的美好消费生活？

谷歌说：我要创造完美的搜索引擎；香奈儿说：我要解放女人的身体；阿里巴巴说：我要让天下没有难做的生意；格力说：我要让世界爱上中国造……

他们的回答，就是品牌梦想。

品牌梦想的本质，是品牌为消费者构建的消费梦想。它源自消费洞察和竞争区隔。一旦脱离消费梦想，品牌梦想就如空中楼阁，变成品牌妄想。

谷歌起步于 1998 年，由拉里·佩奇和谢尔盖·布林在大学宿舍里创立。当时的搜索引擎已经满天飞，谷歌既不是最早的，也不是最强的，一开始，鲜有人相信谷歌会成功。

然而，谷歌带着为满足用户愿景的纯粹梦想而来——提供最好的搜索引擎，而非其他。

当时，别的搜索引擎正在脱离消费梦想——沉溺于推送"垃圾信息"盈利，谷歌出现了——空白的页面上只有一个搜索框，主页和搜索结果一目了然，不带任何"偏见"。正是这种简单、纯粹和实用，直击消费者心田，并受到消费者的热烈追捧。

2. 价值

品牌价值是品牌为顾客创造的利益综合体，是品牌向消费者承诺并兑现的客观与主观价值总和。它是品牌灵魂之"基"，唯有塑造价值，方能"立魂"。

如何塑造？

方法是——价值拷问：我凭××创造一种美好消费生活？

品牌价值拷问有三个层面：一是客观价值，也就是功能价值，源自品牌产品和服务塑造；二是主观价值，也就是情感价值和社会价值，源自品牌文化塑造；三是核心价值，也就是主导价值和竞争价值，源自品牌核心价值观塑造。

谷歌的客观价值，就是信息搜索。在当时，并非谷歌"独此一家"，几乎所有的大型门户网站都有自己的搜索功能。

然而，谷歌并没有止步于此，而是将搜索视为用户进入互联网世界的"入口"，从而创造了让用户依赖的主观价值——公共搜索服务。而那些大型网站似乎对此并不感兴趣，最终谷歌崛起。

为确保价值的永续，谷歌提炼出"以用户为中心、其他一切水到渠成"及"心无旁骛，精益求精"等十条核心价值原则，之后将其浓缩成一条："完美的搜索引擎，不作恶。"再后，直称"不作恶"。

所以，成功的品牌价值塑造，往往始于客观价值，成于主观价值，凝于核心价值。

3. 符号

品牌符号是品牌的形象标志和意义象征，是品牌与消费者之间的"心灵暗号"。它是品牌灵魂之"窗"，唯有构建符号，方能"显魂"。

如何构建？

方法是——符号拷问：我用××象征一种美好消费生活？

谷歌源自数学术语 Googol，意即 10 的 100 次方，但被投资人误写成 Google，于是便将错就错，沿用下来。谷歌最早的徽标，还是谢尔盖·布林涂鸦而成的。

不仅如此，谷歌还创造了"谷歌涂鸦"——每逢节日和其他纪念日，就拿自己的 Logo "玩"一把——推出有纪念意义的定制版谷歌图标。

这看似随心所欲，实则匠心独运——它恰恰是谷歌对"颠覆传统"和"网络民主"的"新生活象征"。谷歌也在不断地涂鸦中，一步步将谷歌徽标符号化——收藏、模仿和追逐"谷歌涂鸦"，已成为一种互联网文化和风尚。

所以，品牌铸魂，就是为品牌铸造梦想、价值和符号。一个拥有梦想、价值和符号的品牌，才是有魂的品牌；一个能铸就超级梦想、价值和符号的战略，才是超级战略。

> **➤ 品牌感悟**

好看的皮囊千篇一律，有趣的灵魂万里挑一。

——老杨的猫头鹰

战略兵法之定位：小小电梯口，崛起千亿市值大传媒

定位就是确定产品及品牌在潜在顾客心智中的位置。

➤ 品牌案例

这是一个广为流传的故事。

2002 年初的一天，上海太平洋百货电梯口处，一群人在百无聊赖地等电梯。其中一个小伙子突发奇想：我为什么不在这儿安个显示屏，利用这"无聊时光"给大家播放广告呢？

这个小伙子，叫江南春；他安的显示屏，成就了后来市值过千亿元的"中国传媒第一股"、中国楼宇电梯广告的开创者——分众传媒。

故事背后的方法论，其实并非"突发奇想"那么简单。2018 年，江南春在《抢占心智》一书中披露，分众传媒的诞生及崛起，均是利用定位理论进行了一系列科学规划的结果。

➤ 品牌分析

定位理论系著名营销专家艾·里斯（Al Ries）与杰克·特劳特（Jack Trout）于 20 世纪 70 年代提出，被誉为"有史以来对美国营销影响最大的观念"。

定位理论认为，定位离不开产品，但产品本身并不是定位的对象，潜在顾客的心智才是。

例如，质量和功能一模一样的产品，因为贴上不同的品牌标签，在消费者心中的印象就完全不同。这个"心智印象"，才是定位之"目标"。

也就是说，定位就是确定产品及品牌在潜在顾客心智中的位置。

其核心是基于"以用户的心智为中心"而不再是"以产品为中心"来构建产品及品牌。在产品过剩及信息泛滥时代，它因直奔品牌本质的智慧而受到追捧。

具体该如何构建定位战略呢？

1. 寻找差异

定位理论认为，品牌走进用户心智的最好办法，就是与用户现有认知形成差异——找到你与现有强势品牌的差异点，发掘用户心智的空白点。

如何寻找差异？一是聚焦，集中力量聚焦自己的核心优势；二是对立，找到强势品牌的战略性弱点；三是分化，在细分领域开辟一个新特性或新品类。

江南春坦言，他正是顺着这样的思路，找到了"电梯故事"。

当时流行的是大众传媒，那我就分众；当时追求的是内容为王，那我就以渠道为王——霸占一个特殊时空，让广告在这里成为内容；当时，媒体巨无霸是央视，而央视的黄金段是晚上，那我就争取白天时段；央视主要针对的是家庭，那我就去争取家庭以外的写字楼市场……

2. 占据特性

定位理论认为，定位就是一场争夺用户心智的战争。找到差异点之后，品牌急需在有效的时间窗口内，通过公关、广告和渠道的"有效连接"和"饱和攻击"，在用户心智中占据一个位置，形成竞争壁垒。

沃尔沃的"安全"，海飞丝的"去屑"，王老吉的"防上火"，百事可乐的"年轻"，佳洁士的"防蛀"……就是特性。

电梯是城市化的基础设施之一，它代表着四个词：主流人群、必经、高频和低干扰。于是，分众传媒定位为"引爆主流、投分众"。"主流"特性，使得5400多个品牌用户选择了分众传媒。

3. 占领品类

世界第一高峰珠穆朗玛峰无人不晓，世界第二高峰乔戈里峰却鲜有人知。尽管二者相隔仅200多米。

定位理论认为，心智对"第一"有着极端的偏爱。成为消费者心智中的"第一"，成为品类代名词是定位战略的最大追求。

占据特性可赢得一席之地，占领品类才能称霸江湖。

分众传媒崛起后，基于同样模式的聚众传媒紧跟着崛起，双方价格战打得你死我活。后分众传媒迅速启动在美上市，提前赢得资金完成了对聚众传媒的并购。

当时聚众传媒开价很高，江南春咬咬牙——还是认了！后来他发现，这是最成功的一次并购。分众传媒，也由此称霸电梯广告，2018 年市值曾达到1800 亿元。

➤ 品牌感悟

同质化时代，更需要差异化定位。

战略兵法之插位："死磕"星巴克，惊魂"小蓝杯"

插位就是直接插到他人前面去，快速占据市场领先者位置。

➤ 品牌案例

2018 年 5 月 15 日，瑞幸咖啡试运营还不到半年，刚发布品牌战略会还没过一周时间，就以反垄断的名义一纸诉状把星巴克告上了法庭。

碰瓷——很多人如此嘲笑。

星巴克也淡然处之："无意参与其他品牌的市场炒作。"

然而，2019 年 5 月 17 日，瑞幸咖啡正式登陆美国纳斯达克市场并受到热捧，被誉为"中国星巴克"。

从创立到 IPO，瑞幸咖啡只花了 17 个月的时间，一举成为全球发展最快的 IPO 公司。"瑞幸速度"震惊了业界。

但更震惊业界的是，2020 年 4 月 2 日，瑞幸咖啡曝出 20 多亿元的财务造假丑闻，2020 年 6 月 29 日，瑞幸咖啡被纳斯达克停牌。

"瑞幸速度"由此再创"奇迹"——从上市到退市，只用了 13 个月，市值从峰值的 123 亿美元下跌到不到 3.5 亿美元。

➤ 品牌分析

过山车般的"瑞幸速度"，正好从正、反两个角度，全面诠释了品牌插位战略的"注意事项"。

一个初创品牌或市场弱势品牌如何迅速超越对手，崛起为市场强者？

答案是：插位！

也就是直接插到前面的位置去。

品牌插位是通过打破市场原有的竞争排序，使后进品牌迅速成为行业领导品牌的策略方法。相对强调差异化的定位，插位更易推动品牌的跳跃式发展。

艾·里斯与杰克·特劳特在"二元定律"中曾指出，一个成熟的市场，往往演化为两大品牌竞争的局面。

所以，最常用的品牌插位法，就是在顾客心智中瞄准这最高两层——挑战第一品牌，抢占第二品牌，甚至成为第一品牌。

具体而言，插位战略的构建，有四个核心要素：对标、区隔、干扰和持续。

1. 对标

对标主要是对标第一品牌——在顾客的心智中与第一品牌对标起来，要么超越第一品牌，要么位居第二品牌。

对标的核心，是借助第一品牌的影响力，获得"认知捆绑"——在消费者心智中直接捆绑插入一个新印象：我和第一品牌差不多，除了第一品牌，还可以选择我。

虽然从零起步，瑞幸一开始就对标星巴克——

星巴克是"小白杯"，瑞幸是"小蓝杯"；星巴克是"美人头"，瑞幸是"美鹿头"；星巴克的店开在哪里，瑞幸的店就跟着在旁边开；星巴克说瑞幸在找它炒作，瑞幸说"中国的咖啡市场不能只有星巴克"……

2. 区隔

对标是为了捆绑，但不等于模仿——如果你和第一品牌一模一样，消费者为什么选择你？

所以，对标的同时，要迅速瞄准第一的弱点找到市场缝隙，建立区隔——我与第一品牌不一样，我可以是更好的选择。

瑞幸瞄准星巴克的"软肋"，提出了建立区隔的几大口号：

"好的咖啡其实不贵。"——一杯瑞幸咖啡的价格差不多是星巴克咖啡的半价，更便宜。

"你喝的是咖啡，不是咖啡馆。"——主打外卖及"无限场景"，更便利。

"在瑞幸，89.6% 都是回头客。" ——主打互联网会员服务，更有口碑。

这样的"小蓝杯",爱不爱?

3. 干扰

不断对第一品牌进行干扰,制造一种"我即将超越第一品牌"的"信任状"。

一是舆论干扰。从起诉星巴克,到扬言门店数要超越星巴克,再到铺天盖地的广告,使得瑞幸借势星巴克,赢得了巨大的舆论流量。

二是事实干扰。瑞幸通过资本运作和"烧钱游戏",维持门店和会员数的高速增长。2018 年第三季度,星巴克中国 9 年来首次出现利润下滑,这更坚定了消费者对瑞幸的信任。

干扰的核心,并不是真的要马上"干掉"第一品牌,而是首先占住第二品牌的位置。因为超越第一品牌非一朝一夕之功,而原来的第二品牌则很容易在这种干扰中被市场冷落。

4. 持续

持续对第一品牌进行对标、区隔和干扰。

持续的核心,在于保持充足的"粮草"。因为挑战"第一",很"值钱",也很"差钱"。能否稳健地持续下去,是插位最终能否成功的关键。

到 2019 年底,瑞幸直营门店数已达到 4500 多家,号称在中国已超越星巴克,是"国内最大的咖啡连锁品牌"。

这种用亏损换来的"超越"当然还只是一个"干扰故事",其目的是赢得资本市场的"持续输血"。

可遗憾的是,瑞幸很快越过商业底线,并被打回了原形。

当年蒙牛成立时,在全国同行排名第 1116 位。后凭着对标伊利的插位战略,迅速超越伊利崛起为行业第一。再后来,三聚氰胺事件爆发,其幸得柳传志等多方现金驰救,才走出危机。

瑞幸会有走出危机的运气吗?

➤ 品牌感悟

挑战"第一",很"值钱",也很"差钱"。

战略兵法之升位：魏建军和长城汽车的"生死之问"

升位的关键，不是打败对手，而是超越自己。

➤ 品牌案例

"长城汽车挺得过明年吗？"

2020年7月14日，一部时长3分钟的微电影在网上流传。片中，长城汽车董事长魏建军踩着"命悬一线"的"钢丝"，发出了振聋发聩的"生死之问"。

原来，这是他送给长城汽车30岁的生日礼物。

30年来，魏建军一手将一个亏损200万元的乡镇小厂，发展为连续四年年销百万辆的中国国产汽车领军企业。其长城皮卡连续22年蝉联中国皮卡销量冠军，哈弗连续10年获得中国SUV销量冠军。

然而，面对未来，魏建军依然如履薄冰。

"造车三十年，有人说，是时候回头看看了。我说，不。更应该往前看。"

2020年7月20日，长城汽车重磅发布"柠檬""坦克""咖啡智能"三大技术品牌，正式宣告向全球化科技出行公司转型……

➤ 品牌分析

魏建军关于长城汽车的"生死之问"，其实是为长城汽车的品牌升位而来——他借"三十而立"之际，宣告长城汽车重塑未来的决心。

品牌升位是指品牌调整、升级在顾客心智中的认知地位，是品牌应对市场环境和消费需求变化，以及重塑竞争力的一种重要战略手段。

其关键是如何在消费者心智中寻找到更安全、更有利的位置。

但品牌升位又是最难的——它有时需要"壮士断腕，挥刀自宫"，是一个不断自我否定、自我超越的蜕变过程。

具体该如何升位呢？

1. 否定

基于新变革趋势，对原有品牌定位进行自我否定。

一是关于顾客的自我否定，不再把原来的顾客需求视为核心需求。

二是关于竞争对手的自我否定，不再把原来的竞争对手视为战略对手。

三是关于自己的自我否定，不再把原来的竞争优势视为竞争优势。

只有开启这三大"否定"，品牌升位才可以真正开始。

长城汽车经过 30 年的发展，已崛起为国产汽车的领军品牌之一。但魏建军敏锐地看到，汽车市场正在由增量竞争转变为存量竞争，汽车将不再是钢铁之躯的出行载体，而是智慧科技的移动终端。

"过分依赖于前三十年，长城汽车挺得过明年吗？"

所以，魏建军用"生死之问"，开启了长城汽车的"自我否定"。这正是其谋求升位——从"中国汽车制造企业"向"全球化科技出行公司"转型的前提。

2. 升级

基于新消费理念，对品牌在消费者心智中的地位进行升级。

这里的关键在于——品牌升位是调整、升级消费者在心智中对品牌的认知，并非完全抛弃过去，改变消费认知。因为消费认知一旦形成，改变太难，调整、优化则顺理成章。

例如，星巴克从卖咖啡升级为"第三空间"，卖的还是咖啡，但通过"第三空间"，升级了星巴克在消费者心智中的地位。亚马逊从网上书店升级为网上零售，还是依托互联网优势，但通过"全零售"，升级了亚马逊在消费者心智中的地位。

长城汽车还在"造车卖车"，那么，如何升级自己的地位呢？

魏建军的答案，一是科技化，通过"柠檬""坦克""咖啡智能"等，开启智能化、数字化、新能源化变革；二是全球化，通过哈弗定位"中国SUV全球领导者"，布局全球化之路；三是品牌化，强化品牌公司管理，让品牌公司进入生产前端，并打通各"作战单元"，直接面对客户。

3. 再否定

基于新竞争维度，对升位后的品牌定位进行聚焦和强化。

一是聚焦新竞争对手，瞄准它们的劣势，并进行否定；二是强化新核心优势，对非核心优势进行否定，集中力量实现核心突破。

只有实现了新的"否定"，品牌升位才算稳固。

这个问题的答案，长城汽车还需要时间来证明。

但从市场的初步反应来看，魏建军的"生死之问"显然得到了认同。

2020年第三季度，长城汽车整车销量28.6万辆，同比增长23.9%，总收入262.1亿元，同比增长23.6%。

2020年10月，长城汽车A股市值破2000亿元，3个月翻了2倍多。

> **品牌感悟**

如果我们还看不到颠覆性的变化，那被颠覆的，一定是我们。

——魏建军

战略兵法之劫位：喜马拉雅怎样"重新发明电台"

劫位是直接开辟一个新位置，让他人的位置失去价值。

➤ 品牌案例

喜马拉雅 FM 已崛起为国内规模最大的在线音频分享平台。到 2019 年，其用户规模已突破 5 亿。

然而，时光倒回 2012 年，当创始人余建军准备进军音频领域时，团队并不看好。大家纷纷离职，只剩下了十来个人。

但余建军坚持认为：音频有机会。

可机会在哪里呢？

余建军于是果断提出——重新发明电台。这句口号就像"冬天里的一把火"，照亮了喜马拉雅 FM 逆袭的路。

➤ 品牌分析

与其说喜马拉雅 FM 的崛起是因为其"重新发明了电台"，不如说其成功实施了对传统电台及传统音频服务商的品牌劫位。

品牌劫位是新生品牌或跨界品牌为了抢占市场，对市场上的传统品牌进行"降维打劫"。这种打劫并不是抢别人的位置，而是直接开辟一个新位置，让他人的位置在消费者心智中失去价值。

品牌劫位有场景、连接、关系三个核心"劫点"。

1. 场景

一切位置的核心，源自消费场景。要想实现品牌劫位，首先要重构消费场景。

受制于节目时间和接收工具，传统电台服务的消费场景非常狭窄。网络主播在 PC 时代做了大量节目，但在电脑前，人们更倾向于选择视频和文字，音频始终得不到重视。

移动互联网的出现，让人在无限场景中接收音频成为可能。喜马拉雅 FM 正是借此实现了对音频消费场景的重构——随时收听分享好声音。睡觉前，公交车、地铁上，跑步运动时……广阔的场景，赋予了喜马拉雅 FM 广阔的"打劫"舞台。

2. 连接

一切生意的本质，源自"连接"。百度连接人与信息，淘宝连接人与商品，微信连接人与人……谁重构"连接口"，谁就能截流消费者，实现品牌劫位。

喜马拉雅 FM 诞生后，直接把自己定义为"声音界的淘宝"，以"个性化资讯电台"和"人人都是主播"为口号，倡导"随心录制，随时连接"。这不仅抢了传统电台的"生意"，也为传统的知识变现提供了音频连接出口。"声音接口"让喜马拉雅 FM 真正实现了"重新发明电台"。

3. 关系

一切品牌的价值，源自"用户关系"。要想实现品牌劫位，终极目标是重构用户关系。

在那么多网络广播电台中，喜马拉雅 FM 能遥遥领先，就在于其一开始不仅致力于"连接"，更致力于通过"内容消费个性化"和"内容生产社会化"，通过发掘有价值的声音内容，构建起与用户之间"你中有我，我中有你"的"强关系"。

所以，在一批传统电台 DJ 及网络主播的带动下，喜马拉雅 FM 迅速赢得了"种子客户"，并不断裂变发展，最终崛起为"掌管了 5 亿人的耳朵"的"声音帝国"。

其实，不仅喜马拉雅 FM，小米和乐视电视对传统电视的革命，支付宝和微信支付对传统支付的改变……在万物互联时代，品牌劫位的案例比比皆是。它们都是基于上面三大逻辑，重构了自己，也解构了别人。

> **品牌感悟**

谁重构了场景、连接和用户关系，谁就是新的王者。

战略兵法之扩位：从美国"猪都"走出的超级品牌帝国

扩位是不断增加并占领新位置，分蘖、延伸、开发出系列新品牌。

➤ 品牌案例

很多人都知道肥皂剧（Soap Opera），但可能并不知道，这一概念源于宝洁公司（P&G）。

在 20 世纪 30 年代，因广播电视节目中常常播放宝洁的肥皂广告，美国人就转而把这种节目称为"肥皂剧"。

1837 年，宝洁诞生于当时美国的"猪都"、著名的肉类加工城市辛辛那提，一开始生产蜡烛和肥皂，因为辛辛那提有着充沛的油脂原料。1879 年，由于煤油灯的崛起，宝洁便推出象牙香皂，以此代替衰落的蜡烛产业。

这是一个重要转折点。

象牙香皂不仅是美国历史上第一个公开刊登广告的商品，开创了商业广告的先河，更是宝洁用多品牌征战世界的开始，开启了宝洁多品牌管理的传奇。

➤ 品牌分析

走进超市，你可能看不到宝洁的标志，但其实你早已被它包围：OLAY、舒肤佳、SK-II、海飞丝、潘婷、飘柔、沙宣、帮宝适、护舒宝、碧浪、汰渍、佳洁士、欧乐B、吉列、博朗……这些家喻户晓的品牌，均有一个共同的"妈妈"——宝洁。

从一个香皂单品，到享誉世界的多品牌帝国，是宝洁不断进行品牌扩位的结果。

品牌扩位，是指在消费者心智中不断增加并占领新位置，从一个品牌分蘖、延伸、开发出系列品牌的战略。

这一模式，正是宝洁首创。业界亦称之为"多品牌战略"。

进行品牌扩位，企业不但可以通过不同品牌占领更多市场，而且"不把鸡蛋放一个篮子里"，可以在个别品牌老化或遭遇危机时降低对公司的影响。这一度被视为公司做大做强的重要途径。

然而，品牌建设非一朝一夕之功，由于品牌扩位战线长、投入大、管理难，也让很多企业掉入"多品牌陷阱"而难以自拔。

宝洁又是如何做的呢？

1. 承诺

自象牙香皂开始，宝洁走上了一条品牌立企的道路——"确保我们的品牌实现我们对消费者的承诺：一点一滴，美化生活。"

正是基于这样的承诺，1924 年，宝洁成为第一家面向消费者进行市场调查的公司；1931 年，宝洁成为第一家设立品牌经理岗位的公司；1941 年，宝洁成为第一批建立客户关系部的公司……

而且，自 1931 年以来，宝洁的最高主管几乎都是品牌经理出身，90%的管理层也都拥有品牌管理经验。

所以，你以为人家是个日化公司，人家原来是个品牌管理公司——在宝洁，品牌不仅是消费承诺，更是全员行为、公司基因。

2. 分化

直到 20 世纪后期，品牌理论界才提出"分化理论"：随着时间推移，市场会不断细分，细分市场会出现新的领先品牌，形成新的品类。

其实，宝洁早就具有了这样的理念。

宝洁的理念是：如果某一个品类的市场还有细分空间，最好那些"其他品牌"也是宝洁的。

所以，宝洁公司名称 P&G 没有成为任何一种产品的商标，而是根据市场细分，以各子品牌为中心运作。就是同一品类，也有不同品牌占领差异化市场，如洗发水有"飘柔""潘婷""海飞丝""润妍"等，这使宝洁在各品牌领域中拥有极高的占有率。

3. 竞争

这么多"儿子"，怎么管？

宝洁的方法是：实行品牌经理负责制度，开展内部竞争。其不仅在不同种类的产品中设立品牌，在相同种类的产品中，也大打品牌战。这种内部竞争，极大地调动了各品牌经理的积极性，有力地推动了宝洁品牌家族的发展和壮大。

承诺、分化和竞争，构筑起宝洁战略扩位的基石，铸就了宝洁多品牌战略的卓越分蘖力。高峰时，宝洁拥有上千个品牌，光年销售额超 10 亿美元的品牌就有 20 多个，系世界最大的日用消费品公司之一。

➤ 品牌感悟

宝洁品牌和宝洁人是公司成功的基石。

——宝洁

战略兵法之固位：61 岁的芭比，为何青春不老

固位是锚定并稳固自己的位置，实现基业长青。

➤ 品牌案例

2020 年 3 月 9 日，芭比（Barbie）娃娃迎来了 61 岁生日。

61 年前的一天，美国玩具商人露丝·汉德勒（Ruth Handler）因看到女儿芭芭拉玩成人模样的剪纸娃娃，顿生灵感——为什么不做个成熟一些的玩具娃娃呢？

1959 年，芭比娃娃问世。它清新动人，身材性感，脸上还露出玛丽莲·梦露般的神秘微笑。露丝用女儿的昵称，给其命名为芭比，并打出口号："芭比——少女的榜样。"

一个属于芭比娃娃的时代从此开启。芭比娃娃先后销往世界 150 多个国家，一举崛起为 20 世纪最广为人知、最畅销的玩偶品牌，芭比娃娃的母公司——美泰公司也成了全球最大的玩具商之一。

➤ 品牌分析

这些年，受电游等多种因素的影响，芭比娃娃的销量已大不如前，但 61 岁的芭比娃娃，不仅依旧是公司的业绩担当，而且依旧是全球最畅销的玩具之一，是世界玩具市场上畅销最久的品牌。

想想那么多玩具品牌"风光不过三五年"，想想全球最大的玩具零售商——玩具反斗城都破产了……唯有芭比娃娃，青春不老。

凭什么？

凭的是一种战略固位。

战略固位，是指品牌在发展过程中对品牌核心战略及核心价值的锚定、巩固与持续。因为品牌在消费者的心智中一旦形成，就会出现"锚定效应"。巩固与维持这种效应的能力，是一个品牌基业长青的重要密码。

具体而言，战略固位有专注、创新两个核心支点。

1. 专注

战略位置一旦形成，必须集中力量，专注到底。

芭比娃娃自诞生的那刻起，就从来没被定义为一个单纯的玩具，而是一个有趣的灵魂——"少女的榜样"。它是女孩对美的追求，对希望和梦想的托付，更是美国女性精神的代表。

这样的"锚点"形成以后，露丝将之视为芭比娃娃的生命而加以守护。"芭比的故事"不管怎么演绎，始终不离"少女的榜样"这个"魂"；芭比娃娃风靡全球以后，其品牌价值如日中天，可从未被大规模地用于其他非相关商品。

对这种专注，定位理论创始人里斯和特劳特给予了高度评价：在玩具市场中，芭比娃娃代表了一种"长期趋势"。

2. 创新

固位需要专注，更需要创新。

因为时代在变，消费在变，没有创新，消费者心智中的"锚"就会松动，甚至消失。

60 多年来，芭比娃娃始终保持着"美得不可思议的容颜和身材"，但芭比娃娃从来不是一成不变的，它一直在被不断地改进和创新。

美泰公司每年生产约 150 款芭比娃娃，其中有 120 款是新造型；芭比娃娃的外形已历经 500 次以上的改良，并仍在改良中；芭比娃娃已先后演绎 80 多种职业，拥有超过 10 亿件的时装，参加过各种文化节目……

这样的创新，使芭比娃娃不仅引领审美潮流，而且代表了一种女性时尚理念："通过芭比娃娃，女孩可以成为任何她想成为的人。"

这样的芭比娃娃，焉能轻易老去？

➢ 品牌感悟

变化的时代，不变的定力。

战略备忘："日本首富"柳井正的梦想密码

一切卓越的品牌战略，都离不开品牌梦想的支撑。

➤ 品牌案例

长期蝉联"日本首富"的优衣库（UNIQLO）创始人柳井正有一个著名的"倒时针法则"：从未来的梦想出发，倒推出当下的行动计划，然后付诸实践。

1949年，柳井正出生于日本山口县一个普通的裁缝家庭。创业之初，他从父亲手里接过的，只是县城一间小小的男士西装店。而且，六个员工走得只剩下一个人，生意一度非常惨淡。

然而，年轻的柳井正却坚定地立下远大梦想：做世界第一的服装企业。

正是基于这一梦想和"倒时针法则"，柳井正毅然关掉西装店，来到广岛，创立了优衣库，一步步将优衣库发展为全球第三、亚洲第一的服装零售品牌。他也由此成为继松下幸之助、盛田昭夫等"经营四圣"之后的"日本新财神"。

➤ 品牌分析

很多人可能纳闷——心怀梦想的企业家和企业可谓千千万万，为何只有柳井正和优衣库这样的"极少数"获得了成功？

秘密其实就在这里——大部分人怀揣的只是个人或企业梦想，而没有将之转化为品牌梦想。

品牌梦想，才是一切品牌战略的最核心密码。

从一个普通的县城青年到"日本首富"，从一个小小的西装店到全球领先的服装品牌，柳井正和优衣库的崛起，正是缘于品牌梦想的力量。

1. 品牌梦想的本质

品牌梦想源自企业家和企业梦想，更源自消费梦想。其本质，是品牌为消费者构建的消费梦想。

也就是说，品牌梦想拷问——我要创造一种××样的美好消费生活，必须从消费者中来，到消费者中去。只有找到消费梦想的钥匙，发掘并引领消费梦想，品牌梦想的阳光才能照进现实。

否则，失去品牌梦想的支撑，再好的战略，都只是"浅尝辄止"，再好的个人梦想，都只是"空中楼阁"。

例如，有一个米粉店主，如果他说——我卖出的每一碗米粉，都是为了在这个城市买套自己的房！这是个人梦想。如果他说——我卖出的每一碗米粉，都是为了每个店员和股东在这个城市买套自己的房！这是企业梦想。如果他发掘到周边顾客对健康的需求，从而说——我卖出的每一碗米粉，都是为了顾客的健康！这就是品牌梦想。

如果你是消费者，你更愿意去哪个店里呢？

2. 品牌梦想的构建

品牌梦想的构建，离不开品牌使命、品牌愿景、品牌规划三大核心支点。

具体而言，品牌使命和品牌愿景倒推出品牌规划，品牌规划支撑起品牌使命和品牌愿景。它们可以用一个倒金字塔来表述，如图 3-2 所示。

图 3-2　品牌梦想倒金字塔

（1）品牌使命。品牌使命是品牌在社会历史和现实消费生活中应该承担的主体责任。它的建立，需要回应消费期待，解决"品牌从哪里来"的问题：

A. 我为谁（服务何群体）而来？

B. 我为何（解决何问题）而来？

柳井正先是敏锐地捕捉到休闲装的流行趋势，开始改卖休闲装；后来，日本经济步入萧条期，他发掘到人们对物美价廉服饰的巨大需求，进而创立优衣库，建立起强大的品牌使命："以亲民的价格提供最优质的服装，让全世界人都能享受身着服装的喜悦。"即低价良品、品质保证。

服装界素来奉行"便宜无好货"，优衣库却为追求低价、高品质商品的极限而来。这被业界认为是"不可能完成的任务"，却喊出了消费者的心声，并受到了热烈追捧。

（2）品牌愿景。品牌愿景是品牌为消费者及自己构建的未来蓝图及终极目标。它是在品牌使命的基础上，进一步解决"品牌到哪里去"的问题。

优衣库凭低价良品火爆以后，曾一度出现消费者买回去就把商标剪掉的现象。柳井正决定聚焦基本款，在时尚的千变万化中塑造经典和爆款，树立明晰的品牌愿景："缔造能让人们的生活更丰富、更舒适的极致日常装。"

这一愿景的提出，不仅为优衣库树立了清晰、长远的目标，更为消费者构筑起坚定的品牌消费信仰。

（3）品牌规划。品牌规划是品牌为实现梦想目标而设计的行动计划。它具体解决"品牌如何到哪里去"的问题。

柳井正的"倒时针法则"正因此而生。他以梦想总目标为出发点，倒推出中长期目标及短期目标，并通过层层分解，逐步将它们变成现实……

➢ **品牌感悟**

不要怀有渺小的梦想，它们无法打动人心。

——歌德

APRIL

形象塑造：
超级品牌就是超级符号

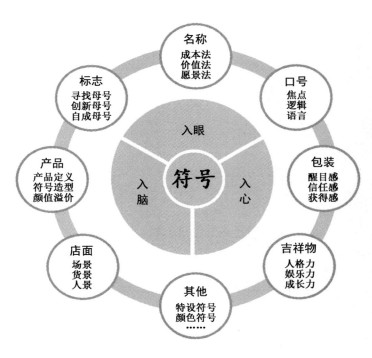

品牌形象系统导图

形象前传：你为何只知"狗不理"，不知"德聚号"

符号的本质，就是通过形象和意义象征，与大众达成认知约定。

➤ 品牌案例

100多年前的天津，有位小伙子，叫高贵友，他开了个包子小吃铺，取名德聚号。

小伙子不仅手艺精湛，而且用料讲究。为了让自己的包子与众不同，他将包子上的褶花精心捻成白菊花形。"菊花褶"便成为他家包子的重要标志。

因为口味和质量好，很多人便冲着"菊花褶"而来。他忙得顾不上跟顾客说话，顾客便笑他："狗子卖包子，不理人。"狗子是他的小名。

再后来，人们干脆都叫他"狗不理"，他所经营的包子，也被称作"狗不理包子"。

这便是"天津三绝"之首，中华老字号之一——狗不理包子的来历。

➤ 品牌分析

提起狗不理包子，无人不晓，"菊花褶"也至今依旧是它的经典标志，可它背后的高贵友和聚德号，却鲜有人知。

这便是品牌符号的秘密——"狗不理"和"菊花褶"是符号，而且是超级符号，高贵友和聚德号只是名号。

什么是符号？百度百科的解析是："符号是人们共同约定用来指称一定对象的标志物。它可以包括以任何形式通过感觉来显示意义的全部现象。"

也就是说，符号可以是文字、画面、声音等任何感官识别形式，但有三大共同特征：是一种感知形式（形象识别），是一种意义显示（价值代表），是一种共同约定（大众认知）。超级符号，是这三大特征及作用达到最大化的符号。

1. 形象识别

符号为识别而来。

如何识别？一是有画面感，因为人脑中存在镜像神经元，具有视觉思维和直观本质的特性。二是有独特性，独一无二才能形成认知区隔。

狗不理虽然是语言符号，但画面感非常鲜明：狗子忙得不理人，顾客盈门的感觉多么明显，而且独一无二；德聚号不仅画面感弱，而且概念宽泛，若不解析，很难让人想到是一家包子店。

2. 价值代表

符号因意义而生。

消费者消费符号，核心是消费符号背后的意义和价值象征。所以，形象识别必须是价值代表，才能是符号。例如，玫瑰是爱情的符号。因为代表爱情，玫瑰才成为符号，否则，玫瑰就只是玫瑰。

狗不理和德聚号，谁更能代表狗不理包子的价值和意义？

当然是狗不理——顾客盈门的包子当然是好包子。而"德聚"的包子可能是好包子，也可能不是——有德若无才，不一定做出好包子。

3. 大众认知

符号由约定而成。

符号的本质，就是通过形象和意义象征，与大众达成认知约定。达不成约定，形成不了认知，就没有生命力，就称不上符号。

这是最最关键的一点。

狗不理不仅源自消费认知，而且由消费者自发约定而成。德聚号仅仅是商家的"自我约定"。因为符号化的缺失，其早已淹没在历史的烟尘里。而狗不理，历百年依旧不朽。

符号学奠基人索绪尔认为，符号是有生命的，有着对人的心理的强大影响力。

形象力+价值力+认知力，构成了符号的生命力，它不仅是原有商品价值的一种指称，更赋予了原有商品新的价值——符号价值。

现在很多企业都有自己的 CIS（企业形象识别）系统，但在消费者心目中形成符号价值的，却寥寥无几。就是因为大都止步于"德聚号"，而没有成为"狗不理"。

> **➢ 品牌感悟**

符号是一种对象指称，更是一种价值再造。

超级形象：品牌符号金字塔

符号构建"三重门"——入眼、入脑、入心。

➤ 品牌案例

从默默无闻到家喻户晓，Aflac（美国家庭人寿保险公司）的异军突起，竟缘于一只鸭子。

Aflac创立于1955年，是世界上第一家销售癌症补充险种的保险公司。然而，直到2000年，其在美国的知名度，还只有12%。

经过探讨，Aflac大胆地把一只鸭子放进了公司Logo，并让它出现在广告及活动中。这只长着明黄色嘴巴、穿着蓝色上衣的白色鸭子，除了会说Aflac，其实什么也不会干。

然而，奇迹很快产生了。不仅90%的美国人都知道了这只鸭子，Aflac在美国的销售额一举增长了30%，Aflac也成功迈入世界500强，这只鸭子成了美国大众文化的一部分。

➤ 品牌分析

"如果没有这只鸭子，一切都难以想象。"Aflac 首席执行官丹·埃莫斯（Dan Amos）后来感叹。

有鸭子和没有鸭子，为何如此不同？

因为，鸭子赋予了Aflac新的符号生命和符号价值。

所以，品牌形象建设的核心，就是建立符号，创造符号价值。没有符号价值，就只是形象识别，而非形象符号。不然，哪个品牌没有自己的形象识别？

那么，品牌到底该如何打造自己的符号甚至超级符号呢？

三大核心路径：入眼、入脑、入心，如图 4-1 所示。

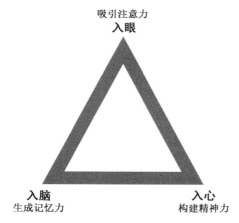

图 4-1　品牌符号金字塔

1. 入眼

符号首先要吸引眼球，能吸引消费者注意力。吸引不了眼球，再好的形象都是"零分"。

如何吸引眼球？

一是新异。出新立异，才有识别空间。当所有保险公司把自己的形象搞得一本正经时，Aflac 用一个鸭子符号，让消费者立即眼前一亮——啊，原来还有这样的保险公司！新异最简单的办法是与人们已经熟悉的行业标杆差异着来。可口可乐是红色的，百事可乐就用蓝色，王老吉也用红色，但变成了红罐；"红十字"是红色，"蓝十字"就用蓝色，后来有一个医疗福利协会也用蓝色，但变成了"蓝盾"……

二是聚焦。符号元素越聚焦，就越简洁有力，就越清晰醒目。Aflac 把品牌诉求的千言万语，集中为鸭子的叫声；苹果的 Logo 一开始是牛顿坐在苹果树下读书的画面，后变成被咬了一口的苹果；奔驰的标志一开始很复杂，后简化成"三角符号"；耐克直接一个"勾子"，阿迪直接"三斜杆"……

2. 入脑

入眼是视觉识别，吸引注意力；入脑则是价值定义，生成记忆力。

什么东西最容易让人记住？当然是最简单明了的东西。

首先，要一句话概括地说清楚——你的符号代表什么。以国产手机行业为例，华为代表"拍照最好的手机"，OPPO代表"年轻人用的手机"，小米代表"厚道（性价比高）的手机"……

其次，要用俗语给自己起一个"外号"——你的符号简称什么？麦当劳的标志简称"金拱门"，可口可乐的瓶子简称"女人瓶"，瑞幸简称"小蓝杯"……就像人的"外号"更容易被记住一样，品牌亦如是。

3. 入心

入心是情感及思想占领，构建精神力。这是品牌符号建设的终极目的。

什么东西最容易入心？

一是母号赋能。为自己的品牌符号寻找一个可以赋能的母号。这个母号，本就是消费者心里喜闻乐见、耳熟能详的。例如，说一个小孩叫范小勤，你可能觉得非常陌生，可如果说他是"小马云"，你还觉得陌生吗？马云就是"小马云"的母号。Aflac崛起的关键，也是借助了"鸭子"这个母号——消费者对可爱的鸭子，本就有天然的喜爱。所以，"Aflac鸭"一亮相，就受到了欢迎。

二是身份绑定。把自己的品牌符号绑定一种消费及社交身份。这种身份，本就是消费者心里念兹在兹的。如星巴克的"小资咖啡"，万宝路的"西部牛仔"，人头马的"好事自然来"，大红鹰的"胜利之鹰"……

入心的核心，是让消费者"心有所动""心有所属"。它是入眼、入脑的深化，更是品牌符号价值的再创造。一旦入心，后面的"符号消费"就变得简单了。

➤ **品牌感悟**

万绿丛中一点红，动人春色不须多。

——宋·王安石

品牌符号之名称：花 10 亿美元取一个名字，值吗

品牌命名三法则：成本、价值和愿力。

➤ 品牌案例

美国 Exxon（埃克森）标准石油公司前身叫 New-Jersey（新泽西）石油公司。由于"New-Jersey"拼写复杂，意蕴狭窄，旗下又有多种商标，公司管理层决定换一个名称，统一品牌标志。

于是，他们调查了世界上 55 个国家的语言，走访了 7000 多人，拟了约 1 万个名称，经过层层筛选最后剩下了 8 个。这 8 个名称再用 100 种以上语言进行搜索，以保证无确切意思，并找不到与之雷同的词，并且蕴意无恶感。

最后，"Exxon"脱颖而出，并于 1972 年正式投入使用。其不仅容易记忆，内含叠字，便于拼读，而且独一无二。

这个过程历时 6 年，共耗资 10 亿美元，被誉为"史上最贵的品牌命名"。

➤ 品牌分析

为一个名字耗费 10 亿美元巨资，很多人可能以为 Exxon 财大气粗，任性烧钱。殊不知，Exxon 做的其实是一桩非常划得来的"买卖"：其不仅获得了一个可以彪炳史册、独一无二的新名称，而且相当于以超低成本开展了一场持续 6 年的营销——还有什么广告比让公众直接关注、讨论自己的名字来得更直接、更快速、更有效？

我们说品牌形象建设的核心是建立符号。具体而言，品牌符号包括品牌

名称、标志、颜色、口号、产品、包装、店面、代言人、特设符号等多种形象识别元素，这些元素形成一个符号价值系统，对消费者产生综合影响。

其中排第一位的，也是最重要的，就是品牌名称。

再看如图 4-2 所示的两组名字——

蝌蝌啃蜡		可口可乐
卡达布拉	**VS**	亚马逊
双种子		真功夫
中官村		中关村

图 4-2　品牌新旧名称对比

估计你很难相信，前者就是后者的原名。

可口可乐一开始使用的中文名是蝌蝌啃蜡，销量始终起不来，后改为可口可乐，焕然一新。试想，如果在蝌蝌啃蜡身上砸 100 亿元广告，能换来可口可乐四个字的效果吗？

所以，一个好的品牌名称，可以大幅降低营销成本，可以直接提升品牌价值，可以不断累积品牌资产。

那么，如何才能取一个好的品牌名称呢？

1. 成本法

成本法就是寻找那些用户识别成本低，品牌传播、营销成本低的名字。通俗地说，就是要追求易记、易懂、易传。

低成本最简单的办法，就是借用公众名称、大众俗语、人文地理、动物植物、历史典故等人们生活中的已经熟知的名词。

如苹果、亚马逊、天猫、小米、圣象地板、中华牙膏、红牛、星巴克、七天、七匹狼、北京饭店、宁夏红、三只松鼠、蓝月亮、象牙香皂……

2. 价值法

价值法就是挖掘用户最需要或最认可的价值点，并以此命名，让品牌名称直接占领这种价值状态。

如飘柔、立白、舒肤佳、支付宝、腾讯、优酸乳、真果粒、香飘飘、娃哈哈、可口可乐、宜家、杜蕾斯、聚美优品、绝味鸭脖……

最好的价值法命名，就是直接占领品类，如支付宝、葵花牌小儿肺热咳喘口服液。尤其对于创业品牌，这招非常有效。

3. 愿力法

愿力法是最简单的一种方法：直接用消费者或品牌商的美好愿景命名。因为愿景具有吸引力法则，这样的名称亦非常动人。

如金利来、淘宝、华为、好想你、金六福、万达、盛大、九州通、家乐福、安泰保险……

当然，除了上面三种方法，品牌命名也可以用人名，如戴尔、张小泉；也可以用叠字，如滴滴、当当；也可以直接造新词，如 Exxon……

但万千法门，关键就看三点：成本低不低？价值高不高？愿力大不大？

➤ **品牌感悟**

从长远来看，品牌不过就是一个名字。

——阿尔·里斯

品牌符号之标志：那么多大牌 Logo 为何都有"马"

母号赋能三部曲：寻找母号、创新母号、自成母号。

➤ 品牌案例

在世界著名品牌的 Logo 阵营中，"马"无疑是一个重量级的存在。

有一辆单马马车及一个站着的马童的，那是爱马仕（Hermès）。

有一辆双马马车及一个坐着的马童的，那是蔻驰（Coach）。

有一位头戴帽子的骑马男士的，那是堡马（Posemer）。

有一位单手持马球棒的骑马男士的，那是拉尔夫·劳伦（Ralph Lauren）。

有一位双手持马球棒的骑马男士的，那是圣大保罗（Santa Barbara）。

不仅如此，法拉利（Ferrari）是一匹"跃马"，保时捷（Porsche）是一匹"骏马"，福特是一匹正在奔驰的"野马"，人头马（Remy Martin）是引箭向上的昂首人马，铁马酒庄（IronHorseVineyard）是踩箭长啸的腾空飞马；富国银行（Wells Fargo）是六匹骏马拉着载有乘客的马车奔驰……

➤ 品牌分析

Logo 中有"马"的著名品牌还远不止上面这些。它们之所以"马不停蹄"，原因其实很简单——马，曾经是代表上层社会的一个重要符号。选择这样的符号母号，是塑造品牌 Logo 的最有效手段之一。

1. 母号赋能的重要性

品牌 Logo 即品牌标志，是品牌信息传递、识别的重要视觉工具。它的作用，主要有三个：

（1）进一步降低成本。品牌标志作为视觉识别，使用的场景广，传播的距离远，浓缩的信息多。它能够在品牌名称的基础上，进一步降低品牌的识别、传播和记忆成本。

（2）进一步提升价值。在品牌名称的基础上，品牌标志通过字体、图形和色彩的单独使用或组合，一方面，可将品牌中不能用言语称谓的部分进一步呈现出来，另一方面，又赋予品牌新的价值。

（3）进一步沉淀资产。品牌标志符号化后，不仅承载着品牌的无形资产及知识产权，更累积着消费者的品牌记忆、口碑及忠诚，是品牌价值资产的重要"硬盘"及标的。

明白了这三点，我们就会发现，市面上的许多品牌标志设计都是错误的：它们极难被直接识别，不但没有降低反而增加了成本；它们毫无联想空间，不但没有提升反而弱化了价值；它们还经常变来变去，不但没有沉淀反而消耗着品牌资产。

那么，如何才能最简单、最快捷、最有效地实现这三个作用？

答案就是——母号赋能。

在法律允许的范围内，找到一个在消费者心目中本来就存在极高认知度，本来就含有极高价值，本来就是无形资产的符号母号，把它进行创新改良，生成自己的标志，直接"一步到位"。

2. 母号赋能的三部曲

具体该如何进行母号赋能呢？

（1）寻找母号。首先要找到可以为自己赋能的母号载体。

在工业革命之前，马一度是贵族的象征。马车是一种贵族的交通工具，马术是一种贵族的生活调剂，骑士是一种贵族头衔。马代表着速度、力量和品格，更代表着身份、地位与荣誉。

这些著名品牌，它们有的与"马"本就沾亲带故，如爱马仕由制作马具起家，法拉利有一个关于"跃马"图腾的故事，保时捷公司所在地盛产一种名贵种马。而更多的，原本与"马"毫无关系，完全是一种赋能需要。

人头马是在创立 100 多年后，才想到"人马星座"这个标志，成功将神话故事化为了自己的品牌精神；蔻驰的诞生足足比爱马仕晚了 100 多年，但爱马仕的标志里是单马马车，它的标志里是更豪华的双马马车……

（2）创新母号。在母号的基础上，创造出新符号。这个新符号，必须是独一无二、推陈出新的。

如何创新？

做"加法"：在母号的基础上增加新元素，组合成自己的品牌标志。如单马马车+马童=爱马仕，瑞典国旗颜色+ IKEA=宜家，山峰+evua=依云，蓝新月+汉堡=汉堡王……

做"减法"：提取母号身上的核心元素，简化成自己的品牌标志。如人头马是人马星座的人马，耐克是胜利女神的翅膀，玛莎拉蒂是海神波塞冬的三叉戟，劳力士是五星皇冠……

做"乘法"：将母号元素叠加，累积成自己的品牌标志。如香奈儿的双 C，奥迪的四个圈，富国银行的六匹骏马，华为的八瓣太阳花……

做"除法"：将母号除去不想要的元素，变化成自己的品牌标志。如星巴克的双尾美人鱼，范思哲的蛇妖美杜莎，思科的金山大桥……

是不是有点简单？可有时就是因为简单，才成了经典。

（3）自成母号。标志符号要有独立性及可延展性，可脱离原母号而成为新的母号。

拉尔夫·劳伦设计出介于正式与休闲之间的男装款式，怎么定义？他想到了马球运动这个象征上层社会悠闲生活的符号母号。拉尔夫·劳伦的标志不仅由此诞生，更一举开启了 Polo 衫时代……

所以，成功的标志，往往始于母号，最终又成为新母号。在获得母号的赋能之后，将为产品、公司、行业及消费生活，源源不断地赋能。

➢ 品牌感悟

"母体效应"不仅是一种生物现象，亦是一种品牌现象。

品牌符号之口号："一句顶万句"背后的品牌秘密

几乎所有成功的品牌口号，都是以断言的逻辑来写作的。

➤ 品牌案例

希爱力（Cialis）是一款抗 ED 药物，于 2002 年上市。

当时，早已上市的辉瑞万艾可（Viagra，俗称伟哥）一直占据冠军宝座，艾力达（Levitra）紧随其后。一开始，希爱力的销售情况并不好。

但希爱力很快喊出了颠覆性的口号："药效 36 小时！"

因为，万艾可和艾力达都属于药效 3～4 小时的短效 PDE5 抑制剂。

于是，在这一口号的"轰炸"下，希爱力很快异军突起。2013 年，其销售额一举超越万艾可，崛起为全球 ED 药物市场的老大。

➤ 品牌分析

用一句话说清"你是谁"，并让消费者因此选择你，这句话就是品牌口号（Brand Slogan）。它是品牌价值理念的核心表达，也是品牌符号体系的重要支点。

《现代汉语词典》中说，口号是"供口头呼喊的有纲领性和鼓动作用的简短句子"。品牌口号亦有几个显著特征：纲领性，品牌口号要提纲挈领，直指人心，"一句顶万句"；鼓动性，品牌口号要鼓舞行动，直动人心，能说动消费者才是硬道理；简短性，品牌口号要短小精悍，直入人心，"浓缩的才是精华"。

凭什么选择希爱力？"药效 36 小时！"

一句话，不仅直接将竞争对手推入了"短效"的泥潭，而且为消费者塑造出新的无限向往，可谓纲领性、鼓动性、简短性的典范。

那么，到底该如何打造一个好的品牌口号呢？

1. 焦点

一个好的品牌口号，首先要找准焦点，即"以什么为中心"。

以品牌为中心？则很容易"自说自话，王婆卖瓜"。

以消费者为中心？亦很容易"焦点模糊，大炮打蚊"。

因为消费者的需求是多方面的，很多品牌口号总想什么都去囊括，最后什么都囊括不了。

所以，正确的焦点是以消费者最想要的结果为中心。

现代营销学的奠基人之一、哈佛商学院资深教授西奥多·莱维特（Theodore Levitt）有句名言："消费者之所以要买钻头，并不是因为他们需要一个钻头，而是要一个洞。"

品牌口号应致力于直接给消费者最想要的结果，并赋予这种结果无限美好的遐想。

例如——美体修形，无与伦比（普通内衣广告）VS 做女人挺好（婷美）。

例如——甜蜜可口（普通橘子卖家）VS 甜过初恋（"广告奶奶"）。

你更喜欢哪一个品牌口号？

2. 逻辑

世界著名大众心理研究著作《乌合之众》曾指出，"做出简洁有力的断言，不理睬任何推理和证据，是让某种观念进入群众头脑最可靠的办法之一"。

几乎所有成功的品牌口号，都是以断言的逻辑来写作的。那就是：我就是你某方面唯一、最好的选择，如果还有其他，请参考这一条。

例如，怕上火，喝王老吉。怕上火，完全可以喝菊花茶、金银花露啊，可王老吉这么一"断言"，就等于在消费者心智中霸占"去火"的符号了。

具体而言，常有以下几种断言——

观念断言，如戴比尔斯：钻石恒久远，一颗永流传。

功利断言，如雀巢咖啡：味道好极了。

情感断言，如万事达：万事皆可达，唯有情无价。

个性断言，如农夫山泉：我们不生产水，我们只是大自然的搬运工。

承诺断言，如碧桂园：碧桂园，给你一个五星级的家。

权威断言，如滴滴出行：四个小伙伴，三个用滴滴。

身份断言，如金利来：男人的世界。

场景断言，如香飘飘：小饿小困，喝点香飘飘。

品类断言，如索菲亚：定制衣柜，就是索菲亚。

竞争断言，如百岁山：水中贵族，百岁山。

恐惧断言，如山叶钢琴：学琴的孩子不会变坏。

梦想断言，如红牛：你的能量超乎你的想象……

3. 语言

品牌口号的语言表达如何才能短小精悍，直入人心？常用的方法就是"旧瓶装新酒"——多用"套话"。

因为"套话"本就是人们一听就明、一说就会的，是人们在日常生活中长期浓缩的结果。例如：

套名言，如丰田汽车：车到山前必有路，有路必有丰田车；每日优鲜：好好吃饭，用心生活 。

套叠词，如麦斯威尔咖啡：滴滴香浓，意犹未尽。

套对仗，如 M&M 巧克力：只溶在口，不溶在手。

套双关，如三菱电梯：上上下下的享受。

套谐音，如褚酒庄园：褚酒论英雄。

套押韵，如美年达：玩得不够大，别喝美年达……

宝洁前董事长雷富礼曾说："消费者要的不是最完美而是最简单解决冲突的方案。"从焦点到逻辑再到语言，品牌口号就是致力构建这样的"方案"。

> ➤ **品牌感悟**

复杂的语言，会蒙蔽人们的心智。

——杰克·特劳特

品牌符号之产品：正品三角巧克力，为何被骂是山寨

产品符号，始于定义，显于造型，成于溢价。

➤ 品牌案例

三角巧克力（Toblerone）1908年诞生于瑞士，其按照阿尔卑斯山的马特洪峰设计出产品形状，并将三角注册成商标，成为世界上最具特色的糖果品牌之一。其不仅行销世界100多个国家，而且是有口皆碑的百年品牌。

然而，2016年，因为原材料成本上涨，三角巧克力为减少净重，悄悄减少峰齿，拉宽峰距，以此来维持产品价格的稳定。

没想到，此举立即引发市场强烈不满，"简直就是山寨""史上最愚蠢的公司决定"……消费者纷纷在网上表达他们的愤怒。

2018年，在消费者的强烈声讨下，三角巧克力又变回了原来的样子。

➤ 品牌分析

明明是正品，却被骂成是山寨——"宽距版"三角巧克力的问题在于，"山峰"已不是一个普通的产品形态，而是其标志性的产品符号。这种符号的贸然改变，自然与消费者心智中的"正版"形成了错位，从而引发品牌危机。

这也进一步说明了产品符号建设的重要性。一个自带符号的产品，就是恒定的价值承诺和消费预期，它胜过销售员的千言万语。

那么，一个好的产品符号，该如何塑造？

1. 产品定义

在现代消费时代，产品供过于求，产品同质化越来越严重。没有符号，

产品已很难脱颖而出。

所以，产品符号塑造的第一步，就是先有符号意义，再有产品表达。

具体而言，就是根据消费需求洞察，先进行产品符号化定义，然后以此聚焦并放大某一产品特色功能，将其做到极致。

例如，苹果的"健康手表"，健乐士的"会呼吸的鞋子"，霸王洗发水的"防脱发"，华为手机的"AI拍照"，柒牌的"中国装"……

2. 符号造型

产品符号塑造的第二步，让产品的外观造型，形成明显的符号标志。

也就是说，不打Logo、不写名字，也能让消费者通过造型标志，知道那就是你家的产品。

三角巧克力的"山峰"，就是这样的符号。

再如可口可乐的"女人瓶"，劳力士手表的"蚝式表带"，劳斯莱斯的"纯手工格栅"，蔻驰的"双G互锁"，万宝龙笔的"六角白星标记"，救生圈薄荷糖的"中间带孔"……

3. 颜值溢价

产品符号要真正赢得消费者，还需要完成第三步——塑造颜值溢价。

如何塑造？

最简单的办法，就是把"逼格""写在脸上"，让1元的产品，看起来像100元的。

维他命水（Vitaminwater）不过是一种含糖的饮料，但生产厂商把瓶子设计成处方药瓶的形状，瞬间"逼格"爆棚，最后被可口可乐以41亿美元的高价纳入麾下。

360大户型路由器，原本造型设计得像个"肥皂盒"，遭周鸿祎毅然否决，最后"颜值"对标苹果笔记本，果然看起来档次骤升，深受欢迎。

相反，三角巧克力减少"山峰"，不就相当于"颜值缩价"吗？这样的"自毁"，岂能不遭骂？

➤ **品牌感悟**

俊美的相貌是比任何介绍信都管用的推荐书。

——亚里士多德

品牌符号之包装：为什么可乐用圆瓶，牛奶用方盒

包装设计的核心，是为了降低货架成本，提升销售成果。

➤ 品牌案例

这是一个很有趣的问题：为什么可乐的包装是圆瓶，而牛奶的包装是方盒？

不仅可乐，几乎所有的软饮料，不管采用的是玻璃瓶还是铝罐子，瓶体都是瓶状的，唯有牛奶，独霸一"方"。

原因似乎很多，但核心原因只有一个——货架成本。

牛奶因为保质期短，需要放在冰柜里售卖，冰柜的储存成本高，用方形容器更能节约空间，降低货架成本。

而可乐等软饮料保质期长，基本都摆放在开放式货架上。这种货架储存成本低，即使浪费一些空间也没有关系。

➤ 品牌分析

可乐和牛奶的不同包装形态，看似是一个渠道成本的问题，其实揭示的，是产品包装设计的核心秘密。

不管是传统的商场，还是电子购物的网店，货架都是品牌通往消费者的"最后一公里"。它是一种渠道成本，更是一种营销成本。尤其在琳琅满目的货架和形形色色的竞品中，你的产品凭什么被消费者发现，并与消费者达成最后的"购买沟通"？

包装！

所以，包装不仅是"产品符号包"，更是"营销符号包"——好的包装自

己会"说话"，从而降低货架成本，提升销售成果。

那么，什么样的包装设计，才能获得"货架优势"？应遵循三大原则：醒目感、信任感、获得感。

1. 醒目感

首先要让消费者感觉到醒目，能一眼就发现产品。

如何醒目？一是要在造型、色彩、文字、图案和材质上求新求异，与众不同；二是要突出核心信息，集中"焦点"吸引消费者注意。

一双连裤袜的包装如何醒目？美国 L'eggs 将其设计成塑料蛋型，使其大获成功，成为全美最畅销的连裤袜品牌。

2. 信任感

成功的包装，不但要让消费者一眼能发现产品，还要一眼能对产品产生信任感。因为消费者购买的，毕竟不是包装，而是包装内的产品。

凭什么信任产品？就是要让品质"看得见"。

康师傅牛肉面，包装盒上总是有几块让人口馋的牛肉；法国连锁超市的一款鲜榨柳橙汁，直接把榨汁时间印在瓶身标签上，销量大增；"雪莲"牌羊绒衫干脆开一"天窗"，消费者可以清楚地看到羊绒衫的颜色并感受质地……

3. 获得感

成功的包装，还要让消费者一眼就能有获得感，直接产生购买冲动。

如何有获得感？在产品之外，增加物质或精神层面的"福利"。

日本《每日新闻》将报纸内容印在矿泉水瓶子上，引发抢购热潮；丹麦皇室御用牛奶品牌 Arla 在包装盒上印上各种创意内容——食谱、食品安全提示甚至短篇小说，大受欢迎。

可口可乐的"台词瓶"、江小白的"表达瓶"、味全"每日 C"的"拼字瓶"、农夫山泉的"文艺瓶"……其实都是为了增加消费者在情感和精神上的"获得感"。

最简单的是在包装盒上直接贴上几个字：特价爆款，错过不候……

➤ **品牌感悟**

包装不仅是"产品符号包"，更是"营销符号包"。

品牌符号之店面：小小零食铺，如何"高大上"

店面符号经营三要素：场景、货景和人景。

➢ 品牌案例

2019年，良品铺子全渠道销售额达97.37亿元，连续5年位居中国休闲零食行业第一名。

然而，13年前，良品铺子还只是武汉广场对面一个不到40平方米的零食小店，而且开业几个月，生意冷清，连连亏损，"感觉快要做不下去了"。

见此情境，久久丫董事长顾青给良品铺子创始人杨红春甩下两个尖锐问题："你到底干吗？""你的主打产品是什么？"

杨红春恍然明白，自己缺的，就是一个"抓人"的品牌和产品。

杨红春决定首先从店面形象改起，连夜找人重新进行门店设计，调整货架布局，随后，又从全国网罗了36个品种的核桃，推出了以核桃为主打的营销活动……

小店很快实现盈利，并有了开第二家店的本钱……

➢ 品牌分析

良品铺子成功的关键，就是两个字——品牌。承载其品牌的核心符号，则是店面。

在良品铺子之前，中国的零食基本上是散装出售的，价格低廉，鲜有品牌。良品铺子用一个汇集各地美味零食的专卖店符号，刷新了人们的印象——小零食也可以"高大上"，并由此崛起为"高端零食"的代言者。

那么，如何塑造一个成功的店面符号呢？

1. 场景

首先要构建一个吸引、连接消费者的场景，打造品牌流量入口。

不管地面店的选址、布局，还是线上店和社交网络的建设，均是一种场景构建。其核心，就是抢占流量。流量越大，场景越强；场景越强，流量越大。

为开辟流量源，良品铺子选址一般在顾客家门口、上班下班经过的途中，或是吃喝玩乐的地方。一开始，良品铺子甚至采用"最笨的方法"——工作人员常蹲在选址点门口数人，从早晨一直数到晚上……

为形成流量池，良品铺子的门店采用便利店的开放式格局，任由顾客进出，店面符号风格则不断优化、升级，至今已经发展到第五代店面。

2. 货景

货景构建的核心，一是要有体验效应，二是要有特色产品。

为强化顾客体验，良品铺子将货架设计成透明格子柜，产品分类排列，零售不再散称，全部采用独立迷你包装，任由顾客挑选。

为彰显产品特色，良品铺子不仅推出了"核桃"等系列爆品，还将所有产品建立起一整套理化标准和感官标准，例如，10个瓜子摆成一排，最短不能低于8厘米、最长不超过12厘米……

3. 人景

人景即人的服务。

人景构建的核心，是人性化，这既需要围绕消费者的人性构建服务体系，亦需要基于服务者的人性构建服务机制。

麦当劳在美国高速公路休息区的店，全部直营，就是为确保人景——高速公路上的顾客，对于加盟商来说，是可以怠慢的一次性消费顾客；对于总部来说，才是持续消费顾客。

良品铺子不仅建立了详细的服务规范，而且对所有加盟店实现直营管理，并建立了从合伙人到店员的一整套管理机制……

前些年，"关店潮"此起彼伏，良品铺子却"别人关店我开店"，一路高歌猛进，就是因为其基于场景、货景、人景的深刻洞察和悉心构建，崛起为"高端零食"的符号象征，赢得了强大的品牌生命力。

> ➢ **品牌感悟**

终端为王——不只是品牌渠道的终端，更是品牌符号的终端。

4月25日

品牌符号之吉祥物：一个"轮胎人"，百年品牌经

吉祥物符号塑造的核心，就是构建生命力。

➤ 品牌案例

2018 年 10 月，120 岁高龄的"轮胎人"——米其林轮胎先生被美国广告周（Advertising Week）评为"世纪最佳标志"，演绎了一个品牌吉祥物的百年经典传奇。

1894 年，在法国里昂的一次博览会上，米其林兄弟——爱德华（Édouard）看到一堆大小不同的轮胎，不禁灵感爆发——如果加上胳膊和腿，这不就是一个人吗？

1898 年，一个由许多轮胎组成的人物造型被海报艺术家欧家洛创作出来。在海报上，该人物手里拿着一只装有钉子和碎玻璃的杯子，说："Nuncest bibendum。"意思是"现在是举杯的时候了"，寓意米其林轮胎能吞服一切障碍。

轮胎先生被正式命名为比必登（Bibendum）。从此，其以憨态可掬的形象，成为家喻户晓的米其林品牌大使。

➤ 品牌分析

这些年，品牌吉祥物的建设越来越得到中国企业的重视。阿里巴巴有"猫"，腾讯有"鹅"，百度有"熊"，京东有"狗"，苏宁有"狮"，小米有"兔"，华为有"花宝"，网易新闻有"王三三"，蒙牛有"蒙思壮"……

然而，相比米其林轮胎先生的风生水起、历百年而不老，绝大部分的品

牌吉祥物被塑造出来后，默默无闻，沦为摆设。

为什么？

因为缺乏生命力。

品牌吉祥物塑造的核心，就是打造生命力。没有生命力，一切免谈；生命力越强，对品牌的作用就越大。

如何才有生命力？这需要构建人格力、娱乐力和成长力三大支点。

1. 人格力

人格力是品牌吉祥物的生命之源。没有人格力的吉祥物，就只是一个冰冷的"玩具"。

人格力的塑造，需要注意以下两点：

首先，要有高辨识度的形象，一出生就烙上自己的"品牌胎记"。米其林轮胎先生身上的"轮胎"，就是让人过目不忘的"胎记"；天猫的"大头"，不仅让人印象深刻，甚至被人联想到"马云"；肯德基的"白胡子"、熊本熊的"腮红"、新浪微博的"大眼睛"、米兔头上的五角星……都让人印象深刻。

其次，要有极鲜明度的个性，形成标志性的话语和行为风格。米其林轮胎先生憨厚可掬及其经典的招手动作，熊猫奶酪"暴力熊猫"的沉默、可爱及不断的"暴力行为"，三只松鼠开口闭口的"主人"称呼……均因鲜明的个性而深入人心。

2. 娱乐力

娱乐力就是品牌吉祥物通过各种娱乐化平台，与消费者实现情感沟通及多元互动的能力。其核心，就是话题营销——有话题，才有热度，才能实现"与消费者的生活同在"。

早在1904年，在名为"米其林的星期一"的专栏里，米其林轮胎先生有时是一个天使，有时是受到路易十四迎接的罗马国王，有时拉着手风琴，有时与总统手挽手……其娱乐性让米其林"一举闻名天下知"。

熊本熊的"腮红熊"曾经玩过"失踪"，天猫的"大头猫"也玩过"失踪"，且二者均因此话题度大升。为什么？就因为"娱乐力"。

3. 成长力

吉祥物一旦被赋予生命，就需要与时代和消费者一同成长。

米其林轮胎先生一开始的形象有些"出格"——戴着眼镜、叼着雪茄、拿着香槟，因为那时只有富人才是轮胎的客户。后来随着时代的变革，米其林轮胎先生摘下了眼镜，戒掉了雪茄，身材变得更加敦实圆润，形象更加简洁大方……

正因为不断的成长，历百年岁月的米其林轮胎先生，依旧那么可爱、年轻。其已不仅是米其林的经典符号，也是世界轮胎文化的经典符号。

➢ 品牌感悟

生命力越强，吉祥物越"祥"。

形象备忘：无印良品真的没有"印"吗

坚持不懈地保持品牌符号的统一性，是品牌形象建设的重要备忘原则。

➤ 品牌案例

1980 年，日本正处于经济泡沫的前夜，崇拜大牌、过度消费现象蔚然成风。无印良品（MUJI）创始人堤清二在一次与设计师聊天时，不禁"叛逆心"大发——我们为什么不"反品牌化"，去掉浮华包装，把最素简、最实惠的商品提供给消费者？

无印良品就此诞生。其本意是"没有品牌标志的好产品"。

一开始，堤清二只在东京西友商场的食品生活卖场开辟无印良品小专柜，打出的口号是"物美价廉"；1983 年，无印良品开出独立旗舰店，并受到欢迎……

后来，日本经济泡沫破灭，许多商场倒闭，无印良品却逆势增长，崛起为"一种生活哲学"的符号象征。

➤ 品牌分析

产品上没有任何品牌标志，却能让消费者一眼就能辨识出这就是无印良品——无印良品看似无"印"，其实它所有的一切，都近乎苛刻地统一为一个"印"——无印良品。

这也是值得众多品牌借鉴的经验——坚持不懈地保持品牌符号的统一性，是品牌形象建设的重要备忘原则。

因为唯有统一，才能为消费者提供并形成深入、稳定、持续的品牌符号印象。那些经常变换、花里胡哨的品牌符号，是品牌形象建设之大忌。

品牌符号统一性的关键要素，主要有核心统一、风格统一和持续统一。

1. 核心统一

核心统一即有统一的核心符号和核心理念。

无印良品说是"无印"，其实其所有产品均有统一的核心符号——色调永远以白色、米色或原木色为主；吊牌一律是未漂白的淡米色纸片；定价一律平实（一开始普遍比同类品牌便宜 30%）。

其背后，是"合理而且便宜"的核心理念——通过精选材质、修改工序和简化包装，省略一切过剩装饰，追求商品的真正价值。

正是这样的"核心"，形成了无印良品独有的形象标志。与过于突出外表的其他商品相比，无印良品不仅形成了极高的辨识度，亦获得了消费者巨大的认同感。

2. 风格统一

风格统一即品牌的所有形象内容和细节，均要坚持统一的风格。

如果核心是"纲"，风格就是"目"。

无印良品以素简为风格，也就是消费者常说的"性冷淡风"。为此，无印良品对设计、原材料、价格都制定了近乎苛刻的规定。例如，服装类要严格遵守无花纹、格纹、条纹等设计原则，颜色上只使用黑白相间、褐色、蓝色等，无论当年的流行色多么受欢迎，也决不超出设计原则开发商品……

正是这种风格的统一，无印良品不仅打造了数目超过 7000 种的商品群，而且成为"一种生活哲学"的象征。

3. 持续统一

持续统一即持续地保持核心和风格的统一。

有这样一个故事：无印良品一款销量很好的收纳盒产品曾被一家日本公司抄袭，并因此闹上法庭。然而，法官听了无印良品的陈述后，认为其设计自然简单，没有任何特殊之处，因此被告方不构成侵权。得知败诉理由后，无印良品社长金井政明反而非常高兴地举杯庆贺，他认为这正好说明无印良品做到了最自然的返璞归真。而那家模仿的公司，则在七年后倒闭。

为什么？因为模仿者追求"短期效应"，而能够持续"简单"，才是无印良品最不简单的地方。

➤ 品牌感悟

横向统一，纵向坚持。

——叶茂中

内容生产：
请换个角度"好好说话"

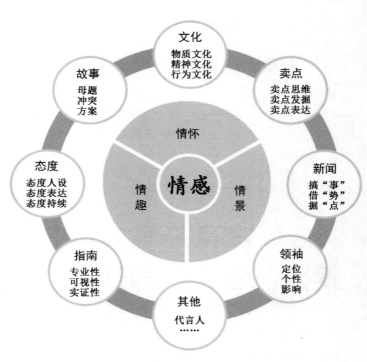

品牌内容系统导图

内容前传：百年前的品牌内容，和今天有什么不同

以前，是"品牌+内容"；现在，是"品牌×内容"。

➤ 品牌案例

1837 年，有一位叫约翰·迪尔（John Deere）的美国铁匠，发明了世界上第一架不粘泥土的钢犁，并以此起家创立了约翰迪尔公司。

1895 年，约翰迪尔公司开始发行客户杂志《耕》（*The Furrow*），以此传递公司理念及相关广告，讲述农民的故事。

这是目前所知最早的品牌内容案例。它比著名大众刊物《时代》还早 28 年，比《财富》早 35 年。

1921 年，《耕》的发行量一度达到了历史巅峰（400 万册），迄今为止，它已经被翻译成 12 种语言，并在 40 个国家继续发行。约翰迪尔公司也是世界最大的农业机械制造商，长期位居世界 500 强之列。

➤ 品牌分析

品牌与内容的结合，我们称之为品牌内容，它泛指品牌能够向用户传递的各种信息。这种结合，并非今天才有，而是古已有之。

1. 内容载体，从报刊到全媒

126 年前，《耕》的诞生，代表了品牌商通过印刷媒介这一载体向用户生产、传递内容。这之后，品牌报刊风起云涌，绵绵不绝。

极富代表性的还有《米其林指南》和宜家《家居指南》。做轮胎的米其林通过《米其林指南》，让米其林餐厅成了餐饮行业的风向标；宜家《家居指南》被誉为"家居圣经"，全球发行量仅次于《圣经》，位居世界第二。

20 世纪 20 年代，广播和电视媒介相继诞生。1922 年，世界最大零售连锁超市西尔斯（Sears）开始播出广播节目；不久，宝洁开始在电视剧里播出自己的肥皂广告，"肥皂剧"这一名词也由此诞生。无数品牌亦相继跟进，品牌内容，进入广电媒介表达阶段。

20 世纪 90 年代，互联网诞生。企业网站建设和互联网传播开始成为品牌内容的重要阵地。谷歌和百度两个互联网公司，借助品牌内容搜索服务，竟成了全球领先的"广告公司"。

2007 年，iPhone 和 Google Andriod 系统手机开始占领移动终端，移动互联网时代开启。2011 年，美国内容营销学会成立。借助移动互联网，品牌内容进入专业化、系统化、全面化阶段。

在此期间，红牛自建了"媒体工作室"，欧莱雅创立了"内容工厂"，可口可乐发布了"内容 2020"，海尔建立了"新媒体矩阵"……品牌商纷纷全面拥抱内容生产，摇身变成"全媒体公司"。

2. 内容关系，从加法到乘法

梳理百余年的品牌内容史，我们发现，真正的分水岭，发生在 2007 年。

2007 年前，是"品牌+内容"。从最早出现的客户杂志《耕》，到互联网初期的"网络营销"，品牌与内容基本是一种加法关系。这期间的内容，更多的是品牌的一种营销和传播工具。或者说，它就是一种广告，不管是"软"的，还是"硬"的。

2007 年后，是"品牌×内容"。移动互联的出现和普及，改变了品牌与内容的关系，使其从加法关系变成了乘法关系。或者说，品牌就是内容，内容就是品牌，二者无法分割，既融合发展，更裂变倍增。与此相对，企业和品牌就成了一个媒体，而且，这里的媒体，并非指微信、微博等新媒体，而是"企业所有的自身"。

这是一个全新的时代，我们称之为"品牌内容时代"。

➤ **品牌感悟**

所有公司都应当转变为媒体业。

——《连线》创始人　约翰·巴特利

5月4日

超级内容：品牌生情金字塔

品牌内容三重情：情怀、情趣、情景。

➤ 品牌案例

2016 年，农夫山泉迎来 20 周岁生日。在这之前，其销售额刚刚破百亿元。

该以什么样的方式进行宣传呢？请大牌明星？办行业盛典？推广告金句？

农夫山泉选择的，是拍摄 20 周年系列广告短片，分别讲述了 4 个不同地区、不同职位的普通劳动者的故事。因为故事有点长，农夫山泉甚至在优酷等视频上主动提醒：此条广告可以无条件免费关闭。

短片全程没有一句赞扬农夫山泉的话，并且可以随时关闭。这看似极其冒险的策略，却赢得了惊人的市场效果——2016 年，农夫山泉销售额一举突破 150 亿元，同比增长 19%，稳居中国饮用水市场第一位、世界饮用水市场前三位。

➤ 品牌分析

因为品牌内容的重要性，无数的品牌商在内容制造上绞尽脑汁，殚精竭虑。可问题是，什么样的内容才是好的内容呢？

农夫山泉 20 周年系列短片就给出了很好的答案。

没有大牌明星，没有歌功颂德，也没有强制观看，但这些娓娓道来的农夫山泉普通员工的故事，极易让人代入并产生强烈的情感共鸣——原来，他们的不易和艰辛，他们的坚持和守望，就是为了把一瓶好水"搬运"给千千万万的消费者。这样的好水，焉能不让人动心？

所以，衡量一个品牌内容的好坏，关键看品牌内容能否让消费者对品牌产生感情。让消费者生情指数越高的内容，越是好内容。将生情指数做到极致的内容，就是超级内容。

这，也是一切品牌内容生产的核心。

《心理学大辞典》中指出："情感是人对客观事物是否满足自己的需要而产生的态度体验。"

情感不仅是人们消费决策的支配因素，是顾客和品牌之间联系的纽带，也是一种精神消费内容。品牌之所以要生产内容，其核心就是为了唤醒消费者的情感需求，激发消费者的情感共鸣，从而使消费者产生情感归属，并引发其消费。

那么，到底什么样的品牌内容才能生情呢？核心要素有三：情怀、情趣、情景。如图 5-1 所示。

图 5-1　品牌生情金字塔

1. 情怀

情怀即"情之怀"。这里的"怀"，指心胸、胸怀。也就是说，品牌内容要有承载消费者情感需求的胸怀、格局。胸怀越宽广，格局越大，视野越宽，越能吸引人心。

农夫山泉创始人钟睒睒曾是娃哈哈的代理商，深谙饮品运作之道。1996年，钟睒睒创立农夫山泉。彼时，正是娃哈哈、康师傅等纯净水品牌的天下。但钟睒睒认为纯净水对健康并无益处，毅然决定只生产对健康有益的天然饮用水。

于是，从"农夫山泉有点甜"，到"我们不生产水，我们只是大自然的搬运工"，再到20周年系列短片，农夫山泉凭着风靡大江南北的情怀广告，后来居上，摘下中国饮用水市场的"桂冠"。

2. 情趣

情趣即"情之趣"。这里的"趣"，指趣味、兴致。也就是说，品牌内容要有激起消费者情感共鸣的趣味、兴致。趣味越大，兴致越高，越能触动情感。

2015年2月，农夫山泉推出了三款新品。这一次，农夫山泉在内容塑造方面，将着力点放在了情趣上。

一是在产品塑造上，彰显情趣。其水滴状外形的玻璃瓶上，采用雕刻图案的手法呈现长白山的物种及四季，情趣满满。其限量推出的"农夫山泉故宫瓶"，更是"朕"意十足，情趣盎然。

二是在广告塑造上，激发情趣。其推出了纯生态地理纪录片——长白山水源地冬日篇和春夏秋篇广告，纯粹灵动的生物加上长白山优美的风景，让人大饱眼福，神往不已，被誉为"史上最美广告片"。

3. 情景

情景即"情之景"。这里的"景"，指场景、景况。也就是说，品牌内容要有激发消费者情感欲望的场景、景况。越是具体、详细、真实的场景，用户越容易被带入其中，需求越容易被激发出来。

农夫山泉玻璃瓶高端矿泉水推出后，钟睒睒提出，在总理的谈判桌上，应该有一款高端的玻璃瓶矿泉水。在2016年的G20峰会上，其玻璃瓶高端矿泉水果然出现在了总理的谈判桌上，凭此"情景"一举成名。

德芙广告出现的时候，常常有一对情侣；王老吉是与火锅和朋友团聚一起出现的；李佳琦卖口红，直接在自己的嘴唇上涂……几乎每一个成功的品牌，都离不开内容情景的塑造。

➢ 品牌感悟

不要问我爱你有多深，内容代表我的心。

品牌内容之文化：那么多顶级品牌，为何诞生于车库

品牌文化是品牌与消费者之间的"心灵暗号"。

➤ 品牌案例

1939 年，美国斯坦福大学的毕业生比尔·休利特和戴维·帕卡德凑了 538 美元，在加利福尼亚的爱迪生大街 367 号租下一间车库，开始创业。

在这间车库里，他们生产出第一款产品——音频振荡器。迪士尼创始人华特·迪士尼对这款产品非常青睐，成了他们的首批客户。

这个车库，就是被誉为"硅谷诞生地"的"惠普车库"。

迪士尼的第一个工作室也始于车库。据电影《迪士尼之梦》，正是因为车库里的一只老鼠经常光临，让华特·迪士尼灵感爆发，创作出了"米老鼠"形象。

不仅如此，微软、苹果、谷歌、亚马逊、哈雷、雪佛兰、路特斯……均始于车库。在美国尤其是在硅谷，车库仿佛具有一种魔力，催生了诸多世界级品牌。

➤ 品牌分析

如今的惠普，已是世界领先的 IT 巨头，但它依旧秉持着一个重要的品牌原则——只有客户需要的产品和服务，才能出得了"车库"。

这就是享誉世界的惠普"车库文化"的内容之一。其核心就是创新、创新、再创新。它代表了硅谷人致力改变世界的梦想、创造和精神。

正是这一文化，让普惠赢得了消费者的尊敬；也正是这一文化，后来演变成"硅谷梦"的象征，引领了一个又一个"车库品牌"的相继崛起。

什么是品牌文化的强大力量？这就是。

广义上的品牌文化，是指企业除了物质产品的所有精神层面的内容。从这个角度来看，所有的品牌内容，都可以称为品牌文化。

我们通常所说的品牌文化，是指站在品牌管理角度而言的狭义上的品牌文化，即品牌为消费者输出的价值观念。它代表了企业和消费者的价值共识、利益约定和情感归属，是品牌与消费者之间的一种"心灵暗号"。

所以，如果把品牌内容比作一根项链，品牌文化就是贯穿于众多珠子的那根"主线"。品牌要生产内容，首先要生产文化。

具体而言，品牌文化主要由三部分组成。

1. 品牌物质文化

品牌物质文化即品牌在功能性层面的价值观念。也就是说，品牌要致力于为消费者提供什么样的产品和服务。例如，王老吉的"去火文化"，海飞丝的"去屑文化"，沃尔沃的"安全文化"。

2. 品牌精神文化

品牌精神文化即品牌在精神层面的价值观念。也就是说，品牌要致力于为消费者创造什么样的精神生活。例如，可口可乐的"快乐"，百达翡丽的"代代相传"，耐克的"想做就做"。

3. 品牌行为文化

品牌行为文化即品牌在行为层面的价值观念。也就是说，品牌要致力于用什么样的行为方式，显现、践行自己为消费者承诺的物质和精神文化。

这包括以下两个层面。

一是企业内部行为文化，也就是企业文化（很多人将企业文化和品牌文化割裂定义，其实是错误的）。

二是企业外部行为文化，其主要体现在品牌的活动、仪式、场景、宣教等方面。如阿里巴巴的"双十一"文化、维密的"时尚秀"文化。

对惠普来说，"车库文化"融物质、精神和行为于一体，是惠普整个文化体系的内核；对苹果、亚马逊等后来者来说，"车库文化"更多的是行为文化的一部分，它们还有着各自不同的品牌物质文化和精神文化。

也正是这种"同与不同"，缔造了硅谷的"同一底色"和"斑斓世界"。

➢ **品牌感悟**

一切文化最终都沉淀为人格。

——卡尔·荣格

品牌内容之故事：德芙式的动人故事，你会怎么讲

每一个动人的品牌故事，都离不开"黄金三要素"。

➤ 品牌案例

1919 年春，卢森堡王室。一个叫莱昂的帮厨，与王子的一个远房亲戚芭莎公主，悄悄相爱了。

然而，芭莎公主却被选中与比利时进行王室联姻。

莱昂心急如焚。在一次给芭莎的冰激凌上，他用热巧克力写下了几个英文字母"DOVE"，这是" Do You Love Me"的缩写。

莱昂期待着芭莎公主读懂他的心声，能与之私奔。但遗憾的是，冰激凌在送到芭莎公主面前时，上面的字已经融化了，两人最终错过。

在第二次世界大战后，芭莎公主身患重病。她几经辗转，联系上了已远走美国的莱昂，在两人再次见面后，芭莎去世。

莱昂悲痛交加——如果当初那些字没有融化，那该多好？

莱昂决定制造一种固体巧克力，使其可以更久保存。德芙巧克力由此问世。他在每一块巧克力上都刻上"DOVE"，以此来纪念这段错过的爱情。

➤ 品牌分析

品牌故事是指在品牌创立和发展过程中有意义的"往事"。这些"往事"经过再创作，因拥有人格化、戏剧性和叙述化等特点，极易唤起人们的情感共鸣，给人留下深刻印象。它是品牌生情的最有效工具之一，亦是品牌内容的最重要内容之一。

品牌要生产好内容，一定要学会"讲故事"。

故事该如何讲？

综观德芙等全球超级品牌，几乎每一个动人的品牌故事，都离不开母题、冲突、方案这"黄金三要素"。

1. 母题

一个好的品牌故事，首先要寻找到一个好的故事母题。一个好的母题，是故事成功的一半。

什么是好的母题？

一是人们生活中已经形成的人文、历史、地理、名人等文化现象。这些现象已经根植于人心，极易唤起人们的认同。例如，德芙、LV、同仁堂故事背后的"王室"，依云、三角巧克力故事背后的"名山"。

二是"人类共通的感动开关"——生命与爱、梦想与恐惧、真善与美德等。这些"开关"是人性之本，极易触发共鸣。例如，德芙、卡地亚故事背后的爱情，王老吉故事背后的瘟疫。

2. 冲突

冲突是故事的灵魂，是讲好一个故事的核心。

日本广告大师川上徹也曾提出故事的三个要素：一是主角本身有所不足；二是主角怀有一个遥远又险峻的目标；三是主角面临无数障碍。这三个要素，其实就是构建故事冲突的三大核心。

身份低下的厨子，冲破世俗却又面临障碍的爱情，表达心意却又被融化的巧克力，再度聚首却被疾病夺取的生命……德芙的故事，无疑是冲突设置的典范。

3. 方案

品牌故事毕竟是商业故事，其结局不能仅仅是结局，必须是解决方案。

也就是说，一个好的品牌故事，其结局必须回归到品牌价值本身——品牌在对故事冲突的消弭中，为消费者提出自己的解决方案。这个方案，可以是品牌产品和服务，也可以是品牌文化和精神。

德芙用刻上"DOVE"的固态巧克力，完成了对爱情的解决方案——如果你爱，就要让对方知道，就要让这份爱不被融化；如果你爱，德芙就是你最好的表达。

这样的方案，焉能不让人心动？

➢ 品牌感悟

品牌因故事而生动，消费者因故事而心动。

品牌内容之卖点：洗了一辈子头发，你洗过头皮吗

在内容生产者眼里，品牌没有"缺点"，只有"卖点"。

➢ 品牌案例

2014 年，名为滋源的洗发水诞生，这是广州一家化妆品公司推出的全新品牌。

彼时，中国的洗发水市场已是一片红海，大小品牌超过 3000 家。宝洁、联合利华等外资巨头的旗下品牌更是占据着垄断地位，"柔顺""去屑""营养"等不同概念诉求几乎被"通吃"。

然而，滋源却逆流而上，以"无硅油，纯天然"为定位，在各大媒体大胆、响亮地喊出了"洗头皮"的全新卖点——"洗了一辈子头发，你洗过头皮吗？"

滋源由此另辟蹊径，迅速杀出重围。2015 年底，滋源勇夺中国高端洗护第一名；2016 年"双十一"，滋源销售额突破 1.2 亿元，一举拿下洗护类全网销量第一！

➢ 品牌分析

常言道："产品无卖点，再好也枉然。"

一个好的卖点，就像黑夜中的一颗流星，不但可以迅速被消费者发现，甚至可以照亮一个企业乃至一个品类。

早在 20 世纪 50 年代，著名广告人罗瑟·里夫斯（Rosser Reeves）提出了影响深远的 USP（Unique Selling Proposition）理论，要求向消费者表达"独

特的销售主张"。

这其实就是人们通常所说的卖点，其本质是——给消费者的一个购买理由。这个理由，源自产品和品牌本身的特点，亦源自内容生产者的塑造。

1. 卖点思维

一个好的卖点，首先要求内容生产者必须有卖点思维——品牌没有缺点，只有卖点。

在滋源出现之前，为追求头发的光滑柔顺，市面上的主流品牌几乎都含硅油。"无硅油"被看作小众产品。可滋源思维一变，将"无硅油"塑造成"洗头皮"的卖点，一举登上了"健康护发之根本"的概念高地。

雷丁电动车时速只能达到 50 公里，而竞争对手能达到时速 70 公里。很多人将这看作劣势，可雷丁思维一变，将这塑造成自己的"安全卖点"：时速控制在 50 公里。雷丁由此成了深受中老年用户喜爱的品牌。

2. 卖点发掘

如果把卖点比作泉眼，它的发掘，离不开三大源头——消费需求，竞品缺失，自身优势。

这三者的交汇处，就是卖点所在的位置，如图 5-2 所示：

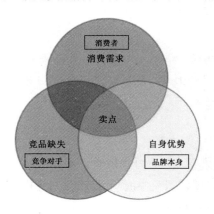

图 5-2　卖点发掘模型

也就是说，卖点必须是消费者的需求点，必须是竞品的缺失点，必须是品牌自身的优势点。三"点"缺一不可；三"点"合一处，就是卖点。

我们再看滋源。

消费者的需求点：从追求发型美丽，到追求头皮健康，防脱发。

竞品的缺失点：含硅油，而硅油易堵塞头皮毛孔，易导致脱发、头皮发痒等。

品牌自身的优势点：无硅油，纯天然。

于是，"无硅油"便成了其卖点所在。

也许有人问：现在同质化这么严重，我的产品和对手确实没有差别怎么办？

果真如此，那就在精神文化上发掘卖点。如可口可乐和百事可乐，可口可乐说，它是正宗的可乐；百事就说，它是新一代的选择。

3. 卖点表达

塑造一个好的卖点，还离不开"临门一脚"——卖点表达。即从消费者的角度，用消费者喜闻乐见的语言，对发掘到的卖点进行鼓动性表达。

想想看，如果滋源直接用"无硅油"做卖点语，行吗？

显然不行。因为，消费者要的并不是"无硅油"，而是"无硅油"带来的效果——头皮健康，不脱发。

所以，"洗头皮"的概念一出，直接戳中了消费者的心坎——原来，"洗头皮"才是健康洗发之根本啊！

滋源也由此开启了一个全新的品类——"洗头皮的洗发水"。

> ➢ **品牌感悟**

卖点是与竞品相比的差异化优势。

——菲利普·科特勒

品牌内容之态度：热点时刻，为什么常有杜蕾斯

蹭热点，只是表达态度的一种方式。

➢ 品牌案例

每逢热点时刻，杜蕾斯常常喜欢在微博文案中"污"一下：

在北京下暴雨时，它说："有杜蕾斯回家不湿鞋。"

在刘翔跨栏摔倒，但坚持走完全程时，它说："最快的男人并不是最好的，坚持到底才是真正强大的男人。"

在奔驰汽车发生漏油事故时，它说："我们如果漏了，那就出人命了。"

…………

别人的热点，不仅屡屡成了杜蕾斯文图并茂的"污"点，还一度引发刷屏，受到热捧。很多人感慨："蹭热点我只服杜蕾斯！"

➢ 品牌分析

原本八竿子打不到边的热点事儿，都可以被杜蕾斯创作出独树一帜的内容文案。从表面上看，这是杜蕾斯内容工作者"蹭热点"技巧的高明，其实，这是杜蕾斯一以贯之的"常规老套路"——不断输出自己的品牌态度。

态度，才是杜蕾斯喜欢"污"且"污"得让人"服"的真正原因。

塑造并输出态度，是品牌内容建设的一项必修课。成功的品牌，尤其是那些顶尖品牌，无不通过品牌态度的持续输出，构建起强大的人格魅力，进而赢得消费者的追捧。蹭热点，只是表达态度的一种方式而已。

那么，什么才是品牌态度输出的正确"姿势"呢？

1. 态度人设要一以贯之

态度是一种主张，一种价值观，它建立在品牌人设的基础上。这种人设，既要符合产品和品牌定位，适应目标人群，亦要一以贯之，让人信赖。

杜蕾斯的所有微博文案，都离不开一个幽默、风趣、雅痞、热爱生活的文艺范儿"老司机"形象。这样的人设，赋予了杜蕾斯一以贯之的态度：性是健康的、负责的、有趣的、文艺的，而不是下流猥亵的。

正是这样的人设和态度，让杜蕾斯"污"而有趣，令人好感倍增。

2. 态度表达要趁机发声

态度只有表达出来，才能引发消费共鸣，形成消费信仰。

态度表达的方式当然不拘一格，如活动、会议，再如，杜蕾斯还经常写诗。但最好的方式，还是"蹭热点"——因为趁机发声，可以事半功倍，让态度传播得更远，影响更广。

所以，对杜蕾斯来说，"蹭热点"并非临时起意，而是日常功课；更非漫无目的，而是有的放矢——几乎每一次的"蹭热点"，杜蕾斯都是通过隐喻，切换成自己的态度表达，勾起人们对"性"的美好幻想。

有的品牌不明白这一点，没有自己的品牌态度，而是为"蹭热点"而"蹭热点"，最后弄成噱头炒作，搬起石头砸了自己的脚。

3. 态度持续要恪守禁忌

态度输出是一个持续的、恒久的过程。在这个过程中，品牌必须恪守禁忌，有所不为。否则，一次的"坏态度"，会毁了你一百次的"好态度"。

杜蕾斯虽然被誉为"蹭热点"的"老司机"，但它其实并不是哪里热就往哪里蹭，一些过于阴暗、争议性强的热点，杜蕾斯就非常警惕。

当然，由于杜蕾斯产品的特别性，其虽然自带"话题流量"，但又"少儿不宜"。如何拿捏好分寸，是杜蕾斯需要不断警惕和修炼的"功课"。

> **品牌感悟**

态度比事实更重要。

——卡尔·梅宁格博士

品牌内容之新闻：一场公司活动，凭啥成新闻热点

成功的品牌内容，离不开一双发现新闻的眼睛。

➤ 品牌案例

2016 年 5 月，儿童乳饮品牌——酷我乳饮计划开展一次母亲节推广活动，以扩大影响，拉动市场。

当时的酷我乳饮，虽以奶嘴瓶型包装颇受青睐，但还未崭露头角。按常规的活动方案，自然很难有大的声响。

于是，在专业人士的策动下，酷我乳饮大胆来了一次反常规活动——母亲节当天，其以"以奶嘴的名义，感恩母亲"为主题，特制了一款命名"酷我妈妈"的纪念装，售价 592 元一瓶，以此带动其他常规产品一起上街售卖，并将当天售卖收入捐赠给需要帮助的贫困母亲……

此活动一出，立即引发关注。"天价奶嘴饮料"的新闻顿时被数十家媒体报道和讨论，成为网络热点。

➤ 品牌分析

一个初创品牌，一次普通的商业活动，因导入"天价"概念和"感恩母亲"的公益主题，顿时成了极具传播性和话题性的大众新闻热点。酷我乳饮的母亲节促销活动，是一次典型的企业新闻策划案例。

企业以新闻内容的形式对品牌进行创意策动，是非常有效的内容生产方法。在信息泛滥、注意力稀缺的当下，因新闻与生俱来的"眼球效应"，极易引发传播，占领关注，达到"四两拨千斤"的效果。

但问题是，企业的商业信息和营销意图，如何才能变成人们感兴趣的新闻内容呢？

1. 搞"事"

搞"事"即通过制造具有新闻价值的事件，引发关注和传播。其核心，是制造并占领"注意力的稀缺性"。

酷我乳饮就是制造了"天价奶嘴饮料"这一用来"感恩母亲"的稀缺事件，引发了媒体和公众关注，从而带动常规产品的销售，以及"奶嘴"卖点的推广。

早期的阿里巴巴，并不为很多人所知。于是，2001 年开始，马云在杭州西湖搞起了"西湖论剑"。几届下来，马云和阿里巴巴也渐渐名动江湖。

2. 借"势"

借"势"即通过借力社会热点人物、热点事件、热点话题、热点情绪等，将其高关注度嫁接、转移到自己品牌上。其核心，是打通并建立"热点的关联性"。

汶川地震，举国悲痛，王老吉一次性捐款一亿元，成功引发刷屏，其销量和形象均得到了爆发式提升。

蒙牛利用"神五"上天大做宇航员文章，杜蕾斯借势北京暴雨掀起"鞋套事件"，华帝借势世界杯承诺"退全款"而引发刷屏，《啥是佩奇》借势春节情绪实现病毒式传播⋯⋯

"势"无处不在，就看你会不会借及如何借。

3. 掘"点"

掘"点"即从品牌自身寻找、发掘人们感兴趣的新闻亮点，将其放大并传播出去。其核心，是站在公众的视角，提炼并讲述"话题的新奇性"。

在"褚橙"营销之初，因为褚时健沉寂已久，并不为年轻人所熟悉，早先关于褚时健的内容始终不愠不火。后来，策划方改变思路，把"亮点"锁定到王石、柳传志等名人身上，通过一篇名为《王石最钦佩的人不是巴菲特，不是比尔·盖茨，而是一个叫褚时健的老人》的软文，热点迅速引爆开来。

马蜂窝错订酒店事件，原本是一次危机，但马蜂窝找到"打车去希腊"这一8万元昂贵费用的新闻亮点，变成了一次成功的新闻营销。

➤ 品牌感悟

发觉未饱和的内容地带。

——马克·费舍尔

品牌内容之指南：一本企业刊物，为何风行全球

成功的消费指南，就是最好的市场教育和消费导入。

➤ 品牌案例

在很多人感叹"杂志已死，或正在死去"时，有一本企业刊物，依旧一纸风行——2020年，其印刷量达1.24亿册，以38种语言在全球发行80个版本。

它就是被誉为"家居圣经"的宜家《家居指南》，也是目前全球总发行量仅次于《圣经》的出版读物。

《家居指南》创刊于1951年，每年8～9月出版一期，以免费的方式寄发会员。其旨在通过分享宜家最新的产品和解决方案，让更多人对家居生活产生浓厚兴趣。

据悉，每年7月中旬，宜家新一期《家居指南》免费订购的消息一出，其官网常因人流量太大导致访问困难。拥有一本全新的《家居指南》，已成为无数"宜粉"的兴奋事。

➤ 品牌分析

自互联网崛起为信息传播的主通道后，无数的企业刊物，已被慢慢边缘化，有的甚至退出了历史舞台。为何宜家的《家居指南》依旧风头无两？

答案其实就在它的名字里——《家居指南》。

因为，宜家通过专业的内容塑造，在《家居指南》里提供了一套指南性的家居方案，塑造了一种指南性的生活方式，让人迷恋，令人向往。

这也是品牌内容生产的重要部分——品牌要通过消费指南性的内容塑造和输出，做消费市场的教育者、推动者和引领者。一份成功的消费指南，就是最好的市场教育和消费导入，有着"随风潜入夜，润物细无声"的功效。

具体而言，指南性的内容塑造，主要有专业性、可视性、实证性三大原则。

1. 专业性

营销界有句名言："顾客是被教育出来的。"

因为面对产品和服务的多样性、变化性，顾客极其不专业。

所以，优秀的品牌，一定是顾客需求方案的解决专家；优秀的内容指南，一定是专业知识的普及高手，是消费趋势的权威代言。

在确定每期主题前，《家居指南》会对全球各地的家庭进行大量的深度采访、调研，在认真研究消费者居住习惯的基础上，提出专业的家居生活解决方案。正因为这种专业性，其被消费者誉为"家居圣经"。

2. 可视性

乔布斯曾说："人们经常不知道想要什么，看到了才知道。"

优秀的内容指南，往往通过场景的塑造、情景的设计、图景的呈现，让消费者在可视中，放飞对美好消费愿景的无限想象。

把消费者心中的理想家居具象化、可视化，也一直是《家居指南》最重要的魅力之一。那些唯美的家居图片，那些实用的场景设置，那些创意的生活主题……常让"宜粉"身临其境，身不由己。

3. 实证性

一切指南的终极目的，当然是为赢得消费者信任，达成营销目标。

如何信任？拿出实证！

例如，顾客案例、专家论证、销售数据、获奖证书、公司实力……都是实证。品牌专家称之为"品牌背书"。

《家居指南》的实证，主要是顾客案例。其通过讲述家庭故事，带出宜家的解决方案，让消费者对号入座。

当然，对于指南，杂志只是载体之一。消费手册、网络专栏、宣传视频、顾客分享、销售直播……都可以实现相关内容的输出。但不管采用什么形式，"能不能指南"才是核心。

➤ 品牌感悟

顾客真正购买的不是商品，而是解决问题的方法。

——特德·莱维特

5月25日

品牌内容之领袖："首富"写诗，是否不务正业

企业领袖的个人品牌，是企业品牌不可或缺的"活名片"。

➤ 品牌案例

2020 年，有一位企业家赢得了刷屏——在新冠肺炎爆发后，他一口气捐建了 7 家应急医院、3 家方舱医院场馆及价值上亿元的物资，被誉"托起生命之舟的人"。

他就是卓尔控股董事长阎志。

阎志年轻时爱好写诗，后下海经商，从广告到实业，再到地产、商贸、智联……多次蝉联"湖北首富"。

但成了"首富"的他却总是强调："我其实是个诗人。"

一开始，很多人以为他是自谦；再后来，有人担心其不务正业——此时还花时间去编诗刊，出诗集，写小说，还是企业家吗？

新冠肺炎的爆发，让人们对"诗人阎志"刮目相看。许多网友感叹，正是阎志为国为民的诗人情怀，成就了卓尔的责任担当。

➤ 品牌分析

从写诗到公益，阎志看似"不务正业"，但对于卓尔来说，还有什么比诗人情怀和社会责任更能打动人心？

其实，不仅阎志，这些年频频向大众展示自己爱好和情怀的中国企业家越来越多。例如，爱慈善的曹德旺，爱教育的马云，爱收藏的王健林，爱直言的董明珠，爱植物的李彦宏，爱娱乐的潘石屹……

何也？企业领袖品牌塑造之需要。

因为消费者对产品背后之"人"的天然兴趣，以及企业领袖和企业之间的天然血亲，企业领袖的个人品牌，是企业品牌不可或缺的"活名片"，是企业品牌内容的重要"产品"。

那么，如何塑造企业领袖的个人品牌呢？

1. 定位

要进行明晰的品牌定位。

这种定位，既要和企业品牌价值同源，起到加分作用，又要适合企业领袖的能力发挥，更要根据企业品牌的不同阶段进行重心调整和风控管理。

卓尔转战广告、实业、地产、商贸、智联等多个领域，一直在追随国家产业发展，并通过卓尔书店、卓尔足球等公益事业，担负着社会责任。阎志的诗人定位和家国情怀正与之一脉相承。

显然，阎志的诗，既是他个人的诗，更是卓尔的诗。

2. 个性

要打造鲜明的个性标签。

雷军创立小米后，开始塑造个人品牌。可作为企业界的"三好学生"，雷军的个性到底是什么？直到"雷布斯"三字出现，才让人眼睛一亮。

马云的教师特质，阎志的诗人气质，叶茂中的"鸭舌帽"，周鸿祎的"红衣服"……个性越鲜明，越易吸引关注，强化印象。

3. 影响

要构建积极的品牌影响。

企业家形成品牌影响的最有效方式，有以下两个：

一是公益责任。汶川地震让陈光标一夜成名，新冠肺炎让阎志赢得刷屏，鲁伟鼎因荣登2019"中国首善"而备受关注。

二是要持续地发出自己的声音。董明珠就是这方面的典型，其直言的风格尽管让很多人不爽，但却为格力及"中国制造"抢占了巨大流量……

在中国，很多人曾信奉"闷声发大财""只做不说"。然而，随着信息的透明化和财富的阳光化，以及"中国制造"向"中国品牌"的转换，企业家积极发声已变得越来越重要——因为你不发声，就等于把"话语权"让给了别人。

➢ **品牌感悟**

我的品牌，我代言。

内容备忘：600岁的故宫，为什么还要"卖萌"

讨人喜欢的文案表达，是品牌内容生产的重要备忘原则。

➤ 品牌案例

淘宝粉丝过600万；文案阅读量轻易就是10万+；文创产品年收入超15亿元，完胜1500多家A股上市公司……

600岁的故宫，如今可是响当当的"网红"。

然而，在2010年故宫淘宝上线时，其文创产品不少，却一度冷冷清清；2013年，故宫又开通自媒体，"高大上"的内容很多，依旧鲜有人问津。

直到2014年，一篇名为《雍正：感觉自己萌萌哒（组图）》的文章引发刷屏，"正襟危坐"的故宫从此开始了"花式卖萌"之路——崇祯托额头做发愁状，康熙拿玫瑰摆自拍姿势，李清照抛媚眼比着剪刀手，朝珠变成耳机、顶戴花翎做成防晒伞，各类古画文物也"萌萌哒"地"动"起来……

画风一变，效果斐然。故宫就此晋升"流量网红"，受到热烈追捧。

➤ 品牌分析

不管"正襟危坐"，还是"花式卖萌"，其实，故宫还是同一个故宫。但为什么换了一种表达方式，顿时"冰火两重天"？

因为，后者更能吸引眼球，俘获人心。

这也是品牌内容生产的重要备忘原则——站在用户的角度，以用户喜欢的方式，好好说话。

用老百姓的话说，这叫"讨喜"。也就是说，一切品牌内容，都需要通过讨人喜欢的文案表达呈现出来，才易被用户接受。

如何才能讨喜呢？

总结起来，主要为"四化"：化远为近，化平为奇，化虚为实，化繁为简。

1. 化远为近：让用户认为与己有关

好的表达，要想尽一切办法拉近与用户的距离，直到和用户"心贴心"。

如何拉近？让用户认为与自己有关，如利益、身份、喜好、观念等。关联度越高，距离越近。

例如：

普通：雍正行乐图。

范例：雍正——感觉自己萌萌哒（组图）（用户：哇，这个皇帝原来和我们一样有趣）。

普通：工作整理术。

范例：给不知不觉桌子就杂乱不堪的你（用户：啊，这就是在说我？）。

2. 化平为奇：让用户产生强烈兴趣

好的表达，要想尽一切办法将平淡的商业内容变成用户急于想得到答案的"奇闻趣事"，勾起用户的欲望。

如何出奇？直话弯着说（制造悬念，抖包袱），正话反着说（设置冲突，反常规），软话硬着说（放大恐惧，下危机）。

例如：

普通：《康熙几暇格物编》介绍。

范例：三百年前的"脑洞"到底有多大——来自一位皇帝的疑惑。

普通：纯手工的紫禁城介绍。

范例：紫禁城建好后，住进来的皇帝都后悔了（这么好的地方，后悔自己没能再活 500 年。这也是故宫文案的基本风格，故又被誉为"反差萌"）。

普通：故宫书签介绍。

范例：从前有个皇帝他不好好读书——后来他就死了。

3. 化虚为实：让用户感觉可见可信

好的表达，要想尽一切办法将抽象的商业理念，变成用户可以真实感知的"实物"。感知越真实，用户越信任。

如何让用户可以感知？可通过画面呈现、焦点集中、数字量化、权威绑定等方式来实现。

例如：

普通：故宫朝珠介绍。

范例：藏在 108 颗朝珠里的天子祈愿。

普通：尊贵品质，非凡驾驭。

范例：这辆新款劳斯莱斯在时速 96 公里时，车上最大的噪音来自电子钟。

普通：让充电更快更方便。

范例：充电 5 分钟，通话 2 小时。

普通：相比同时期的 MP3，iPod 是同容量中体积最小，同体积中容量最大的。

范例：把 1000 首歌装进口袋里。

4. 化繁为简：让用户容易直接进入

好的表达，要想尽一切办法将繁杂的内容，变成用户可以轻松理解和直接进入的"简单话"。越简单，用户越易懂、易记、易传、易用。

如何使内容简单？砍掉废话，聚焦重点，多用短句，多用口语，等等。

例如：

普通：从雍正对奏折的御批看他的语言风格。

范例：朕是如何把天聊死的！

普通：一同分享哈根达斯冰淇淋，体验两人世界美满的幸福一刻。

范例：爱她，就请她吃哈根达斯。

普通：美丽具有的深度仅仅是皮肤特性上的。

范例：美貌不过一张皮。

......

所以，营销界有句名言："一句好文案，胜过 100 个销售高手。"

➢ **品牌感悟**

所谓会说话，就是会换位思考。

——卡洛琳·塔格特

6

JUNE

流量战争：
穿越"黑暗森林"

品牌流量系统导图

流量前传：拿什么拯救你，那"浪费的一半广告费"

破译"约翰·沃纳梅克之问"，是现代广告营销业发展的重要推力。

➤ 品牌案例

"我知道我的广告费有一半是浪费的，但问题是，我不知道是哪一半。"

这句赫赫有名的"约翰·沃纳梅克（John Wanamaker）之问"，被誉为广告营销界的"哥德巴赫猜想"。

约翰·沃纳梅克1838年生于美国。12岁那年，他因想将一件圣诞礼物退货遭拒绝，便许下心愿：待我长大，要开一间可让顾客退货的店铺。

1875年，约翰·沃纳梅克购买了一个废弃的铁路仓库，改建成一个大商场——沃纳梅克氏。开业之际，他在报纸上刊登广告，宣传店内货品便宜，且可退货，顿时顾客盈门，生意火爆。

约翰·沃纳梅克由此被誉为世界"百货商店之父"，也是最早投放现代广告的商人之一。他在广告实践中提出的"约翰·沃纳梅克之问"，成为影响深远的"经典之声"。

➤ 品牌分析

"约翰·沃纳梅克之问"之所以影响深远，在于它喊出了几乎所有广告主的心声——我投放的广告费，如何才能精准有效，减少浪费？

于是，破译"约翰·沃纳梅克之问"，拯救"被浪费的广告费"，成了现代广告营销业发展的重要推力。诸多广告营销新思想、新理念、新模型纷纷问世，无数的广告营销大师和成功案例由此登场。

具有革命性意义的模型，有以下几个。

1. AIDMA 模型

AIDMA 模型是美国广告学家 E.S.刘易斯于 1898 年提出的营销模型，其含义为：A（Attention）——注意，即吸引注意；I（Interest）——兴趣，让人产生兴趣；D（Desire）——欲望，令人渴望拥有；M（Memory）——记忆，让人形成记忆；A（Action）——行动，促成购买。

AIDMA 模型如图 6-1 所示。

图 6-1　AIDMA 模型

AIDMA 模型最大的贡献在于，它精准地概括了传统媒体时代消费者从看到广告到达成购买之间的消费心理过程。能不能在这些环节起到作用，以及作用的大小，成为衡量广告"浪费与否"的重要标准。

此后，从约翰·肯尼迪将广告定义为"纸上推销术"，到克劳德·霍普金斯开创的科学广告派，到大卫·奥格威等掀起的"创意革命"，到奥美的"品牌管家"……广告营销的定义被不断刷新，但均未离开 AIDMA 模型这一模型基础。

2. AISAS 模型

AISAS 模型是由著名广告公司——日本电通公司在 2005 年提出的，是一个针对互联网与无线应用时代消费者生活形态的变化而提出的一种全新的广告消费行为模型。

AISAS 模型如图 6-2 所示。

图 6-2　AISAS 模型

AISAS 模型的前两个阶段和 AIDMA 模型相同，但迭代了后三个阶段：S（Search）——主动搜索品牌信息；A（Action）——达成购买交易；S（Share）——分享购买感受。

AISAS 模型彰显了在互联网时代下搜索（Search）和分享（Share）的重要性，宣告了一味地向用户进行单向理念灌输时代的终结，开启了广告营销新时代。

此时，"流量"的概念开始强势出现，广告营销的竞争，逐渐演变成网络流量的争夺，一批赢得流量红利的品牌相继崛起，传统的品牌营销和商业模式面临重构危机。

3. AARRR 模型

AARRR 模型是 Dave McClure 在 2007 年提出的客户生命周期模型，概括了实现用户增长的 5 个重要环节，分别是 A（Acquisition）——获客；A（Activation）——激活；R（Retention）——留存；R（Revenue）——收入；R（Referral）——自传播。

AARRR 模型如图 6-3 所示。

图 6-3　AARRR 模型

AARRR 模型因其掠夺式的增长方式，也被称为海盗模型、增长黑客模型。它是基于移动互联网而提出的，倡导将"广告投放"直接变成"用户获取"，追求用技术手段影响用户的行为链路。Facebook、Twitter、滴滴出行、拼多多等无数品牌均因此获得了爆炸式的市场增长。

AARRR 模型的出现，将"效果广告"推向了高潮——如何借助移动端、大数据、AI 算法，以及用户补贴和利益吸引，以最短的链路、最快的时间、最低的成本赢得流量，驱动消费行为，成为无数广告主和广告平台试图破译"约翰·沃纳梅克之问"的"重要法门"。

➤ **品牌感悟**

广告营销的终极目的，就是实现用户增长。

超级增长：品牌流量金字塔

品牌流量三法则：焦点法则、爆点法则、涡点法则。

➢ 品牌案例

2015 年 9 月，在试水自营社交电商平台拼好货的第 5 个月，80 后青年黄峥推出第三方社交电商平台——拼多多，以低价拼团，开始了电商新王国的构建。

是时，阿里巴巴、京东早已称霸，苏宁紧随其后。三强之外，几乎无对手。拼多多的团购模式并不新鲜，低价产品亦颇受诟病，似乎没有多少人看好它的未来。

然而，凭着"拼着买，更便宜"的社交裂变，拼多多很快杀出了血路——不到 1 年，用户量突破 1 亿人；不到 3 年，登陆资本市场；不到 5 年，年销售额破万亿元；年活跃用户超 6 亿人，直逼阿里巴巴的 7.28 亿人。且其用户量和市值均超京东，坐上了中国电商的第二把交椅。

➢ 品牌分析

短短几年时间，就从无到有，超"京"追"阿"。拼多多之所以能实现火箭式崛起，主要是因为它找到了一条迥异于阿里巴巴、京东的"流量通道"——通过社交购物，一个产品，可以以几何倍增的速度，吸附超级流量、裂变海量用户……

所以，尽管遭遇非议、狙击不断，但"挟流量以令诸侯"的拼多多，依旧攻城略地，硬生生在阿里巴巴、京东的眼皮底下，辟出一片新天地。

流量的概念，其实早已有之，如传统门店的人流、客流等。但互联网的出现，一方面使流量突破了时空的限制，变得可以无限大，另一方面由于信息过载，流量红利在被头部品牌瓜分殆尽后，后来者满目黑暗，危机四伏。

有人称之为"流量黑暗森林"——仿若科幻小说《三体》里描绘的场景，在一片黑暗森林之中，每个公司都是争夺流量的带枪猎人，你可能还没有发现对手，就已被远程消灭了。

这是当下众多企业的困惑，也是拼多多一开始并不被看好的原因之一。

然而，"万物终有裂缝，那是光进来的地方"。

因为，不管门店还是网店，不管线上还是线下，不管 AIDMA 模型、AISAS 模型还是 AARRR 模型，不管过去还是现在，流量的本质，就是消费者的兴趣和注意力，而兴趣和注意力的背后，是消费需求和人性欲望。找到消费者兴趣和注意力的"裂缝"，就能找到自己的"流量之光"，锁住自己的忠实用户。

那么，到底该如何寻找呢？方法主要有三：焦点法则，爆点法则，涡点法则。如图 6-4 所示。

图 6-4　品牌流量金字塔

1. 焦点法则

太阳的能量比激光强不知多少倍，但却不能穿透薄薄的一张纸，而激光则可以切割坚硬的钻石和钢板。

因为，前者分散，后者聚焦。

焦点法则即品牌要穿越"黑暗森林"，首先要聚焦——集中最优势力量在消费者的注意力和心智中锁住并占领一个关键位置，以此吸引流量，抢抓用户。

拼多多的焦点，便是"便宜"。这让它不但有效区隔了阿里巴巴和京东，而且迅速、精准地锁定了自己的关键受众——对价格敏感的低线城市用户，赢得了强大的流量归附。

小米的爆品理念，也是基于焦点法则——靠一款产品打穿市场，将性价比做到极致。正是让人尖叫的爆品，让小米手机甫一诞生就成了"流量之王"。

2. 爆点法则

《乌合之众》指出，消费者的注意力和情绪很容易受到群体行为的影响和主导。它就像活火山里汹涌的岩浆，一旦有了突破口，就会群体性爆发。

这个突破口，就是我们说的爆点或话题点。

爆点法则即品牌要找到引爆消费者口碑的话题点，激发用户群体性参与和传播，从而放大流量，倍增用户。

拼多多的爆点，便是一系列以"拼"为内核的"裂变活动"——"限时秒杀""砍价免费拿""天天领现金，打款秒到账"等。其中"天天领现金"活动推出的第一周，DAU（日活跃用户数量）就新增了 1700 万人。

阿里巴巴的爆点，便是"双十一"。通过一年一度轰轰烈烈的网购狂欢节，阿里巴巴一步步"君临天下"，登上了中国电商的王者之位。

3. 涡点法则

流量如水，当它流过你的品牌，如果不能沉淀下来，就可能流去了别人家。

所以，品牌要打造自己的流量涡点——通过构建物质和精神层面的价值引力，将与用户的"弱关系"转化为"强关系"，将"公域流量"转化为"私域流量"，从而锁住流量，沉淀用户。

这便是涡点法则。

拼多多的涡点，便是电商游戏化。其采用游戏设计元素和游戏机制，打造"购物乐园"，让用户"多实惠，多乐趣"，沉淀了一批又一批活跃度极高的忠实"多粉"。

神州租车的涡点，便是主打"安全牌"。一开始，神州租车只是行业第三，但通过安全涡点，得到了中高端用户的青睐，一举崛起为行业第一。

故，品牌是最好的流量涡点，也是最好的流量"护城河"。

那些超级流量品牌，便是将焦点、爆点、涡点法则运营到极致的品牌。

➤ 品牌感悟

哪里有"裂缝"，哪里就有流量。

焦点法则：恒源祥"羊羊羊"，"简单粗暴"为何有效

重要的事情说三遍：聚焦，聚焦，再聚焦！

➤ 品牌案例

恒源祥是一家始于1927年的老字号品牌。它的家喻户晓，离不开那则"恒源祥，羊羊羊"的央视广告。

1991年，恒源祥推出了一款"上海恒源祥绒线"产品，但在市场上并不好卖，总经理刘瑞旗便想到通过广告来打开销路。

一开始，恒源祥在央视推出的广告语是"恒源祥，发羊财"，寓意自己的羊毛线生意。但到1994年，因为"发羊财"与"发洋财"谐音，不符合当时的改革开放环境，央视要求其进行修改。

于是，刘瑞旗便把广告片改成5秒三遍，叫恒源祥发发发，恒源祥羊羊羊，恒源祥财财财。央视没有通过，因为连起来还是"发羊财"。

最后，刘瑞旗便干脆删繁就简，直接让"恒源祥，羊羊羊"连播三遍……一个被誉为"洗脑神作"的广告，从此响彻了大江南北。

➤ 品牌分析

"重要的事情说三遍"——这句这些年才出现的网络流行语，恒源祥在20年前就开始运用了。

而且，一个"羊"字，恒源祥还重复了九遍。

这看似"简单粗暴"，其实非常有效——不得不承认，20多年过去了，它依旧扎根在无数国民的记忆中，成了恒源祥的重要符号标签和品牌资产。

为什么？

因为，它将焦点法则运用到了极致。

在市场营销领域，焦点法则是一个非常重要的法则。它的本质，是对消费者注意力和流量模式的精准洞悉和集中攻击。占领了焦点，就等于占领了消费者的心智制高点。

那么，具体该如何运用好焦点法则呢？

1. 焦点顾客——精准锁定"决策消费人群"

这是流量焦点的"圆心"。否则，无法抵达购买决策的流量，将是一个深不见底的"陷阱"。

有一个高端家装品牌，锁定的消费顾客是有钱的男性老板，于是在写字楼、高端论坛等场所大量投放广告，可费用"烧"了不少，效果却不明显。

该品牌重新调研，发现原来这些"成功人士"的家装消费决策者是他们的太太。于是，改为在高端女子会所投放广告，效果立显。

恒源祥的运作，属"轻资产模式"——产品委托代工生产，市场委托渠道销售。所以，其一开始的"恒源祥，发羊财"，焦点更多地针对渠道商。

但"恒源祥，羊羊羊"，则把焦点转向了大众消费人群。这一转变，赋予了其全新生命力——因为消费者的认同，才是决定加盟商选择恒源祥的关键。

2. 焦点内容——集中打造"第一购买理由"

这是更关键的一步。因为，消费的注意力往往是分散和游离的，而且喜欢简单，讨厌复杂。唯有通过内容聚焦，在消费者心智中锁住并占领一个关键位置，才能留下印象，催生购买行为。

最吸引人、最容易被记住的位置，就是 C 位——"第一"。

恒源祥的焦点内容便是——羊羊羊。这不但与它的毛线业务精准匹配，而且是第一个占领这一字眼的企业。再加上"羊"在大众心目中的独特符号特性，使其与美国 Aflac 公司的那只"鸭子"，有着异曲同工之妙。

恒源祥的集中打造便是——重复。而且，不断重复。

公关之父伯内斯曾说："如果说宣传只有一件事情最重要的话，那就是重复。"

所以，尽管很多消费者对"羊羊羊"颇为厌烦，但每当购买羊毛相关的服饰产品时，又会不自觉地想起它——因为记忆中"羊"这个焦点，已被其占领。

这样的案例还有很多：怕上火，喝王老吉；有问题，上知乎……

3. 焦点渠道——重点占领"核心消费链路"

恒源祥的家喻户晓，还离不开对焦点媒介渠道的占领，即电视广告尤其央视广告的高频轰炸。

在互联网崛起之前，电视不仅是流量媒介，更是中心渠道——谁占领它，谁就占领了流量焦点。

在互联网时代，媒介去中心化、多元化，信息过载化、碎片化，怎么办？答案依旧是——聚焦。

昔日聚焦中心媒介即可，现在则是——重点占领核心消费链路，集中力量给顾客进行"饱和印象攻击"。

例如，拼多多占领的核心消费链路，就是微信社交和微信支付链条；微信红包当年一夜成名，就是对通过春节、央视春晚、微信支付等核心消费链路的聚焦和覆盖，引发刷屏。

所以，虽然成就恒源祥案例的时代已一去不返，但其背后的焦点原理依旧长青。

> **品牌感悟**

如若能缩小聚焦于一个词或一项利益，最能打入顾客心智。

——特劳特

爆点法则：不做广告的海底捞，为何成了流量之王

"极致内容"很重要，引爆"极致内容"更重要。

➤ 品牌案例

2003 年上半年，受"非典"影响，许多餐厅生意冷清，门可罗雀。

西安有一家火锅店，便推出火锅外卖服务。为方便送餐，它将传统的煤气罐换成电磁炉，在第一天送餐后，第二天上门取回设备。

此举引起了 CCTV《焦点访谈》的关注，被作为"非典"期间的餐饮服务创新典型进行了报道。

一时间，该店声名鹊起。"非典"过后，该店门口排起长龙，客流量大增。

这家店的名字，就叫海底捞。

此时，海底捞已经诞生了 9 年，各种"极致服务"已成特色，但全国店铺才不过 4 家。

CCTV 的曝光，使海底捞发现了一条不做广告也可以获得流量的"星光大道"。

从此，海底捞一边推行极致服务，一边猛抓品牌营销，制造了一个又一个话题爆点，一步步崛起为名闻天下的"火锅之王"。

➤ 品牌分析

2003 年，无疑是海底捞命运的重要转折年——这一年，海底捞不仅上了央视，而且开通了自己的网站。

如果说登陆央视是海底捞的"爆点处女秀"，此后通过互联网和社交媒体，

海底捞则成了驾轻就熟的"爆点营销老司机"——将近乎"变态"的极致服务，变成引爆流量的话题爆点！

所以，海底捞成功的原因，看似是它的极致服务能力，其实是它通过极致服务打造品牌的能力。海底捞不仅由此崛起为"火锅之王"，亦崛起为"流量之王""话题之王"。

那么，品牌该如何像海底捞一样进行爆点营销呢？

1. 制造爆点——塑造"极致体验"

爆点，即品牌引爆消费者口碑的话题点。问题是什么样的"点"，才能引爆呢？

海底捞的答案是：极致！

极，极限，突破用户固有思维，超越用户预期。

（用户话题点：哇——原来还可以这样？）

致，兴致，融入娱乐体验元素，激发用户好奇。

（用户话题点：哇——原来还这么有趣？）

在海底捞，帮顾客美甲、美鞋、护手、剥虾壳、捞锅底、过生日、陪聊天，甚至衣服都能帮干洗……无数看似"变态"的服务细节，其实既"极"又"致"，是能量满满的话题爆点。

有一次，海底捞的一位服务员在为一对刚刚恋爱的客人服务时，女客人顺口说了一句，天真热，要是能吃凉糕多好。服务员立即打车去给他们买回了凉糕……

这，简直就是爆点话题的"现场创作"了。

2. 引燃爆点——附力"意见领袖"

关键意见领袖，简称 KOL（Key Opinion Leader），是人际传播链条裂变的重要"引火线"。许多大 V、记者、专家、网红均属此类。

海底捞第一次附力的是《焦点访谈》——这既是顶级意见领袖，亦是顶级媒介渠道。

进入北京市场后，海底捞将大众点评上的一个钻石级食神"李鸿章大杂绘"（俗称"李大人"）列为座上宾，经常邀请这样的意见领袖前去试吃；后来，海底捞在上海开店，不但广邀各类意见领袖，甚至远在北京的"李大人"都被专门请去上海。

雷军在创立小米之前，曾多次去海底捞体验服务，不但亲自充当意见领袖，还从中吸取经验，将小米定位为"为发烧而生"。

正是各类意见领袖的积极发声，海底捞的"变态话题"被点燃。

3. 放大爆点——利用"舆论杠杆"

爆点营销的关键，是引发群体性的关注、讨论和扩散。这离不开舆论的"杠杆效应"。

海底捞的"杠杆"主要是媒介和粉丝。

海底捞不但积极和各类点评类、团购类网站合作，还很早就开通了企业官网、微博、App、公众号、粉丝 QQ 群，积极利用社交媒体和粉丝机制放大海底捞的话题和口碑。

2011 年 7 月，一位顾客带着孩子在海底捞吃饭，服务员特别搬来了一张婴儿床给孩子睡觉。顾客将这件事发到微博上，并用了极其煽情的语言，引起了人们的关注和传播。

于是，海底捞粉丝们迅速出动，各种加杠杆式的"奇葩爆料"纷纷出现，并以"人类已经无法阻止海底捞……"的口吻，演绎出风靡一时的"海底捞体"，引爆了一场现象级传播。

4. 刷新爆点——引领"话题现象"

在网络时代，许多"爆点"来得快，去得也快。成功的爆点营销，追求的不是一时的"烟花绽放"，而是持续的"波涛汹涌"。

如何持续？

具体来说，就是不断地刷新爆点，引领一波又一波的"话题现象"！即围绕一个"话题现象"，不断地制造新的相关话题。

海底捞的服务登陆央视；海底捞的"变态服务"走红网络；名为《海底捞，你学不会》的图书进入商学院案例；"海底捞体"的流行；海底捞登陆资本市场……

正是在对爆点话题的不断刷新和引领中，成就了"海底捞现象"，缔造了顾客排队的"火锅传奇"。

➤ 品牌感悟

是时候抬起头来掌握第三种能力了，那就是引爆策略。

——马克·费舍尔

涡点法则：每年圣诞，英国人为何等一个商业广告

自然流量可能转瞬即逝，心智流量常会根深蒂固。

➤ 品牌案例

成立于 1864 年的约翰·路易斯（John Lewis）是英国最大的连锁百货公司，曾被英国女王授予"皇家认证"荣誉。

进入 2000 年后，约翰·路易斯业绩开始衰退。为压缩营销开支，约翰·路易斯便决定聚焦 Campaign（活动）广告。

于是，从 2007 年开始，"梦想的圣诞节"系列广告诞生了。每年在圣诞前夕，约翰·路易斯都会推出一部暖心广告，讲述与圣诞和礼物相关的故事，强化人们对约翰·路易斯品牌的喜爱。

出人意料的是，约翰·路易斯的圣诞广告很快受到了全民热捧。其不仅成为约翰·路易斯重要的品牌标志，亦发展为英国圣诞节的一个文化符号。每年，人们都像期待圣诞礼物一样，期待着它的出炉。

不仅如此，在许多传统零售商纷纷迎来关店潮时，约翰·路易斯却实现了逆势增长。2012—2016 年，其年销售额增长均保持在 16% 左右。

➤ 品牌分析

提起品牌流量，人们首先想到的，往往是线上流量和线下流量，前者以网络访问量为标准，后者以门店客流量为依托。

其实，这些只是看得见的自然流量。还有一种看不见的隐秘流量，也是更重要的流量，那就是品牌心智流量。

品牌心智流量即品牌在消费的心智中留下的印象，是消费者在购买之前已经标好的流量。例如，一想到可乐，脑海里就浮现可口可乐；一想到凉茶，脑海里就浮现王老吉；一想到迎接圣诞季的来临，就想到约翰·路易斯和它的圣诞广告……

自然流量可能转瞬即逝，心智流量常会根深蒂固。

涡点法则的核心，就是通过品牌涡点效应的建立，更好地将自然流量转化为心智流量，将"公域流量"转化为"私域流量"。这是品牌流量的终极决战，也是最重要的决战。

约翰·路易斯和它的圣诞广告，便是这方面的典范。

那么，品牌到底该如何运用好涡点法则呢？

1. 涡点"池"——构建品牌 IP

分众传媒 CEO 江南春有句名言："人心比流量更重要。"

他所说的"人心"，其实就是涡点"池"——储存在消费者心智中的品牌 IP。

在短短两分多钟的时间里，没有一句台词，只用一首歌和无数唯美的画面，讲述一个关于"圣诞礼物"的感人故事。

这是 10 多年来，约翰·路易斯圣诞广告始终不变的内容风格和全力打造的 IP 理念——在无声中传递爱与温情，在寒冬中为人们送上专属圣诞节的温暖。

这个理念背后的精神内核，是约翰·路易斯始终致力于塑造"生活"的美好——"Never knowingly undersold"（从不刻意低价抛售）。

正是这样的理念，使约翰·路易斯圣诞广告犹如一杯暖彻心扉的热茶，让人迷恋。

2. 涡点"口"——强化品牌仪式

《小王子》里说：仪式感就是使某一时刻与其他时刻不同。

因为不同，才更显庄重和意义，才更受瞩目和重视。

约翰·路易斯一开始，就巧妙地选择了西方最具仪式感的时间点——圣诞,进而塑造出新的仪式——迎接圣诞,从而打造出"国民流量"的涡点"口"。

为塑造仪式感,约翰·路易斯不仅投资约 100 英镑制作广告内容,更投资约 600 英镑为这则广告进行宣传和造势,还配合广告推出不同的衍生品,从而引起巨大的关注、讨论、消费热潮——每年的圣诞季,从约翰·路易斯的圣诞广告开始。

当然,其潜伏的营销逻辑是:每年的圣诞礼物,从去约翰·路易斯购物开始。

其实,阿里巴巴的"双十一",京东的"6·18",亦莫不如此。

3. 涡点"堤"——保持品牌悬念

悬念,是吸引和留住人们注意力的重要"堤坝"。故事如此,品牌亦如此。

约翰·路易斯圣诞广告之所以让人充满期待,离不开它对悬念的独特运用——精心讲述了一个个充满悬念的真情故事。

月球上的孤独老人,国宝级歌手的童年秘事,"小火龙"的特殊礼物……每一个故事,都离不开圣诞与礼物;每一个故事,又都在出人意料中,给人惊喜,让人遐想。

年年都过圣诞节,年年如何出新意?

这是消费者内心的需求痛点和永恒悬念,也是约翰·路易斯圣诞广告的悬念支点和答案探索。十余年下来,约翰·路易斯圣诞广告就像永远没有结尾的连续剧,让人充满期待。

也难怪,约翰·路易斯被誉为"最会做广告的百货公司"。

➤ **品牌感悟**

要流量,更要"留量"。

流量战争之创意：大街上的广告怎么"结巴"了

创意，就是创造唤醒消费认同的意外感。

➤ 品牌案例

许多人调侃，这样的"魔性文案"，是因为"文案胸太大压到了键盘"的结果——

出门带带带带带带带带带带什么身份证！

租房付付付付付付付付付付什么押金！

去医院排排排排排排排排排什么队！

对陌生人猜猜猜猜猜猜猜猜猜猜什么疑！

············

2017 年，"66 信用日"，蚂蚁金服旗下芝麻信用在地铁里打了一波广告，使用的正是上面这组"结巴体"。

这样的文案吸引了不少乘客驻足观看，甚至还有人跟读。更有人直接拍照上传到社交网络，引发网络狂欢。

于是，也有人跟风玩起了"结巴体"：你牛牛牛牛牛牛牛牛牛牛牛牛什么牛！

➤ 品牌分析

流量战争，首要是创意战争。

因为，流量这东西，不是单纯地靠烧钱砸广告就可以得到的。如果没有好的创意，就算把消费者"绑"到了你的面前，他也可能对你或视而不见（有触达而无注意），或见而不闻（有注意而无兴趣），或闻而不睬（有兴趣而无购买行动）。

何况，还不一定"绑"得过来。

好的创意，可以"四两拨千斤"，不仅可以低成本破除这些障碍，而且可以吞他人之流量为己有，胜敌于"千里之外"。

那么，阿里巴巴的这组"结巴广告"，是不是好的创意呢？

要回答这个问题，首先要厘清什么是创意。

1. 创意的本质

创意（Create New Meanings），百度百科的解析是：创造意识或创新意识的简称；《现代汉语词典》的解释是：有创造性的想法、构思等。

这里的创意，涵盖文学、艺术、生活等方方面面，创造性是核心。

我们所说的创意，是商业领域的广告营销创意，它是在不改变商品本质的前提下，使其更容易被消费者接受的一种营销方式。

它所有的目的，只有一个——吸引消费者注意，激发消费者的购买欲望。

什么样的东西，最容易吸引消费者注意，激发其购买欲望呢？

一是使消费者产生意外感。越意外，越有"眼球效应"。二是使消费者产生认同感。越认同，越无"购买障碍"。

所以，我们说，创意的本质，就是创造唤醒消费认同的意外感。

阿里巴巴的"结巴广告"，通过对文字打破常规的重复排列，不仅有力地吸引了关注，甚至引发了刷屏和跟风，在意外感创造上，堪称满分。

但这些让人"感觉结巴"的粗暴式组合，又有多少进入了消费者的心底，并激发了认同？从这个角度来看，只能算 50 分。

所以，阿里巴巴的"结巴创意"，优秀，而非优异。

2. 创意的方法

如何才能打造出直击本质的创意呢？

美国著名广告大师詹姆斯·韦伯·扬（James Webb Young）的一句话非常值得借鉴："创意完全是旧元素的新组合。"旧元素容易让人感到"认同"，新组合容易让人感到"意外"。旧元素的新组合，让人既熟悉又陌生，容易激发"原来还可以这样啊"的惊叹。

国际知名行为心理学家希思兄弟，亦提出了非常著名的"创意直抵人心"的六条路径：①简单——精炼核心信息；②意外——吸引维持注意；③具体——帮人理解记忆；④可信——让人愿意相信；⑤情感——使人关心在乎；⑥故事——促人起而行动。

可见，"组合"和"简单"，在创意的方法论中是多么重要。

从这个角度来看，简单组合出的"结巴创意"无疑是深谙创意精髓的"主"，它亦再次提醒我们，奔向创意本质的路，其实没有那么遥远，更没有那么复杂。

➢ **品牌感悟**

创意不是按摩催眠，而是刺激唤醒。

流量战争之裂变：从3张气垫床到9年市值超希尔顿

裂变，就是让分享引发分享，让客户倍增客户。

➤ 品牌案例

2017年，完成新一轮融资的爱彼迎（Airbnb）市值达310亿美元，一举超越"旅店帝王"希尔顿，崛起为全球旅宿业第一。

时光倒回到9年前，爱彼迎正困难重重，濒临倒闭。

爱彼迎的创意始于2007年。三个年轻人在美国旧金山以三张气垫床起步，创立了短租平台——Airbed and Breakfast。

一开始生意寥寥。为维持生计，他们甚至弄了个"奥巴马燕麦"出售，借力总统大选赚了35万美元。可这个钱很快被花完了，网站依旧毫无起色。

2008年11月，他们打算关掉网站。

这时，风险投资家保罗·格雷厄姆给了他们2万美元，说："你们既然能说服别人买你们的燕麦，为什么不能说服人们睡在他人床上？"

三个年轻人受此启发，将平台更名为爱彼迎，开始了裂变营销之路。很快，爱彼迎开始逆袭，并迈向成功。

➤ 品牌分析

在互联网时代，流量战争的"核武器"，就是裂变营销。

因为互联网打破了流量的时空壁垒，让"社交零距离"成为现实。一个老客户通过社交分享，可以带来无数新客户。无数客户循环分享，就会形成客户数量的几何裂变、倍增。

裂变营销的本质，就是老客户分蘖新客户。其核心，是分享引发分享，客户倍增客户，是对爆点法则和"增长客户理论"的具体运用。其特点，是成本低、获客快、效果强。掌握了裂变营销的品牌可以迅速穿越"黑暗森林"，并对传统营销品牌进行降维打击。

正因为裂变营销，爱彼迎不但绝地逢生，而且只用 9 年时间，超越了希尔顿 90 余年累计的市值。

那么，品牌该如何进行裂变营销呢？

1. 裂变的核心诱因

每一个品牌都想实现客户裂变，但问题是，客户凭什么为你"分享拉新"？所以，裂变的第一步，就是设计裂变诱因。

最常用的诱因有趣味吸引、价值共鸣、利益驱动等。

爱彼迎一开始之所以"不能说服人们睡在他人的床上"，就在于缺乏"诱因"——招租人拙劣的拍摄技术和糟糕的文案组织，掩盖了房屋本身的优势，让人望而却步。

在发现这一原因后，爱彼迎立即主动出击，聘请专业摄影师专门为房主拍摄照片。当"高逼格"的民宿照片出现后，纽约的订房量很快上涨了两三倍。这些照片，也成了客户分享的重要内容。

爱彼迎并未就此止步，而是进一步强化诱因。例如，提供安全保险，打消人们对"私房不安全"的顾虑；接入 Facebook 账号，让租户和房主"社交零距离"；推出"用户推广计划"，为分享裂变进行多重赋能……

经过"诱因改造"的爱彼迎，不仅是短租旅宿平台，而且成了社交裂变平台。

2. 裂变的有效路径

有了诱因，具体该如何有效裂变呢？

一是找到种子用户。种子用户即能引发分享的影响力高、活跃度高的忠实用户。

爱彼迎找到的种子用户是旅游发烧友。这些发烧友对"个性住宿"的追逐，以及他们在旅途中的个性故事，打响了分享裂变的"第一枪"。

二是进行趣味分享。趣味分享即除了利益的刺激，让分享变得有趣。否则，就容易像牛皮癣一样遭遇社交圈反感。

爱彼迎有形形色色的奇特房源，如树屋、房车、观星帐篷、贝壳屋等，甚至城堡、私人岛屿，用户可以直接把它们收藏进心愿单，取一个很有个性的名字，再分享给朋友。

爱彼迎还不断调整文案，以确保推介邀请像是在"给朋友优惠"，而不是乱发小广告。例如，"邀请好友可以获得 25 美元"，就不如"给你的好友赠送 25 美元旅行经费"更打动人。

三是使用数据赋能。数据赋能即通过技术平台存储用户流量，并通过大数据优化诱因，创造新裂变。

爱彼迎通过数据发现一个"魔法数字"：当一个特定的市场有 300 个挂牌出租房屋且其中 100 个有评论的时候，这个市场就会开始突飞猛进地增长。

基于此，爱彼迎开启了全面的全球裂变计划。

到 2019 年，爱彼迎已席卷全球 191 个国家 8 万多座城市，客流量过 5 亿人次，被誉"分享经济和裂变营销鼻祖"。

> **➤ 品牌感悟**

客户才是最好的营销员。

流量战争之转化：爆文刷屏了，效果真的"哭"了吗

转化，就是最大化地拉近心智距离，缩短交易链路。

➤ 品牌案例

2017 年 5 月 7 日，百雀羚一则一镜到底的图文广告《一九三一》引发了朋友圈刷屏——

在一番涂唇抹脂后，身穿绿色旗袍、腿上别有手枪的美女特工阿玲走出了洋楼。屋外，旧上海的万千风情，一路徐徐展开……

突然，一个叫"时间"的女人中枪倒下，谜底揭晓：百雀羚，始于 1931 年，陪你与时间作对。

这则图文及相关文章总阅读量迅速达到了 3000 万+，堪称"神广告"。

然而，几天后，一篇《哭了！百雀羚 3000 万+阅读转化不到 0.00008》的质疑文章亦引发热议。

质疑者认为，截至 5 月 11 日中午，百雀羚此次图文主推的"月光宝盒"产品在其淘宝旗舰店销量不到 80 万，堪称惨败。

一时间，关于这则广告到底有效还是无效的讨论再次沸沸扬扬，成为 2017 年广告圈的一个重要事件。

➤ 品牌分析

对百雀羚《一九三一》爆文效果的质疑，反映了人们在流量获取过程中，有一个深深的焦虑点——流量转化。

流量转化就是将品牌吸引的流量用户转化为实现商品交易的真正用户。

通俗地说，就是将流量转化为销量。它是流量战争的关键环节，也是流量投入的终极目的。

所以，有一句话影响深远："不能实现最终效果转化的流量，都是耍流氓。"流量不转化，就像谈了恋爱不结婚，一度让广告主非常神伤。

问题是，什么样的转化才是真正有效的转化？百雀羚的《一九三一》，在转化上真的"哭"了吗？

1."品效合一"才是硬道理

关于百雀羚的销量，我们把时间拉长，可以看到这样一组数据：2017 年，百雀羚销售额为 177 亿元，同比增长 22%；2018 年，百雀羚销售额为 230.1 亿元，一举超越屈臣氏，位居化妆品类第一。

如此增长，当然是多种原因的综合结果，但作为百雀羚影响极大的一款现象级爆文，岂能没有功劳？

所以，流量转化的标准，不是一时一域的短期销量，而是"品效合一"。

所谓品效合一，即品牌在流量争夺过程中，既追求品牌影响的提升，亦追求即时销量的转化。品牌影响是长远的销量，即时销量是当下的影响。

从这个角度来看，《一九三一》无疑是成功的。在化妆品竞争白热化的环境下，其取得品牌影响实属"凤毛麟角"，甚至"可遇而不可求"。

所以，淘宝店一时的销量不足，既不能代表全渠道销量，亦瑕不掩瑜。

2. 给流量加几把"转化钩"

那么，如何才能做到"品效合一"呢？或者说，如何才能实现品牌与效果的双重转化呢？

在引流过程中，锁住两个核心：最大化地拉近心智距离，心智距离越近，品牌影响越深；最大化地缩短交易链路，交易链路越短，销售转化越容易。

具体而言，可以给流量加几把"转化钩"。

一是心量钩。品牌内容要能精准勾住目标消费者对于品牌的心量，拉近品牌核心价值与消费者心智的距离。

《一九三一》的悬疑风、旧上海风情及"与时间作对"，均是成功的心量钩。

同样刷屏的"三百斯巴达半裸勇士"让人记住了事件，却对品牌无感，就是缺乏心量钩的典型。

二是留量钩。通过"私域流量池"的建立和嵌入，将流量导入，使其成为"留量"。这些留量可能在短期内并无销量转化，但却是长期的销量储备。

《一九三一》在这方面亦属成功。尤其是后期的进一步话题策动，既扩大了声量，又强化了留量。

三是销量钩。通过对销售转化诱因的设置和触达，缩短交易链路，驱动即时消费。

从这个角度来看，《一九三一》无疑留下了遗憾。其讲完动人的故事后，没有立即进行销售驱动，而是要求读者倒回去找"百雀香粉"广告牌截图后再去天猫兑换优惠券。

显然，这不但没有缩短链路，反而拉长了链路。谁愿意为一个不知道多少金额的优惠券"如此麻烦"呢？

自然，其旗舰店的短时销量也可想而知了！

> **品牌感悟**

一切好广告都是品牌广告，一切好广告也都是效果广告。

流量战争之持续："全球最大广告主"的怕与爱

持续的核心，是对抗"遗忘"，保持"触达"。

➤ 品牌案例

世界日化消费品巨头宝洁曾长期雄踞"全球最大广告主"之位。2013财年，其全球广告投入曾高达90余亿美元。

然而，2014财年，因市场业绩出现下滑，宝洁开始大幅削减广告营销费用；2015财年，继续削减至80余亿美元，同时砍掉了大量的广告代理商。

可让宝洁管理层倍感意外的是，费用的削减不但没有拯救业绩，反而进一步加速了业绩的下滑……

2016财年，宝洁不得不公开表示，要增加广告投入。

不过，宝洁这次变得"聪明"了——通过消除媒介供应链中的重复花费和投放浪费，宝洁在追求效果提升的同时，亦保持了费用的"节约"。

2017年，三星超越宝洁成为"全球最大广告主"，但得力于新的广告营销策略，宝洁业绩开始回暖；2018财年、2019财年、2020财年，宝洁更是连续实现业绩增长……

➤ 品牌分析

作为世界级品牌帝国，宝洁旗下的各大品牌无不家喻户晓，可为什么如此著名的品牌，其市场业绩依旧离不开广告营销的强力支撑呢？

答案其实很简单——品牌流量战争，离不开一个关键词，即持续。

持续，即品牌持续保持或增长流量的策略。一旦缺乏持续，再著名的品牌，也很容易让消费者从熟悉变陌生，并被竞争对手的流量所遮蔽。

所以，不仅宝洁和其对手联合利华对广告流量的持续争夺，始终呈胶着状态。连本就是"流量巨头"的阿里巴巴和腾讯，亦不敢懈怠——2018年，它们分别以 105%和 46%的年增速，成为全球广告投放增长最快的两家公司。

持续的背后，到底有什么秘密呢？

1. 持续之因：可怕的"遗忘曲线"

德国心理学家艾宾浩斯（H. Ebbinghaus）有一个著名的"遗忘曲线"理论。根据该曲线，大脑初次记住的信息会在 2 天内被迅速遗忘 72%，要将信息转为长期记忆，需要不断重复曝光。

所以，流量持续之所以如此重要，首先是为了对抗"遗忘"。

此外，还为了拉新、竞争和激活。

拉新——通过持续，导入新生代消费者和潜在消费者。

竞争——通过持续，抵御竞争对手对消费者的争夺。

激活——通过持续，激活消费者对品牌的兴趣热度，促进消费购买，强化品牌忠诚。

2. 持续之道：最爱的"效果触达"

那么，如何持续呢？

在传统媒介时代，这个问题似乎相对简单——重复"轰炸"即可。因为那时消费者的信息选择有限，谁霸占了主流媒介，谁就等于霸占了流量。

在移动互联网时代，媒介碎片化，信息过载化，流量的持续之道，必须把视野越过媒介，聚焦其背后的消费者触达。

也就是说，能实现"效果触达"的持续，才是有效的持续。否则，烧再多的钱"轰炸"，也不一定能持续。

宝洁的"重塑广告"策略，正是基于此理。

一方面，宝洁通过压缩广告代理商和媒介中间环节，减少成本浪费；另一方面，通过自建广告公司和内容工厂，以及 In-house（内部）模式，强化

"精准和互动营销"，提升"效果触达"，从而再次赢得了消费者青睐。

当年在宝洁业绩下滑时，外界曾一片唱衰之声，认为宝洁"老"了，正在被时代抛弃。其实，"老"的不是宝洁，而是宝洁过去严重依赖的流量持续模式——以电视为主的传统广告渠道。

所以，重建"持续"的宝洁，再次王者归来，开启了自己的新时代。

> **品牌感悟**

保持和遗忘是时间的函数。

——艾宾浩斯

流量备忘：顾家"把卧室搬进电梯"的秘密

不断创新的品牌媒介融合策略，是品牌流量的重要备忘原则。

➤ 品牌案例

"Hello，电梯里的朋友，我是潘晓婷。说的就是你，黑眼圈那么重，是不是没睡好？"

整个电梯被包装成卧室模样，墙面有床垫和枕头，地面还特别设计了拖鞋摆放区……就是在这样的"卧室"里，九球天后潘晓婷温柔地向你"喊话"："每天早睡一小时，对自己好一点。"

此时此刻，你是不是有种被"暖"到的感觉？

2018年，这一由顾家家居推出的顾家床垫广告，以"把卧室搬进电梯"的场景创意而引发刷屏。直击"健康睡眠"，并将产品体验融入媒介传播中，顾家家居的"内容脑洞"，成功俘获了一批粉丝的心。

➤ 品牌分析

传播学巨匠马歇尔·麦克卢汉（Marshall McLuhan）有一句名言：媒介即万物，万物皆媒介。

在万物互联的今天，品牌流量的载体——媒介渠道正变得越来越多元化、智能化、碎片化和即时化，传统的媒介理论早已失效，不断创新的品牌媒介融合策略，是品牌流量的重要备忘原则。

何为品牌媒介融合？即品牌根据自己的创意内容特性去选择、融合媒介，根据媒介特性来创新、重构内容创意，实现品牌与媒介的有效融合，追求流量效能的最大运用。

如果说 1+1=2 是组合，那么融合就是 1+1=10。

顾家家居"把卧室搬进电梯"，就是这样的融合典范。

那么，具体该如何融合呢？

1. 创意 IP 化

俗话说：与其去追一匹马，不如种一片草地。

面对不断变化的媒介渠道，品牌首先要化被动适应为主动吸引，即"种一片草地"：建立内容 IP，让内容创意由单一化向联动化升级，让媒介渠道由碎片化向聚合化汇集。

在顾家家居，所有创意主题和媒介选择，都始终围绕着一个 IP 理念——"爱家、顾家"。正是基于这一理念，顾家家居并不是简单地"把卧室搬进电梯"，而是以此呼吁家庭睡眠健康，从而击中了无数人的心。

2. 媒介整合化

谈起媒介，很多人喜欢用新媒体、旧媒体来区分，倡导"去旧迎新"。

其实，对于品牌来说，媒介无新旧之分，只有流量效果之别。有效的，就是"新"，无效的，才是"旧"。

所以，品牌应以 IP 为中心，建立自己的媒介矩阵系统，有效地整合各类媒介资源，创新媒介表达形态，形成流量集合效应，达成流量精准匹配。

2016 年，在别人纷纷摒弃报纸广告的时候，顾家家居一举包下七大报纸版面，策动了"顾太太喊话顾先生"事件，然后通过互联网媒介引爆，成功登上微博热点榜 Top3，并火遍了朋友圈。

"把卧室搬进电梯"，顾家家居不仅利用科技创新电梯广告形式，亦整合社会化媒体跟进，掀起了话题热潮，让普通的电梯载体，爆发出强大的流量能效。

3. 用户融入化

品牌之所以需要融合媒介，其实看中的并非媒介本身，而是媒介背后的用户。

所以，一切媒介融合，都离不开一个"秘密"——让用户融入化。

如何实现用户融入化？

即注重用户参与及互动体验。

例如，在电影《攀登者》上映时，顾家家居并没有简单地植入广告，而是联合电影发起"寻找 1949 年出生的时代同龄人"征集活动，让用户在参与中，融入"顾家"。又如，顾家"把卧室搬进电梯"，推出 VR 用户眼镜，举办用户顾家节，出品《床囧》……

顾家家居 2016 年登陆 A 股，当年销售额不到 50 亿元，到 2019 年，销售额一举突破 110 亿元。在其高速增长的背后，系统化的品牌流量策略和媒介融合思维无疑功不可没。

> ➢ 品牌感悟

"融"的是媒介，"合"的是用户。

JULY

价值交付：
打通信任"最后一公里"

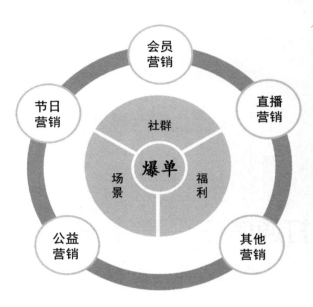

价值交付系统导图

交付前传：茅台在国外为什么比国内还便宜

价值交付是一切营销的 KPI（关键绩效指标）。

➤ 品牌案例

网上流传着这样一个段子：

孩子在美国的机场给父亲打电话："这里的茅台 500 元一瓶，要不要给你带两瓶。"

父亲很高兴地说："你把其他东西都扔了，全换成茅台，能带多少带多少。"

段子反映的，其实是 10 年前的情况。

2010 年，由于国内零售终端的频繁提价，茅台在国内外的价格出现严重"倒挂"。例如，茅台当时在日本每瓶售价比国内便宜 500 元，在美国每瓶售价只有国内的一半。

这些年，由于茅台严控官方价格体系，其在国内外的官方售价已基本持平。

但在国内市场，茅台的终端售价比官方售价差不多要高一倍，而且还很难买到货。茅台在国外比国内便宜，依旧是事实。

➤ 品牌分析

茅台在国外比国内便宜，原因当然很多。例如，国家鼓励白酒出口的退税优惠政策，茅台针对国外市场的定价策略，当地经销商的促销手段等。但最核心的原因，是茅台在国内和国外的价值交付存在严重"倒挂"。

也就是说，在国内终端市场，茅台价值交付过度，严重溢价、供不应求；在国外市场，茅台价值交付不足，导致价格平平、销量有限。

现代营销学认为，营销是一门顾客价值探知（市场洞察和客户界定）、顾客价值创造（产品研发和品牌塑造）和顾客价值交付（推广沟通和商品交易）的过程与艺术。在三者之中，价值交付又是重中之重。若无法完成交付，价值探知和价值创造就会归零。

所以，价值交付被视为一切营销的 KPI（关键绩效指标）。同样的品牌和产品，会因不同的价值交付能力而呈现出完全不同的结果。

1. 价值交付的变革

在现代营销学史上，4P 理论是一个非常重要的经典理论。

4P 即产品（Product）、价格（Price）、渠道（Place）、推广（Promotion）。由美国西北大学营销学教授杰瑞·麦卡锡（Jerry McCarthy）于 20 世纪 60 年代提出，"它的伟大在于把营销简化并便于记忆和传播"。

此后，人们根据时代变迁，又提出了相对应的 4C 理论、4R 理论、4I 理论，理论变迁如图 7-1 所示。

4P理论	4C理论	4R理论	4I理论
产品（Product） 价格（Price） 渠道（Place） 推广（Promotion）	消费者（Customer） 成本（Cost） 便利（Convenience） 沟通（Communication）	关联（Relevancy） 反应（Reaction） 关系（Relationship） 报酬（Reward）	趣味（Interesting） 利益（Interests） 互动（Interaction） 个性化（Individuality）
20世纪60年代 产品营销 以满足市场需求为目标	20世纪90年代 整合营销 以追求顾客满意为目标	21世纪初 关系营销 以建立顾客忠诚为目标	2010年后 互动营销 以建立顾客互动为目标

图 7-1　4P—4I 理论变迁

显然，从 4P 理论到 4I 理论，后面的理论之所以声称是对前面理论的演进和变革，就是为了在新的市场环境下，更好地完成价值交付。

所以，价值交付才是一切营销变革的"核心支点"。谁能更好地实现价值交付，谁就抓住了营销的"牛鼻子"。

2. 价值交付的本质

为什么同样的品牌和产品，会出现不同的交付结果呢？因为，价值交付不是品牌自己说了算，而是顾客说了算。其本质，是顾客的价值信任和价值托付。

茅台在国内之所以一瓶难求，就是因为在这两个点上做到了极致。因特殊的地理环境和酿造工艺，国人不仅相信"国酒茅台"是"最好的酒"，而且在酒的品质消费之外，还把"面子消费"和"抵御通胀"的价值托付于它。

在国外，茅台"出海"的第一天，遇到的就是信任难题。1953年，茅台启用"金轮"商标外销，由于商标中存在"五星""齿轮"等元素，被别有用心者视为"政治商标"而遭抵制。茅台于是重新设计出"飞天"商标用于出口。

后来，茅台虽出了国门，但在价值交付上并无多少作为。在很长一段时间内，茅台王子酒、茅台迎宾酒在国外的包装上甚至连英文介绍都没有。

皇冠伏特加当年在进入美国时，也曾遇到难题：美国人习惯饮用威士忌，对伏特加并不感兴趣。

但皇冠伏特加立即改变交付方式，其用威士忌惯用的木塞来封瓶，并打出"白色威士忌"的口号，销量由此蹭蹭上涨。

这些年，茅台通过"文化茅台"战略推动品牌全球化，海外销量也开始增长。不过，相对在国内的超级溢价，茅台在海外的价值交付，还有很长的路要走。

➤ **品牌感悟**

营销的关键是，如何赢得客户的信任和托付。

超级交付：品牌爆单金字塔

品牌爆单三核心：社群、场景、福利。

➤ 品牌案例

1890年，一位英国人推出了一款红茶品牌。为打开市场，他特意聘请了200余人穿着中国服装秀茶艺，并喊出了响亮口号："从茶园直接进入茶壶的好茶。"

这就是后来畅销全球的世界第一茶饮品牌——立顿（Lipton）。

红茶源自中国，传入英国后，一直是上流社会的昂贵饮品。立顿敏锐地捕捉到大众化需求的机会，凭着标准化生产和平价销售，很快崛起。

据说，立顿畅销全球后，立顿管理层一直不敢进军他们心目中的"圣地"——全球茶历史最悠久、茶文化最深厚、茶产量最多的国家——中国。

直到1992年，立顿才进军中国。

然而，仅仅用了5年时间，立顿就成为中国茶包销售额第一、市场占有率第一的品牌。"七万中国茶企不敌一家立顿"的声音，曾引发了广泛讨论。

➤ 品牌分析

很多人纳闷：中国茶有故事、有历史、有文化、有手艺、有品位，怎么就销不过靠拼配而成的立顿茶呢？答案其实就在于四个字——价值交付。中国茶价值交付难，立顿茶价值交付易。

不仅立顿，麦当劳一个汉堡包卖遍全球，可口可乐一个配方风靡百年，星巴克一杯咖啡圈粉世界……都是因为它们让价值交付变得更简单、便捷和高效。

成功的价值交付，可以爆单；失败的价值交付，只能滞销。

那么，品牌到底该如何打造可以爆单的价值交付呢？

三大核心路径：社群、场景和福利。如图 7-2 所示。

图 7-2　品牌爆单金字塔

1. 社群

在传统商业时代，品牌要实现价值交付，首先要锁定和构建自己的客群。在互联网时代，客群思维进一步升级为社群思维。

社群思维即品牌通过互联网社群聚合客户和准客户群体的思维。其核心，就是让品牌与用户零距离、强关系、深信赖。

这包括两层意思：一是要以用户为中心构建价值交付链，让产品和服务更便于交付；二是要以社群为依托构建用户关系链，让品牌和用户形成深度信赖。

立顿在诞生之初，当然没有社群概念。但它一开始，就把"以用户为中心"做到了极致：它通过定位于饮品而不是茶艺，让产品以大边界拓宽可交付客群；它通过"从茶园到茶壶"，让产品以低价位适应大众客群；它通过标准化生产，让产品有着恒定的价值评判标准和客户认知印象；它通过轻便简洁的品牌包装，让产品更便于推广、流通、交付和使用……

在互联网时代，立顿更是通过"以茶会友"，重点打造办公室下午茶社群和家庭主妇茶食社群——想想，这是两大多么容易爆单的群体。

中国传统茶，品类众多，标准不一，口味各异，价格更是千差万别的，这一开始就注定了交付之难——要不是专业人士推荐，普通消费者怎么辨别？怎么相信？怎么托付？

当然，在社群时代，打造以文化兴趣为依托的小众社群，也许是中国传统茶突破交付瓶颈的一个机遇。

2. 场景

在传统商业时代，品牌的价值交付主要依赖渠道网络。"渠道为王"曾一度是爆单的不二密码。

在互联网时代，一切可实现用户连接的场景都是渠道。例如，客户上厕所时在手机上刷到了某品牌商品，就可以下单。场景演变为品牌价值交付的重要"入口"。其本质，是情景融入，交付唤醒。黏性越高、覆盖面越广的场景，越易爆单。

立顿最初通过设厂开店走向全球。1972 年，立顿被著名消费品集团联合利华收购。借助联合利华全球性的商超网络，立顿迅速覆盖全球 110 多个国家。

在互联网时代，立顿的场景建设更无处不在。

一方面，立顿在传统渠道的基础上，通过互联网，构建起线上线下一体化的新零售场景，让立顿的交付"可见即可得"。

另一方面，立顿在"办公室下午茶"的基础上，通过倡导一种简单便捷的生活方式，构建起无处不在的消费者心智茶饮场景——无论你在办公室，还是在家，抑或出行，都可以轻松地喝一杯干净、健康、美味的立顿茶。

中国传统茶的交付场景主要依赖茶叶专卖店和茶艺会所，交付理由主要是茶道文化和茶道品鉴。相较立顿，这明显是一个"窄场景"，哪怕品质再好，其销量也是有限的。

3. 福利

福利是指品牌为了产品销量而采取的一种让利优惠策略。

福利是在粉丝经济时代产生的新的营销概念，但其内涵早已有之——品牌通过对核心消费者的让利，强化价值交付推力，如传统商场的会员卡或打折卡。

福利不仅是物质层面的，更是精神层面的。福利感越强，爆单量越大。

立顿一诞生，就带着福利思维而来。其通过千方百计地削减成本，让原本昂贵的贵族茶叶变成大众饮品，并一举赢得了消费者青睐。

在后来的推广过程中，各种福利活动更是立顿的"必杀技"。

例如，立顿在中国长期开展"传情下午茶"活动，进行免费送茶体验。2009年，仅仅在5周内，立顿免费送茶数十万份，活动期间官网流量攀升至百万以上。

又如，立顿推出"连连抱"网络活动，推出"以食论茶"创意专栏，推出"心情绿洲"主题互动，推出奇趣团聚马克杯……

一些中国传统茶，似乎却走着相反的路——热衷豪华包装，迷恋"贡品特产"，追逐价格炒作……几年前普洱茶的"疯狂"，至今让许多消费者心有余悸。

在高峰时，立顿全球年销售额达300亿元，是仅次于"两乐"的非酒精饮品。2019年，中国传统茶的年外销总和，还不到150亿元。中国年销售额超过10亿元的茶品牌，亦屈指可数。

中国传统茶要真正走向世界，道路千万条，搞好价值交付是第一条。

➤ 品牌感悟

不要过度承诺，但要超值交付。

——戴尔公司创始人　迈克尔·戴尔

社群聚合：卖爆一碗粉，北大硕士的"霸蛮传奇"

社群运维"三大宝"：社群文化、社群领袖、社群内容。

➤ 品牌案例

2014年4月，即将硕士毕业的北大学生张天一，拉了3个合伙人，凑了10万元钱，在北京环球金融中心的地下一层，开了家湖南米粉店——伏牛堂。

没有人看好他们的未来。因为在过去，湖南米粉都没有在北京打开过市场，又油又辣的它，根本不是北方人的"菜"。

然而，张天一凭着对互联网的敏锐，通过微信群、QQ群、微博等社交网络，迅速建起了庞大的粉丝社群……很多人远道而来，只为吃一碗家乡味的米粉。

2个月后，伏牛堂开了第二家店；2年后，伏牛堂有了20多家店，融资估值达5亿元；4年后，伏牛堂更名为霸蛮，崛起为餐饮新零售的一面旗帜。

➤ 品牌分析

张天一之所以能打破湖南米粉的"北京魔咒"，在于他将传统米粉店的位置锁客，变成了社群锁客，从而拓宽了价值交付边界，赢得了精准而又广阔的"客户池"。

社群，简单地说就是社会关系群，是一群人基于共同的需求、兴趣和价值观等聚合在一起的社交关系链。

因为"共同点"，这种关系相对精准、稳固，易于价值交付；又因为互联网交互的便捷，这一链条可以无限裂变、延展，是品牌爆单的"核武器"。

那么，品牌该如何建设自己的社群呢？

1. 社群构建：价值链重塑

品牌社群不同于单纯的兴趣社群，它有着明晰的价值交付目标。所以，其建设的第一步，就是重塑品牌价值链。

如何重塑？

建立以用户为中心、以社群为连接的价值链，并以此重塑产品和服务，使其成为用户在社群关系中不可或缺的"联系纽带"。

概括地说，就是让"产品即兴趣，服务即连接"。

一开始，张天一的米粉店门庭冷落，很多餐饮人士建议其改成适合北方人的口味。但张天一通过互联网建立起湖南人的粉丝群体后发现，又辣又油的正宗湖南味儿，才是群友的至爱。

于是，张天一以此重塑价值链，一边坚持按严格标准打造极致的"正宗产品"，一边在群里做口碑传播，开始迎来社群规模和产品销量的双重增长。

2. 社群运维：价值观驱动

品牌社群作为松散型的消费关系联盟，精神文化是其恒久的维系纽带。社群运维的核心，是产品和服务背后的价值观驱动。

以社群价值观为驱动力的社群文化、社群领袖和社群内容，被誉为社群运维"三大宝"。

张天一的"三大宝"是：

（1）我们吃的不只是一碗粉，而是一种湖南人的霸蛮文化——漂泊不怕辣，不乌合不从众。

（2）我们追随的不只是一碗粉，而是一个霸蛮的 90 后创业者。尤其张天一的"北大硕士卖米粉"文章刷屏后，使其倍受追捧。

（3）我们共享的不只是一碗粉，而是一系列有趣、有味、有情的社群活动和社群关系，以及公号内容。

张天一运维的社群人数由此迎来爆发式增长，到 2016 年已达 100 万人。

3. 社群裂变：价值力增长

品牌社群的威力，在于不断裂变，以实现用户带用户、口碑叠口碑。

如何裂变？

一是发挥"核心族群"的势能效应。通过铁杆"发烧友"，带动社群的裂变、发展，推动产品的更新、迭代。

二是推动品牌价值力的持续增长，以持续增长推动、引领社群进一步裂变。

在赢得庞大的社群人数后，张天一将"餐饮+新零售"作为品牌价值力的增长点，相继推出了外卖、速煮预包装食品等，让价值交付空间进一步得到了拓展——线上收入逐步占到80%，堂食只占20%。

2020年初，霸蛮线下店因疫情歇业，但线上销售却逆势增长。据报道，其仅仅18天就发出10万个包裹，有力地抵御了餐饮业危机。

➤ **品牌感悟**

用户在你这里是Somebody，而非Nobody。

——张天一

场景逻辑：最早的卫生巾，是怎样"火"起来的

一切场景皆连接，一切连接皆场景。

➤ 品牌案例

在第一次世界大战期间，金佰利（Kimberly-Clark）公司研发出一种抗菌纤维棉，用于医用绷带。因吸水性强，有的军队护士便将这作为临时卫生巾。

金佰利得知后，灵感爆发。1920 年，其用纤维棉生产出世界上第一个妇女卫生巾品牌——高洁丝（Kotex）。

然而，那时的观念尚很保守，商家不愿把卫生巾放在柜台展示，女性顾客也不好意思在公众场合购买。强生此前就销售过卫生巾，最后不得不退出了市场。

如何才能不重蹈强生的覆辙？

金佰利的解决方案是——自助式售卖。它先说服零售商将高洁丝产品直接堆放在柜台之上，然后把一个硬币盒放在商品旁边，顾客拿了卫生巾之后，直接将钱放入硬币盒中，全程无须沟通。

这个小小的改变，不但让高洁丝"火"了起来，也打开了整个卫生巾市场。

➤ 品牌分析

这些年，场景的理念非常流行。其实，早在 90 年前，金佰利就已经运用得炉火纯青了。

场景，泛指各种场面、情景。在营销领域，就是指品牌和用户进行价值沟通和交付的场面、情景。在不同的时空场景下，用户往往对品牌和产品有着完全不一样的感受和认知。

例如，同样一顿饭，你在路边摊和五星级酒店的体验完全不同；同样一瓶水，放在普通超市和放在高端会所的价格有着天壤之别。

所以，场景的好坏，直接影响着价值交付的结果。打造更适合价值交付的场景，是品牌爆单的重要路径。

1. 场景连接：构建交付拦截

场景是一种连接入口。

在传统商业时代，商品主要靠店面渠道连接消费者；在万物互联时代，一切场景皆连接，一切连接皆场景。

品牌场景塑造，首先要通过场景连接，构建对消费者的"交付拦截"。

一是高频拦截低频。打造消费者高频使用或接触的场景，可以对低频使用或接触的场景进行拦截。例如，手机拍照抢了传统相机的生意，微信抄了手机短信的后路。

二是多维拦截单维。打造消费者多维触点的场景，可以对单维触点的场景进行拦截。例如，OTO模式洗牌传统商业，新零售淘汰传统零售。

三是近路拦截远路。打造消费者应用距离更近的场景，可以对远距离的场景进行拦截。例如，猫眼的电影票购买场景，滴滴出行的打车场景。

四是精准拦截宽泛。打造消费者精准需求的场景，可以对泛需求的场景进行拦截。例如，王老吉的"火锅场景"，神州租车的"安全场景"。

2. 场景体验：实现交付唤醒

场景亦是一种体验形态。

品牌场景塑造的核心，就是通过体验美学的解决方案，有效地唤醒消费需求，实现交付结果。

有效的场景体验，有三个关键点：一是要有黏性。要能触发用户的沉浸融入，留住用户。二是要有信任。要能解除用户的信任障碍，唤醒用户。三是要有行动。要能刺激用户的消费行动，成就用户。

金佰利的"自助式售卖"，就是在那个时代消费体验解决方案的典范——其完美地消除了女性用户的信任障碍，刺激了购买行为。

相较于别人"卖笔只是卖笔"，晨光文具融入考试场景相继推出"考试笔""孔庙祈福考试笔"，成为爆款。

在星巴克里，顾客总是横着排队，而在麦当劳、肯德基里，顾客总是竖着排队。为什么？就是因为各自不同的交付唤醒——星巴克属"第三空间"，横着排能缩短与消费者的沟通距离，增强消费者在商品前的停留时长；麦当劳、肯德基属于快销品，竖着排能让消费者快速决策，快速消费。

3. 场景社交：推动交付倍增

场景还是一种社交方式。

场景不但是人与物的连接入口，亦是人与人的连接入口。人与物与人的共同场景连接和交互，就是场景社交。

品牌场景塑造的最后一环，便是通过嵌入社交诱因，推动用户在场景体验中主动分享，自动拉新，从而实现交付倍增。例如，拼多多的"砍价免费拿""天天领现金"，爱彼迎的"城市排行榜"和"心愿清单"，滴滴出行的"打车优惠券"，微信的"微信红包"……

场景社交的诱因，有的基于物质利益，有的基于精神力量。其本质，是基于用户人格和用户关系链的背书，赢得更多的价值交付信用。当用户主动为你分享刷屏时，爆单就水到渠成了。

> **➤ 品牌感悟**

所有的消费，都是特定场景下的价值交付。

福利驱动：电脑之心英特尔和它的"烧钱大法"

福利强调的不仅是物质，更是精神。

➤ 品牌案例

英特尔（Intel Corporation）是一家以研制 CPU 为主的公司。1986 年，其推出全新的 386 微处理器，以淘汰落后的 286 微处理器。

但英特尔的淘汰计划很快遭遇到阻力——蓝色巨人 IBM 并不愿意采用，而且整个 PC 行业除了康柏，都更愿意停留在 286 时代。

怎么办？

1991 年，英特尔发起了"Intel Inside"品牌推广计划——制造商只要在电脑上贴上 Intel Inside 标签，就可以获得最多 50% 的推广补贴等多项支持。仅 18 个月，英特尔就为此砸下 1.25 亿美元。

很多电脑公司开始参加这一计划，第一年就达到了 300 家。第二年，英特尔的全球销量增加了 63%……

这一长期计划最终使"Intel CPU=好性能电脑"的理念深入消费者心智，使英特尔不再受制于大型电脑公司，从而维护了自己"电脑之心"的主导地位。

➤ 品牌分析

在"Intel Inside"计划实施的前 10 年，英特尔的投入就超过 70 亿美元。其"烧钱"堪称疯狂。但英特尔的市值，也由 1991 年的 100 亿美元，提升至 2001 年的 2600 亿美元。

套用现在的语境，这是用福利驱动品牌和销量的典范。

福利，即幸福和利益。这些年因为互联网和"粉丝经济"的崛起，福利被广泛应用于营销领域，泛指品牌和商家对客户和消费者的补贴、优惠、打折、抽奖、回馈、赠品、特价、特制等各种促销让利。

福利强调的不仅是物质福利，更是精神福利，是通过直接刺激消费欲望，从而驱动交付，赢得爆单。

但在福利运用上，很多品牌依旧误区重重——有的"不见兔子不撒鹰"，因舍不得投入而错失市场良机；有的只顾疯狂"烧钱"，最后把自己"烧死"在路上。

那么，品牌该如何进行福利驱动呢？

1. 福利措施：塑造便宜感

一提到福利措施，很多人就想到消费者的"贪便宜心态"。其实，便宜从来都是相对的，消费者要的不是便宜，而是便宜感——一种以更低价格获得了更高价值的感觉。

便宜感的核心，源自消费者的"预期锚点"。例如，麦当劳、肯德基等甜品广告经常推出"第二杯半价"，因为设定第一杯为锚点，第二杯半价让人有了很大便宜感；如果变成 75 折，便宜感就没有那么强烈了。

所以，品牌在设置福利措施时，首先要选准预期锚点，围绕锚点在价值上塑造增量，在价格上塑造减量。二者的背离值越大，背离线越长，消费者的便宜感就越强。如图 7-3 所示。

图 7-3　便宜感塑造模型

英特尔的"Intel Inside"计划之所以一推出就受到欢迎，就是因为其选取了 286 微处理器为锚点。与之相比，386 微处理器不但性能更优越，而且还有大额补贴，顿时让合作商便宜感满满，从而积极参与升级行动。

2. 福利时间：强化紧迫感

福利推出的时间非常重要。合适的时间节点和时间长度，可以事半功倍，强化福利价值。不合适的时间，反而会影响正常销售。

福利时间的关键，是在便宜感的基础上，强化紧迫感——机会（产品、价值、时间）稀缺，错过不候。从而促进客户立即行动，马上交付！

意大利有个商店，里面所有的商品每年仅出售一次就不再进货。这种"仅售一次"的"稀缺"，营造出很快断货的强烈紧迫感，每次商品上市就出现抢购场面。该店也通过抢手商品的高效运转，赢得了更大利润。

当然，紧迫感的本质是资源的稀缺，而非一定要通过限制时间来获得。

"Intel Inside"就是一个长期计划，但英特尔通过不断迭代产品，不断加大补贴力度，以及对优秀合作伙伴的激励，从而给下游伙伴不断的紧迫感，让他们把"Intel Inside"推向了千家万户。

3. 福利效果：锁定留存率

很多人认为，品牌通过福利驱动价值交付，当然是为了销量。销量越高，福利效果就越好。

这种观点，对，也不对。

福利驱动当然是要销量的，但要的是对品牌起加分作用的销量，而不是通过透支品牌获得的销量。通过透支品牌获得的销量越大，品牌死得越快。

衡量福利效果的关键，是锁定留存率，即通过福利驱动，让有效的客户留存下来。留存率越高，效果越好。

英特尔的"Intel Inside"计划，表面看来是给予合作厂家的"福利"，其实是为了提高终端用户对英特尔的认知和留存。

因此，英特尔在"烧钱"补贴厂家的同时，从未停止过对终端消费者的品牌轰炸和价值交付。正是终端消费者对"Intel Inside"的认知，彻底改变了竞争格局，奠定了英特尔的产业链地位。

➤ **品牌感悟**

"烧钱"是一门技术活。

价值交付之会员营销：Costco 为何一开业就被挤爆

要站在顾客立场，破除其一切担心和顾虑。

➤ 品牌案例

有一家商场，它的货还没有开卖，大部分利润已经回来了；它在中国开业的第一天，曾因为被挤爆，不得不宣布暂停营业……

它就是被巴菲特称要"带到棺材里的企业"——Costco（开市客）。

Costco 始于 1976 年，是仅次于沃尔玛的世界第二大线下零售商，美国最大的连锁会员制仓储量贩店。它的崛起，源于其首创的"会员制仓储批发"——它只对付费会员开放；它的利润主要来自会员费，而不是商品销售费。

2019 年，Costco 全球付费会员逾 5000 万人，总营收 1527 亿美元，净利润 36.6 亿美元，会费收入占其利润的 71%。

正是这种"不靠中间商赚差价"的会员制模式，缔造了 Costco 极致的性价比和火爆的场面。它的店开到哪里，哪里就出现抢购现象。

➤ 品牌分析

我们说爆单离不开成功的价值交付，而社群、场景和福利，是实现交付的核心路径。那么，有没有一些具体的营销策略，是载动价值交付的高速列车呢？

会员营销就是这样的列车。

会员营销是通过将顾客变成会员，从而精准、快速、持续地实现价值交付。其本质，是品牌与消费者结成长期、稳定的价值同盟，砍掉商家价值交付成本，放大会员价值收益，最大限度地推动销量和口碑增长。

品牌进行会员营销应注意以下三个方面。

1. 信任——破除一切消费顾虑

赢得顾客或潜在顾客的信任，让其转化为会员，是会员营销的第一步。Costco 的方法是，站在顾客立场，破除其一切担心和顾虑。

Costco 的会员分为个人会员和企业会员，均须交纳固定的年费。但 Costco 一开始，就有明确承诺：有任何不满意，都可以退货、退卡，并全额退还会费。曾经有个会员把买了 8 年的打印机拿回去退货，理由是之前一直没时间。Costco 二话不说——退。

Costco 这种"风险全担"的行为，不但赢得了极致信任，而且并无什么风险——会员毕竟是为买货而来，而不是为退货而来。

2. 价值——打造超级消费动能

创造令会员满意的价值，是会员营销的关键。

Costco 的方法是：

一是便宜。商超行业平均毛利率为 15%～25%。Costco 通过优化价值供应链，硬是将商品毛利润砍到 11%左右，让会员"买到即赚到"。

二是精选。通过严格精选 SKU（库存保有单位），Costco 在同一品类中精选高质量的爆款商品，既减少了顾客挑选商品的时间，也降低了供应链成本。

三是高效。Costco 的存货周转率高，所有商品平均不到一个月就要周转一次。

正是这种近乎极致的价值创造和消费体验，让会员进了 Costco "只管闭着眼睛买"，打造出近乎扫货式的超级消费动能。

3. 黏性——保持稳固消费关系

长久地留住会员，是会员营销的"闭环"。留住会员的关键，是形成黏性。

Costco 里几乎没有导购服务员，一切靠消费者自助完成。但 Costco 的黏性又无处不在。

例如，一般很少能在大卖场里找到光学眼镜部、轮胎部和听力中心、体检中心，可在 Costco，这是免费的特色会员服务；Costco 旁边有自己的加油站，油价比市区还便宜；Costco 有自己的旅游网站，给会员提供优惠；Costco 还有会员激励体系——对黑卡会员进行消费返现，每年最多能返现 1000 美元……

正是这种全方位服务价值上的"黏"，让 Costco 与客户形成了彼此托付的忠诚关系，其会员续卡率常年维持在 90% 左右。

> **品牌感悟**

现代企业竞争的本质是客户忠诚度的竞争。

——张瑞敏

价值交付之节日营销：阿里巴巴的首个"光棍节"

节日营销，关键在"势"。

➤ 品牌案例

2008 年，饱受假货困扰的阿里巴巴推出了淘宝商城（后更名为天猫），以集结优质商户。后来的阿里巴巴董事长张勇，当时为商城总经理。

然而，淘宝商城一开始发展非常缓慢，消费者几乎分不清它与淘宝的区别。

为扩大影响，张勇决定搞一个类似美国感恩节大促销的活动，时间就定在 2009 年的"光棍节"，要求参加的商户全店 5 折，还要包邮。

不过，绝大多数商户拒绝了他们，最后只有 27 家商户参加。

但出人意料的是——当天上午，商户们准备的货就基本卖完，很多商户不得不临时补货。当天结束时，淘宝商城交易额居然突破 5200 万元，是平常交易额的 10 倍……

一个奠定阿里巴巴地位的商业节日就这样诞生了。"光棍节"也一步步演化为亿万网民的购物狂欢节。

➤ 品牌分析

十年前的"双十一"，无疑是阿里巴巴命运的一个关键性分水岭。

在此之前，尚处亏损之中的淘宝屡遭假货冲击，很多正规商家都不愿入驻淘宝商城；那时的消费者，更热衷的也不是网购，而是"网上偷菜"。

但一个"双十一"，不仅重塑了阿里巴巴的信心，亦让敏锐的商家感受了阿里巴巴新平台及网购市场的无限潜力，更让亿万网民掀起了"剁手潮"……

阿里巴巴还是那个阿里巴巴，为什么有了"双十一"，就不一样了呢？

因为，"双十一"的背后，有一个重要的价值交付密码——节日营销。

1. 节日营销的意义

节日，是指人们生活中值得纪念的重要日子。其背后，是枕戈待旦的注意焦点、消费需求和意义暗示，有着一触即发的势能效应。

小到传统节日活动，大到品牌自己"造节"，成功的节日营销，往往一呼百应，势如破竹，是品牌因势利导建立影响、引爆价值交付的"火箭筒"。

一是可承接高关注度。品牌可顺势将人们对节日的高关注度，化为对品牌的高关注度，对营销活动的高集合度。

二是可实现高突破性。品牌可集中力量在特定的时间内展现出自己最优质的产品、最劲爆的价格、最光辉的形象，从而一举突破认知，赢得信任。

三是可形成高仪式化。品牌可借助节日的仪式感，沉淀客户、建立忠诚，为后期的常规营销和下一年的节日营销赋能。

2. 节日营销的密码

品牌到底该如何进行节日营销？

节日营销的核心在于节日之"势"的有效运用。"势高则围广，势卑则围小"。

一是借势。找一个理由，把消费者的节日诉求（痛点+梦想）和自己的品牌关联起来。这个理由，也就是活动主题。

二是造势。制造自己的声势，承接、放大借来的"节日势"，推动交付，实现爆单。

具体而言，造势离不开社群动员、场景塑造、福利放送、舆论引爆"四把刀"。刀法越快（第一时间）、准（直戳痛点）、狠（超越预期），势能越劲爆。

三是成势。建立自己的符号和仪式，将"节日势"转化成自己的"品牌势"。

成势的"逻辑套路"为：将节日符号和仪式等同于自己品牌的符号和仪式，将自己品牌的符号和仪式等同于行业的符号和仪式，并通过不断持续，引领市场，占领地位。

阿里巴巴的首次"双十一"，有点试水的味道。但自此之后，其一发不可收拾，通过借势、造势、成势，一步步将"光棍节"转化为全民狂欢的网购节。

阿里巴巴在这种转化中，终于"君临天下"，卫冕"电商之王"。最早的策动人张勇，也成了阿里巴巴王国的掌门人。

➤ 品牌感悟

开展纪念日活动，如同点燃一支火炬。

——雨果

价值交付之直播营销："口红一哥"李佳琦的幕后

直播营销是对传统价值交付方式的一次深彻变革。

➤ 品牌案例

很多人都知道"口红一哥"李佳琦，但并不一定知道，他的背后，原来是著名化妆品公司欧莱雅。

2016 年 10 月，欧莱雅为了推动品牌下沉战略，推出了一个新的营销项目——BA（Beauty Advisor，美妆顾问/专柜柜员）网红化，旨在跳出传统分销模式，将专柜柜员转化为社交平台上的 KOL。

李佳琦原系江西南昌的一名欧莱雅 BA，后入选该项目，成为欧莱雅联合天猫国际、美 One 公司共同孵化的淘宝主播之一。

李佳琦自此脱颖而出，并通过"30 秒涂口红最多人数"、与马云 PK 卖口红、戛纳电影节走红毯等事件，崛起为响彻大江南北的"口红一哥"。

得力于 BA 网红化等营销赋能，欧莱雅中国 2017—2019 年连续三年保持两位数的业绩增长。2019 年增幅更是超 35%，为 15 年来之最。

➤ 品牌分析

传统的柜台场景很难触达更多人群，而直播间场景却可以链接无限顾客，推动销量裂变——李佳琦走红的背后，是欧莱雅将直播营销作为重要价值交付手段的有效应用。

1. 价值交付的直播革命

直播营销，简单地说，就是品牌利用直播的方式开展营销、卖货活动。

传统的线下店是利用地理位置和直接导购卖货，属"有人货架+有限顾客"。传统的网店是将线下商品搬到网上平台，属"无人货架+无限顾客"。直播营销，是将线下销售场景搬到网上直播间，属"线下线上场景+互动导购+无限顾客"。

所以，直播营销的本质，是对传统价值交付方式的一次深彻变革：

（1）链路更短。将顾客货架上找货，变为粉丝被推荐"种草"。

（2）信任度更高。将商家货架上推荐，变为主播人格背书。

（3）体验更深。将商品货架上展示，变为多元场景组合。

（4）效果更快。将单一的顾客购买，变为网友集中式批发。

（5）决策更准。将模糊的顾客分析，变为精确的大数据匹配。

正因为如此，直播营销正在被广泛应用，被视为品牌营销的"新标配"，被视为从引流到导购再到支付的"一屏闭环"的"新卖货渠道"。

2. 直播营销的常用模式

具体而言，目前的品牌直播营销，主要表现为以下几种模式。

（1）明星、网红式。借助当红明星和网红直播进行营销带货。

（2）自有 IP 式。通过自有 IP 或网红直播进行营销带货。自有 IP 通常有两种，一种是孵化 KOL 直播，如欧莱雅的 BA 网红直播；另一种是 CEO 直播，如董明珠直播。

（3）新品发布式。通过直播的方式进行新品或新闻发布。

（4）内容互动式。通过兴趣内容的直播，在与粉丝内容互动中"造鱼塘"，进行营销带货。

相较而言，明星和网红因自带流量，很容易聚拢人气，适合快速交付。但品牌和产品价值也很容易被其光环所遮掩，难以与用户形成黏性。如果明星的调性、受众与品牌产品不一致，还易导致"销量翻车"。

后几种模式，粉丝黏性和忠诚度都很高，适合持续交付。但打造有流量的知名 IP、有价值的互动内容，需要长远规划、精心布局、系统推进。

当然，随着直播营销的发展，各种模式亦在演进或整合之中。

目前来看，直播营销更多的是借助 KOL 魅力人格的"人带货"，而未来，应是基于品牌自身魅力人格的"货带人"——让品牌本身就是直播网红，才是最好的直播营销。

> ➤ **品牌感悟**

小小直播间，无限大卖场。

价值交付之公益营销：一双"懒人鞋"的狂销风暴

要让消费者感受到"无缝对接"，而非"逢场作戏"。

➤ 品牌案例

2006 年 1 月，美国设计师布雷克·麦考斯（Blake Mycoskie）到阿根廷一个乡间旅行，发现当地小朋友大都没有鞋子穿。他深受触动，决心做些什么。

可如何才能帮助他们呢？

他以阿根廷当地传统布鞋为灵感，创立了 Toms 布鞋品牌，并设计出一种全新的营销模式——"One for One"，承诺顾客每买一双 Toms 鞋，公司将送一双鞋给有需要的孩子！

这个模式很快被《洛杉矶时报》报道，并掀起抢购热潮。Toms 本身用料考究，脚感舒适，被人们亲切地称为"懒人鞋"。很多欧美明星对它非常喜爱。

后来，布雷克·麦考斯又用同样的模式，卖起了太阳镜、咖啡豆，且均受到追捧。Toms 也渐渐崛起为美国著名的休闲鞋品牌。

➤ 品牌分析

Toms 的热销，当然离不开其出色的"懒人鞋"品质，但更重要的是它独特的"One for One"模式。

这种模式属于典型的公益营销。

公益营销是指品牌通过一定社会公益责任的承担，来提升形象，扩大影响，增加销量。

因为公益营销满足的不仅是消费者对于"物"的需求，更是消费者对于爱和责任的信任与托付。所以，优秀的公益营销，能够帮助品牌更好地与消费者达成价值沟通，完成价值交付，被企业营销界广泛采用。

但公益营销又不等于单纯的企业慈善捐赠，它在追求社会效益的同时，还必须追求销售效益。如何"润物细无声"地实现二者的"共赢"，是品牌需要用心修炼的功课。

具体而言，成功的公益营销，须遵循以下原则。

1. 一致性原则

一致性是公益营销的首要原则。

一是内涵一致。公益活动和品牌产品的内涵要一致，要让消费者感受到"无缝对接"，而非"逢场作戏"，要能对品牌实现"价值增益"，而非"价值损耗"。

二是言行一致。公益承诺要言出必行，说到做到，切不可说一套做一套。

三是长期一致。公益项目要长期持续，切忌"三天打鱼，两天晒网"。

Toms 用卖鞋帮助没有鞋穿的人，用太阳镜帮助视力恢复的患者，均是此理。

2. 共建性原则

一是与消费者共建。要将企业发起的公益营销，化为消费者共同参与的公益事业。

1981 年，美国运通公司曾发起"修复自由女神像"公益活动，号召消费者通过购买运通公司的产品来一起修复自由女神像，曾引发参与热潮。

二是与媒介共建。公益营销离不开媒介参与，也容易赢得媒介关注。

Toms 的走红，就始于《洛杉矶时报》的报道。2008 年汶川地震，王老吉"一捐成名"，亦是社交媒体广泛参与的结果。

三是与公益机构、社会组织及名流大 V 共建。充分借助公益机构、社会组织及名流大 V 的权威性、公益性和影响力，可以达到事半功倍的效果。

3. 创意性原则

随着越来越多的品牌加入，没有创意的公益营销已很难打动消费者的心。当年 Toms 的 "One for One" 创意满满，而现在无数的品牌也跟着搞 "卖一捐一"，就有点让消费者反感了。

创意的关键，是用与众不同的方式讲一个动人的公益故事。

瑞典儿童癌症基金会曾在地铁站做了个创意广告，当列车进站的时候，广告牌上的模特头发会被吹起来，正当大家看得兴起的时候，模特的头发掉了，光秃秃的头上跳出一句话：每天都有一名孩子被确诊为癌症……

好的创意，就像一根刺，深深地刺进人们心底最柔软的地方，唤起强烈的公益之心和参与之意。

> ## 品牌感悟

最大的 "自私"，是无私。

——任正非

交付备忘：雀巢如何"把咖啡卖给不喝咖啡的人"

选择或设置有益锚点，是品牌价值交付时的重要备忘原则。

➤ 品牌案例

20世纪60年代，雀巢咖啡进入日本。当时，日本经济正处于高速发展时期，雀巢砸下重磅广告，希望迅速占领这一新兴市场。

但结果却让雀巢大跌眼镜——日本人的习惯是喝茶，而不是喝咖啡。尽管日本人在接受调研时表示很喜欢咖啡的味道，但就是不愿购买。

无奈之下，雀巢派来营销专家克洛泰尔·拉帕耶。

克洛泰尔·拉帕耶改变了直接卖咖啡的思路，先在日本推出咖啡糖。几十种不同口味的雀巢咖啡糖走向市场，受到了人们的欢迎。接着，雀巢又推出含糖的咖啡味饮料，然后再自然而然地转向雀巢咖啡。

就这样，在一个人们原本不喝咖啡的地区，雀巢咖啡的销售额逐年上涨，最终占领了日本70%的速溶咖啡市场。

➤ 品牌分析

诺贝尔经济学奖得主丹尼尔·卡内曼（Daniel Kahneman）曾提出"锚定效应"，指人们在对事物做出判断时，会将初始信息或某些特定数值作为起始值，起始值像锚一样制约着估测值。

通俗地说，就是人们在做决策时，会先入为主地依赖之前的信息和认知锚点。

日本人一开始不愿购买雀巢咖啡，是因为受到"茶"这个对比锚点的影响。后来雀巢通过相近锚点——"咖啡糖"和"咖啡饮料"的设置，一步步改变了日本人对雀巢咖啡的判断。

在品牌营销领域，"锚定效应"无处不在。避开有害锚点，选择或设置有益锚点，是品牌价值交付时的重要备忘原则。

如何选择或设置有益锚点呢？

1. 近似锚点

通过近似锚点，为交付价值提供类比赋能。

蔻驰（Coach）是一个轻奢品牌，但它在许多地区的旗舰店与专卖店，总是毗邻路易威登。因为通过路易威登这个锚点，可塑造其与路易威登近似的高端精品形象。

20世纪70年代，黑珍珠由于色泽不佳乏人问津。后来，一位珍珠商人将其标上高价，放到纽约第五大道的店铺橱窗里展示，并在高端杂志上连续登载广告。在广告里，一串塔希提黑珍珠在钻石、红宝石、绿宝石的映衬下，熠熠生辉……黑珍珠由此被捧成名贵珠宝。

2. 对比锚点

通过对比锚点，为交付价值提供反衬赋能。

在星巴克，除了30元一杯的咖啡，还有20元一瓶的矿泉水，而且矿泉水还摆在非常显眼的位置。这个矿泉水就是对比锚点。在它的对比下，30元一杯的咖啡就显得很划算。

在优衣库，商品的价格常以9来结尾，亦是此理。例如，99元的锚点是90元，100元虽然只比99元贵1元，但锚点是100元，感觉贵了很多。

对比锚点的关键，是避开有害对比，选择有益对比。

某一定价200元的小家电产品A在某商场非常畅销，后来，另一功能相似的产品B出现在旁边，价格却只要150元，使得产品A销量急剧下滑。于是，产品A的商家又推出一款功能相似的产品C，定价500元。最后，消费者大多选择了中间价格的产品A。

3. 具象锚点

通过具象锚点，为交付价值提供感知赋能。

美国有一家搅拌机企业，其产品价值点是"耐用"和"搅拌力度大"。可这个价值点说起来和其他品牌似乎并没有什么区别。于是，这家企业想到了一个锚点——弹珠。他们买来一堆弹珠，然后把它们放进搅拌机里，15 秒钟之后，这些弹珠变成了一团白色粉尘……

这个视频被传到网上，大受欢迎，搅拌机企业的盈利由此涨了数倍。

4. 辅助锚点

通过辅助锚点，为交付价值提供补充赋能。

在宜家，"1 元冰淇淋"被许多顾客青睐，号称"宜家三宝"之一。相关调查显示，高达 30% 的顾客专为能吃到宜家冰淇淋而逛宜家。这个"1 元冰淇淋"就是辅助锚点，它让人产生宜家的产品都非常便宜、实惠的感觉。

在商品定价策略上，有一种"附带产品定价法"，即通过降低某一附带产品的价格来吸引顾客，然后在主产品上将利润赚回来，亦是此理。

> ➤ **品牌感悟**

事物只有当人们认为它们有价值时，才有价值。

——莫里克

8
AUGUST

口碑引爆：
今天，你的品牌刷屏了吗

口碑引爆系统导图

口碑前传：70年前，劳力士的那场"免费换新"

口碑出自消费者的"口"，更源于商家的"心"。

➤ 品牌案例

在第二次世界大战时期，劳力士手表以极高的精准度受到英国皇家空军飞行员的喜爱。当他们被捕关入战停营后，他们的劳力士也就被没收了。

劳力士创始人汉斯·威尔斯多夫（Hans Wilsdorf）得知后，立即表示愿意为这些军官免费寄换新的腕表，军官们只需提供书信即可。每一款新换的手表，汉斯·威尔斯还专门附上亲笔签名的证书。

于是，有大约3000名军官重新获得了劳力士手表。

1943年3月，一些军官利用新劳力士手表提供的"精准时间"，策划了一起著名的越狱逃亡事件……这就是电影《胜利大逃亡》的故事原型。

虽然逃亡失败了，但劳力士为英国军官"免费换新"的故事却得以广泛流传，劳力士也因此成为一个倍受尊敬的品牌。

➤ 品牌分析

在第二次世界大战时期，劳力士已在制表界颇具影响，但让它真正闻达世界的，是这次"免费换新"。汉斯·威尔斯多夫用三千多只免费手表，创造了一次世界级的品牌口碑引爆典范。

俗话说："金杯银杯，不如老百姓的口碑。"口碑（Word of Mouth）源自传播学概念，就是有口皆碑，指人们口口相传的颂扬和好评。

品牌口碑，即以消费者口碑形式存在的品牌印象，其本质是消费者对品牌产品和服务的体验好评和传播扩散，是品牌顾客关系和信誉资产的重要组成部分。

1. 口碑是一种顾客好评

好评源于超预期，即顾客对品牌产品和服务的感知价值，超越他的期望价值。超越值越高，口碑越好。

劳力士价格本就昂贵，可汉斯·威尔斯多夫不计成本地"免费换新"，不仅史无前例地超越了军官的预期，而且极有远见地超越了普通消费者的预期——劳力士不仅是一块精准的手表，更是一种正义和责任的化身。

这样的好评，不就是劳力士最好的广告内容？！

2. 口碑是一种分享行为

分享行为的表现为说出来、传出去。也就是说，消费者说出口、传出去的好评才是口碑，藏在心里的好评只是好感，而不是口碑。

这是品牌口碑的一个关键特征——因为有了分享行为，口碑才产生"病毒"式传播，形成口碑效益。

消费者如何才愿意把口碑分享出去？

一是口碑内容要有谈资，即现在人们常说的"社交货币"。

二是口碑传播要有载体。最早是口口相传，后来是传统媒介，现在是网络社交媒介。传播载体的不断进化，也让口碑效益越演越烈。

在汉斯·威尔斯多夫时代，虽然没有互联网，但第二次世界大战是全球最具谈资的"社交货币"，军官逃狱事件更是轰动一时的。自此，劳力士的口碑从军营扩散开来，不但成为媒体的话题焦点，而且频频出现在各种影片之中……

3. 口碑是一种价值资产

顾客口碑价值（Public Praise Value，PPV）是指顾客因分享、宣传品牌产品和服务而使企业业绩增长、收益增加所创造的价值。

所以，通过主动作为推动顾客口碑价值的增长，创造更好的口碑效益，已成为一项重要的品牌行为——口碑运维。

从这个角度来看，口碑出自消费者的"口"，更源于商家的"心"。无数品牌正是通过消费者口碑的引爆，赢得了口碑资产，推动了品牌崛起。

汉斯·威尔斯多夫的"免费换新"，不仅彰显了他作为一个卓越企业家的营销天赋，亦为劳力士成为世界表业的领军者，奠定了坚实的口碑基础。

➢ **品牌感悟**

劝君不用镌顽石，路上行人口似碑。

——宋·释道宁

超级口碑：品牌活粉金字塔

品牌活粉"三感"：参与感、尖叫感、上瘾感。

➤ 品牌案例

一个小小的玻璃杯，竟令不少人在店门口搭起帐篷彻夜排队，甚至大打出手，上演了疯狂的"圣杯之战"。

这是什么杯？

"猫爪杯！"

2019 年 2 月 26 日，星巴克在中国发售了一款限量粉色"猫爪杯"，售价 199 元。杯子内层设计为猫爪形状，外层印有樱花图案，当内部倒入有颜色的液体时，猫爪形状便浮现上来。

杯子在发售当天，就在"圣杯之战"中被一抢而空，并刷爆朋友圈。随后，在网上再遭炒作，价格一路飙升，直奔 1000 多元一个。

2020 年 4 月 13 日，星巴克中国再次发售"猫爪杯"及新品"猫尾杯"，很快亦销售一空。有人抱怨，"杯子比口罩还难抢"。

➤ 品牌分析

"猫爪杯"的火爆，看似因为星巴克粉丝的疯狂，其实是因为星巴克深谙口碑运维之道。

粉丝，是 Fans 的音译，原指追星族、球迷、狂热者，现泛指一切忠诚的支持者和迷恋者。

粉丝对自己偶像的喜欢和支持，往往带有深深的情感和精神元素，甚至有些盲目崇拜。他们不仅是忠诚的"重度用户"，更是行走的"口碑使者"。

所以，成功的品牌口碑运维，关键就是激活粉丝用户，让粉丝引爆口碑，让口碑裂变市场。我们称之为品牌活粉。星巴克、苹果、小米等超级口碑企业，均是超级活粉的典范。

具体而言，品牌活粉须经营好粉丝用户的"三感"：参与感、尖叫感和上瘾感。如图 8-1 所示。

图 8-1　品牌活粉金字塔

1. 参与感

参与感即让用户参与到品牌产品和服务的相关环节中来，以此深化用户体验，强化用户口碑。消费者对于一个物品付出的劳动（情感）越多，产生的爱恋就越深，就越容易高估该物品的价值。

哈佛大学教授基于宜家的案例，称这种现象为"宜家效应"。后来小米根据自己的实践，称为"参与感"。

星巴克把自己定义为办公室和家庭之外的"第三空间"，就是基于参与感思维——它不是单纯地卖咖啡，而是与用户共同经营一种生活方式。

所以，在星巴克，哪怕你不买任何东西，服务员也不会赶你走。

星巴克让用户横着排队，也是为了让用户近距离地参与见证一杯咖啡的"出笼"过程；星巴克还将每一个用户的名字写在咖啡杯上；星巴克还向全球征集咖啡杯设计创意；对于一些重度客户，星巴克还有"隐藏菜单"……

正是这种参与感，让"我不在星巴克，就在去星巴克的路上"成为流行语。

2. 尖叫感

尖叫感即让用户在体验品牌产品和服务的过程中获得超预期的惊喜和

兴奋，从而主动分享，形成口碑扩散。

这包括两层意思：尖叫感是一种体验结果，品牌要在用户参与环节中，塑造尖叫点，打造超预期口碑；尖叫感是一种分享状态，品牌要在用户尖叫环节中，塑造分享口碑，引爆超预期口碑。

为塑造用户的尖叫感，星巴克早在 1997 年 11 月就推出过首款限量红色纸杯，以独具匠心的产品创意和营销话题引发追捧。自此，"饥饿营销"式的限量版创意杯成了星巴克年复一年的重要尖叫点，不断激活用户将其口碑引爆。

不仅"猫爪杯"，2018 年中秋，星巴克推出的"兔子杯"，也是因为在抖音走红，最后被炒至六七百元一个……追杯、晒杯、炒杯，已成为一种极具仪式感的"星粉现象"。

不仅星巴克，小米的爆品理念、海底捞的极致服务、苹果的"卖肾手机"，均是打造口碑尖叫感的典范。

3. 上瘾感

上瘾感即让用户在品牌产品和服务的体验过程中获得深度依赖，从而构建起品牌与用户的强关系，形成口碑"铁粉"。

尖叫可能一时，上瘾才是长久。

上瘾感主要体现在三个方面：一是精神上瘾。品牌通过文化价值观吸引，让用户强烈认同和依赖。二是物质上瘾。品牌通过用户奖励返现刺激，让用户深度捆绑和依赖。三是身份上瘾。品牌通过用户身份权益定制，让用户持续追逐和依赖。

这三个方面，星巴克都环环相扣，出手不凡。

星巴克的全球会员已超 1600 万人，来自会员的消费额是非会员的 3 倍。就是因为其通过上瘾感的塑造，让会员感觉超值，让自己也获利颇丰。

➤ **品牌感悟**

永远不要把粉丝的支持当作是理所当然的。

——安·韩德利

参与感：当海尔听说"给朕打入冷宫"后

1+1 是参与，1+1>2 是参与感。

➤ 品牌案例

"你们能不能出一款冰箱贴叫冷宫，这样我吃的剩饭剩菜都可以说给朕打入冷宫。"这是 2016 年 1 月，故宫淘宝粉丝给它的意见。

没想到，有人在微博上@了海尔：你们可以出一款这样的冷宫冰箱吗？也有人@了其他家电品牌。

其他品牌没有回应，海尔官方微博却给出了回复：容我考虑一下！

于是，在 7 万多条用户关于这一微博的私信、回复和点赞中，海尔经过提炼，在 24 小时之内就把"冷宫冰箱"的工业设计图晒在了网上讨论，7 天之内通过 3D 打印技术把冰箱送到了需要的用户面前。

其实，不仅"冷宫冰箱"，海尔的"咕咚手持洗衣机""魔镜"等，均是用户参与的结果。海尔也在这种参与中摇身成"网红"，被誉为"蓝 V（企业微博）总教头"。

➤ 品牌分析

粉丝@了多家家电品牌，为什么只有海尔有"戏"？

因为，海尔用心经营了粉丝的参与感。

小米联合创始人黎万强在《参与感》一书中强调，"口碑的本质就是用户思维，就是让用户有参与感"。

从这个角度来看，参与感就是一种口碑生产机制——品牌通过用户的参与，与用户一起打造超预期的用户体验。

具体该如何打造呢？

1. 开放参与节点——让用户能参与

一是要运营好参与平台。参与平台，是用户参与之基。

2015年之前，海尔官方微博由第三方运营，粉丝显示有150万人。海尔开启自运营后，第一件事便是清除"僵尸粉"，粉丝数一下子被砍到了6万。但正是这6万"活粉"，开始了海尔官方微博的"参与之路"。

二是设置好参与节点。参与节点，可以是产品生产、服务和营销中的任何一个环节。具体而言，应选取最能强化用户体验的节点。

美国著名食品公司通用磨坊（General Mills）曾推出一款速溶咖啡一样的蛋糕粉，一开始鲜有人问津，后设置"需要添加新鲜鸡蛋"的参与环节，销量逆转。

2. 嵌入参与诱因——让用户乐参与

参与诱因可以是物质利益方面的，也可以是情感兴趣方面的，抑或其他种种。但有一个核心点，就是要有娱乐化思维——是让用户来"玩"的，而不是让用户来"赶考"的。

"冷宫"的诱因，正是好玩——让戏剧化的宫斗文化与严肃化的工业生产进行组合，产生了强烈的娱乐效果。

海尔的"咕咚手持洗衣机"，从创意到颜色再到命名，全交给"用户参与"：粉丝怎么高兴，就怎么发挥……最后，这款产品倒计时15天开始做预约，当天预约量就破40万台。

正可谓玩得越嗨，口碑越好，销量越高。

3. 构建参与黏性——让用户常参与

一个忠诚客户，离不开他的复购。一旦复购终止，忠诚就会消失。参与感亦然。

品牌要围绕"真正以用户的体验为核心"，构建系统的用户参与策略，让参与持续、长久。

自"冷宫"后，海尔粉丝黏性渐增，"洗头机""洗猫机"等各种奇思妙想，也都出现在了@海尔的名单里。

海尔不仅"有求必应"，而且主动号召粉丝参与内容和产品的再生产，发起了一系列引发刷屏的参与活动，崛起为一个不折不扣的"网红品牌"。

➤ **品牌感悟**

人们投入越多的劳动（情感），就越容易高估物品的价值。

——丹·艾瑞里

尖叫感：大疆无人机为什么一再刷屏朋友圈

让口碑尖叫，离不开尖叫点、尖叫口、尖叫力。

➤ 品牌案例

2006 年，在深圳莲花村的一间民房内，80 后小伙子汪滔创立了大疆创新（简称大疆），开始进行无人机的研发。2013 年，大疆推出了全球第一款消费级无人机。

很多人以为这是一种小众冷门产品，但没想到，大疆很快成为大众热点，不断引发刷屏。

2015 年 1 月，一架大疆无人机因操控失误，坠毁在白宫南部草坪，顿时引起全球关注。大疆由此一夜成名。

此后，大疆更是"猛料"频出，一路爆红：它帮汪峰载钻戒向章子怡求婚；它遭巴基斯坦军方击落；它工作在电影《星球大战》拍摄现场；它是比尔·盖茨的"朋友"……

"黑科技"的大疆，就这样成了"全民网红"，并一举拿下 70%全球民用无人机市场份额，以及 50%全球小型无人机市场份额。

➤ 品牌分析

丰田曾有这样一句话：Make Quality as a Standard （以品质为标准），现在改成了 Make Wow as a Standard（以"Wow"为标准）。

Wow——哇，就是尖叫感的意思。

作为一个无人机品牌，大疆之所以不断引发刷屏，亦在于它不是单纯追求产品品质的卓越度，而是全面追求用户口碑的尖叫感。

尖叫感是一种超预期的口碑体验，更是一种高分贝的口碑分享，其本质是一种口碑引爆机制——品牌通过对用户尖叫感的经营，与用户一起驱动口碑的扩散和裂变。

具体该如何经营用户尖叫感呢？

1. 塑造尖叫点——给用户"意外之喜"

尖叫点即值得让用户尖叫的地方，它是尖叫感之源。

尖叫点可以源于产品，如苹果手机；可以源于服务，如海底捞；也可以源于营销活动，如星巴克的"猫爪杯"、阿里巴巴的"双十一"。

什么"点"才能让用户尖叫呢？

（1）让用户"意外"。即这个"点"是超出用户预期的，是用户在平常或在其他地方得不到的。

（2）让用户"欢喜"。即这个"点"是给用户带来更美好价值的，而不是带来负面价值的。

我们称之为"意外之喜"。

大疆一开始以"空中摄像机"为尖叫点，首创了消费级无人机，实现了无人机在大众消费领域从 0 到 1 的突破。这奠定了大疆的口碑根基，被誉为无人机消费领域的"苹果公司"。

2. 引爆尖叫口——让用户"不吐不快"

有了尖叫点，用户就一定会尖叫吗？不一定，用户完全可能把感受藏在心里而无人知道。所以，还需要引爆尖叫口。

尖叫口，即用户尖叫感的发泄口，也即品牌口碑的引爆口。这个"口"，就是话题。即品牌要通过营销赋能，让尖叫点附上可供大众谈论的话题点，从而引发用户分享，形成口碑扩散。

具体而言，能形成话题的，主要有以下几种元素：

（1）明星元素。如大疆与汪峰、章子怡、比尔·盖茨等。

（2）热点元素。如大疆与个别军事热点、杜蕾斯与各种时事热点。

（3）冲突元素。即具有强烈反差效果的事件，如美国试图禁止大疆无人机、海底捞给用户的"变态服务"。

（4）故事元素。如大疆帮"追无人机的小男孩"圆梦。

3. 提升尖叫力——让用户"为己唠嗑"

打造令用户口碑分享的动力机制，让用户爱上唠嗑，持续进行口碑传播。

动力机制的模式多样，但核心只有一个——让用户为自己尖叫。只有为自己尖叫，才是最有力的，也是最持续的。

大疆的提升尖叫力策略主要包括两方面：

一是 KOL 口碑带动。邀请社交媒体上的顶级网红参加产品测评，制作高质量的短视频并分享，形成口碑带动效应。

二是粉丝群体驱动。在社交媒体开创 djicreator（大疆创意师）标签，并在官网打造航拍分享、交流、评选社群，鼓励全球粉丝拍摄、分享自己的佳片。正是这些遍布世界各地的粉丝，随时记录、分享着大疆的点点滴滴，让大疆的"精彩话题"不时爆出，从而引发了一次次刷屏。

➢ **品牌感悟**

口碑体验要超预期，口碑分享要高分贝。

上瘾感：金龙鱼食用油和它的"1:1:1 逻辑"

上瘾，莫过于"脑""手""身"。

➤ 品牌案例

金龙鱼是世界 500 强公司——新加坡丰益国际集团旗下的著名粮油品牌，于 1991 年登陆中国市场，系中国小包装食用油行业的开创者。

一开始，金龙鱼推出的是在国外已经普及的色拉油，但因为没有太多油香，并不完全被国人接受。

金龙鱼便将花生油、菜籽油与色拉油混合，研制出调和油——使色拉油的纯净卫生与中国人的饮食习惯相结合，这一产品创新使其受到市场欢迎。

可如何才让这种欢迎长久持续下去呢？

2002 年，金龙鱼重磅推出"1:1:1"理念——倡导 1:1:1 膳食脂肪酸均衡摄入和平衡营养健康，将金龙鱼食用油定位于"黄金比例食用调和油"。

此理念一出，奠定了金龙鱼食用油在消费者心中的领导地位。2018 年，金龙鱼食用油的市场占有率达 39.8%，足足是第二名的 3 倍。

➤ 品牌分析

没有奢侈品那么"高大上"，也没有网络游戏那么摄魂夺魄，金龙鱼的高明之处在于，它用一句"1:1:1"广告，简单、高效地将上瘾感深深地植入了消费者心间。

在商业界，上瘾感是一种普遍的消费状态。它是消费者对品牌的高度信任和严重依赖，也是品牌与用户之间最稳定的口碑关系。

上瘾感的本质，是一种口碑维护机制——品牌通过对用户上瘾感的塑造，维护用户忠诚，夯实品牌口碑，确保市场的持续与增长。

具体该如何塑造用户上瘾感呢？

1. 脑瘾——占领用户认知

关于上瘾的心理动向，德国治疗师 Werner Gross 曾指出，一个是获得快感（to Achieve Pleasure）；另一个是避开令人难受的情境（to Avoid Unpleasant Situations）。

脑瘾，即在用户大脑中植入一个品牌认知，满足其上瘾心理：选择该品牌，在某一方面会是最好的心理获得；如果不选择该品牌，会很难受——在某方面会有失去感。

金龙鱼的"1:1:1"便是这样的认知植入。其抓住脂肪酸均衡对人体健康的重要性，既形象地传达出金龙鱼食用油由三种油调和而成的特点，又让人认为只有"1:1:1"的金龙鱼食用油才是最好的食用油。

2. 手瘾——形成消费习惯

手瘾是一种行为惯性——当人们对某一品牌产品形成使用习惯后，亦会不自觉地形成严重依赖。例如，用惯了苹果电脑系统，再用其他电脑，就会很不习惯。

如何强化用户的手瘾呢？

一是提升使用黏性。提升的关键，是减少使用障碍，增加使用频次，直击用户的上瘾心理。例如，阿里巴巴命运的一个重要转折点，就是支付宝的上线，其打通了支付和信任障碍，让网购开始成为习惯。

二是进行生态包围。也就是说，最好相关消费环节的产品都是你的品牌。例如，在 2011 年微信诞生前后，市场上类似的产品有二三十个。微信的最终胜出，与 QQ 的生态有很大关系。金龙鱼在其食用油畅销后，又进军餐桌食品"全产业链"，推出了大米、面粉、挂面、杂粮和米粉等，亦是此理。

3. 身瘾——构建权益激励

身瘾即通过利益激励、会员权益等级设置等，与用户权益形成捆绑，让用户对"特殊身份"上瘾。

权益激励一般有两种：

一是"先结婚后恋爱"。直接通过补贴或其他激励，让顾客变成会员，然后再通过产品和服务，积累口碑，升级会员。这更适合新生品牌的口碑拓展，如许多互联网公司的"补贴大战"。

二是"先恋爱后结婚"。顾客先成为用户，然后通过消费积分晋级会员，享有不同等级的奖励权益。成熟品牌更喜欢这种模式，如星巴克、哈雷、亚马逊、京东等的会员制。

顾客管理中有一个重要的二八定律，即 20%的顾客创造了公司 80%的利润。重点推动 20%的高盈利顾客上瘾，是权益激励的"核心秘密"。

> **品牌感悟**

童年时期喜欢的品牌仍在影响我的品位和购买决定。

——马丁·林斯特龙

口碑引爆之爆款策略：是谁，让女人为"豹"而疯狂

任何时候，爆款都是打造品牌口碑的"绝对尖刀"。

➢ 品牌案例

草原、猎豹、她与他，豹口脱身的两人，曾紧紧地拥抱在一起……

她叫珍妮·杜桑，世界著名奢侈品牌卡地亚（Cartier）的设计总监，拥有一段历经重重磨难而未果的爱情。

1948 年，温莎公爵找上门来，要求定制一款胸针。

温莎公爵原本是英国国王，为与一位两度离异的女子结婚，宁愿放弃王位远走天涯。这枚胸针，就是送给已是其夫人的那位女子。

珍妮·杜桑不禁想到了自己，想到了草原，想到了那只豹……顿时百感交集，灵感爆发。于是，一枚猎豹造型的胸针，让温莎公爵夫人爱不释手。

从此，"猎豹"成为卡地亚的爆款符号，风靡世界。

➢ 品牌分析

爆款，即引爆市场销量和消费者口碑的某款产品和服务。通俗地说，就是人气高、销量大、口碑好的商品和服务。

爆款并非现在才有。

中国古语"一招鲜，吃遍天"，这个"招牌菜"就是爆款。

卡地亚的"豹款"、路易威登的 Wardrobe 行李箱、福特的 T 形车、博柏利的格子风衣、苹果的智能手机……几乎每一个经典品牌，都有着自己的爆款。

可以说，在任何时候，爆款都是迅速打造品牌口碑的"绝对尖刀"。一个现象级爆款，不但可以成就一家公司，甚至可以改变一个行业，繁荣一片生态。

具体该如何打造爆款呢？

1. 爆款发掘——把自己当用户死磕

爆款之所以是爆款，是因为它是用户的"心头好"，是消费者用真金白银和口碑评价"拱"出来的。

如何发掘到用户的"心头好"？要有爆款思维。

爆款思维的核心，是极致的用户思维。这包括两个层面：一是用户思维。把自己当用户，一切以用户为原点。二是聚焦思维。"死磕"，集中力量和优势专注于一点。

珍妮·杜桑的"豹款灵感"，正是缘于自己的情感经历。她完全把自己当成了用户，并在"豹"上找到了爆发点。

乔布斯"重塑苹果"的第一个爆款并非 iPhone，而是 iPod。这始于他是索尼的铁杆粉丝——他将索尼播放器拆开了，不断死磕，终于有了 iPod 的诞生。

2. 爆款制造——让产品自己会说话

乔布斯曾说，产品人不能被营销人打败。

这也是爆款制造的重要标尺——产品必须自己会说话，才能引爆口碑传播。

如何让产品"自己说话"？

一是极致的性价比。这个极致，就是超用户预期，就像在一星级餐厅享受到五星级的服务。

二是杀手级的亮眼符号。要有一个点，可以是功能应用，也可以是颜值设计，甚至可以是理念标签，形成杀手级的亮眼效果。

野性、自由、高傲、妩媚……卡地亚的"豹款"，正是用亮眼的符号，说出了女性对爱的追求、对自我的张扬、对世俗的抗争。这怎能让人不怦然心动？

2013 年，小米推出了一款 68 元的移动电源。其不仅把价格压到行业最低，而且其"亮眼符号"——金属外壳，一举引爆市场，成为全球出货量最大的一款移动电源。

3. 爆款口碑——用户是最好的广告

关于爆款，雷军有句名言："我只关心产品能否让用户尖叫。"因为，用户尖叫，是最好的爆款广告。

温莎公爵夫人不仅对"豹款胸针"喜爱之极，而且再度定制了昂贵的"豹款手链"，将豹视为自己的造型代表。正是温莎公爵夫人的口碑代言，再加上他们冲破世俗的爱情故事，让"卡地亚豹"一举成名，广为流传。

而后，卡地亚系列"豹款"产品的推出以及珍妮·杜桑独特的个性设计风格，让猎豹不再只是单纯的产品设计，而是口碑象征——卡地亚由此被誉为"豹的王国"，"豹款"成了无数女人为之疯狂的"皇冠上的明珠"。

➤ **品牌感悟**

后宫佳丽三千人，三千宠爱在一身。

——白居易

口碑引爆之种子用户：三个人，凭什么引爆一座城

优质的种子用户，是口碑引爆的最关键角色。

➤ 品牌案例

你相信吗？一个业务已席卷全球 70 多个国家和地区的公司，其每进入一个新城市，运营团队一般只有区区 3 个人。

它就是网约车鼻祖、全球最大的共享出行平台——优步（Uber）。

优步始于 2009 年。其创始人有一次在巴黎游玩时，因苦于打不到车而生发灵感，优步由此诞生。

2010 年 10 月，优步在美国旧金山正式上线。1 年后，开始在全球扩张。

优步扩张的方法似乎很简单——每进入一个新城市，只派出 3 个人。其中，一个人负责营销，一个人负责招募司机，还有一个城市总经理，负责整体性事务。

然而，尽管只有 3 个人，却有着强大的威力——他们先寻找种子用户，然后通过补贴激励，让用户裂变用户，口碑增长口碑……迅速占领了一个又一个城市。

➤ 品牌分析

在优步的案例中，之所以 3 个人能够引爆一个城市，离不开一个关键力量——种子用户。

种子用户，顾名思义，就是像种子一样的用户。一个新品的口碑建立，一个新市场的口碑拓展，都离不开种子用户。优质的"种子"，可以迅速长成

一片森林；劣质的"种子"，则可能让你徒劳无功。

优质的种子用户，往往有如下特征：产品使用率高，是重度用户；口碑忠诚度高，是核心用户；拉新推荐力强，是 KOL 用户。

所以，优步每进入一个市场，首先想尽一切办法搞定优质种子用户，然后发动用户驱动口碑和市场的增长。优步也由此成为硅谷增长速度最快的公司之一。

那么，如何快速培育自己的种子用户呢？

1. 寻找种子用户——找"新兵"，不如抓"俘虏"

寻找种子用户的关键，不是为了多一个初使用户，而是为了孵化更多用户。

谁的孵化力最强？

当然是那些可以批量获取的"俘虏式用户"——他们已经是别人的群体性用户，但却有着强烈的痛点在别人那里解决不了，急需你来解决；他们已经是你的粉丝，但却有着强烈的痛点在你的旧品那里解决不了，急需你的新品来解决。

最早的优步，就是通过赞助科技团体组织线下活动，发展了第一批种子用户——科技爱好者。

优步在进入中国市场时，将三里屯的外国人纳为乘客端种子用户，将汽车租赁公司纳为供车端种子客户。

2. 裂变种子用户——"胡萝卜"要大，"坑"也要深

裂变种子用户即通过裂变诱因，推动种子用户口碑分享、孵化、分蘖新用户。

裂变诱因可以是物质的，也可以是非物质的。其关键在于以下两个方面：一是诱惑力（胡萝卜）要大，以确保口碑动力；二是纪律（坑）要严，以确保口碑质量。

许多裂变种子用户的案例，要么动力不强，提不起人们的分享兴趣；要么纪律不严，最后抢完补贴，只剩一地鸡毛。

优步在诱因设置上，无疑智慧满满。

一方面，他们对利益相关方都给足了激励。用户邀请新用户，双方都会获得各种乘车金奖励。司机不仅可获得从加油到医疗保健等各种"合作伙伴津贴"，而且出车还有超额任务奖励、小费奖励……

另一方面，他们又设置了"永久封号"和严格的投诉处理政策，并对司机实行自动匹配派单而不是抢单，以确保司机的服务状态和口碑质量。

3. 引爆种子用户——明星！明星！明星！

引爆种子用户的口碑效应，让其成为全社会关注的口碑现象。

引爆的方法多样，优步最擅长的，是制造"明星效应"。

例如，推出"明星级种子用户"。佟大为化身优步司机亲自上街，赵又廷化身心灵导师与乘客"拼见"，更多其他种子用户化身"优步大使"。

又如，打造"明星级体验效应"。其开通"一键呼叫"功能，用户可以"一键呼叫飞机""一键呼叫 CEO""一键呼叫冰淇淋"……各种极致体验让人惊喜连连。

再如，开展"明星级营销活动"。优步和迪士尼合作，针对星战铁粉推出了特别的 UI 界面；与相关猫咪机构合作，把小猫送到爱猫人士身边……

正是这些自带话题和流量的引爆打法，加速了种子用户的口碑裂变，掀起了优步的口碑刷屏效应。

> ➤ **品牌感悟**

每一个优质的种子用户，都是一片无限的口碑蓝海。

口碑引爆之社交货币：当梦露只穿香奈儿5号睡觉

货币是商品交换的媒介，社交货币是口碑交流的媒介。

➢ 品牌案例

1954年，刚刚再婚的著名影星玛丽莲·梦露（Marilyn Monroe）正在度蜜月。在一次记者招待会上，有记者问："请问您睡觉的时候会穿什么？"

面对这个轻佻而隐晦的问题，梦露微微一笑："我只穿香奈儿5号睡觉。"

香奈儿5号（Chanel No.5）诞生于1921年，系世界上第一款花香和醛结合的合成花香调香水。香奈儿品牌创始人可可·香奈儿（Coco Chanel）非常喜欢这种香味，并把她的幸运数字5定为香水的名字。

然而，连香奈儿女士都没有想到，梦露的这句随性之言，让香奈儿5号的销量飙升，成就了香水界的一段传奇。在全球，每半分钟就能卖掉一瓶香奈儿5号。其不仅长期霸占香水界的销量之冠，而且至今仍是"性感"的代言人。

➢ 品牌分析

梦露的这句话为什么有着如此巨大的口碑引爆威力？

因为，它是香奈儿的一枚超级社交货币。

沃顿商学院营销学教授乔纳·伯杰（Jonah Berger）在《疯传》一书中，曾如此解析社交货币："就像人们使用货币能买到商品一样，使用社交货币能够'买到'亲朋好友的好评和更积极的印象。"也就是说，货币是商品交换的媒介，社交货币是口碑交流的媒介。

社交货币的本质，是一种具有好印象的谈资（话题、分享内容）。人们乐于分享、口碑相传，使用、流通的就是社交货币，依赖、积攒的也是社交货币。

高价值的社交货币，可以加速口碑传播，实现口碑引爆。低价值的社交货币，可能让"酒香也怕巷子深"。

那么，品牌该如何铸造社交货币呢？

1. 充值社交货币——塑造内在吸引力

为品牌注入有非凡内在吸引力的话题内容，这些内容就是社交货币。

如何才能有非凡内在吸引力？

一是打破常规。也就是"制造意外感"。二是神秘。神秘才能触发人们的好奇心和探索欲。三是争议。争议才能引发讨论扩散。

作为第一款合成花香调香水，香奈儿5号一开始就打破常规而来——其不仅香味浓烈，而且大胆地采用银色包装，给人留下深刻的印象。

为制造神秘感，香奈儿女士最初只是在店里喷洒这种香水，并作为小样秘密地赠送顾客……待越来越多的顾客为小样而来，并对这种香味议论纷纷时，香奈儿5号才正式发售，以"非凡的内在吸引力"迅速受到追捧。

2. 升值社交货币——撬动杠杆效应

通过杠杆效应，放大社交货币的价值，撬动人们最大限度地使用社交货币，引爆口碑效应。

社交货币的升值杠杆常有以下几种：

（1）明星用户杠杆。当梦露说"我只穿香奈儿5号睡觉"时，其并非香奈儿的广告代言人，而是一个忠实的口碑用户。她"性感女神"的强大影响力，以及"睡觉话题"的内在吸引力，使这句话成为香奈儿史上最具价值的社交货币，至今仍在广泛流传。

（2）热点事件杠杆。1912年，英国豪华游轮泰坦尼克号沉没海底，数年后，一件路易威登硬型皮箱被打捞上岸。虽然皮箱已经变形了，但箱子内部竟然滴水未进……这一事件，让路易威登皮箱的口碑不胫而走，名声大噪。

（3）游戏激励杠杆。例如，拼多多的"免费领现金"活动，滴滴出行的分享领红包活动，各种大型购物节时的满减活动、凑单活动……

3. 保值社交货币——运营限量和专属

通过运营稀缺性和专用性，让消费者在社交货币的使用中觉得自己是内部人士，从而保值社交货币，持续口碑效应。

麦当劳曾推出过一种叫大肋排的猪肉三明治，因销量不佳而放弃。后来，麦当劳采用限时限地的销售方式，再次将大肋排推向市场，很快受到欢迎。

香奈儿一直在法国南部专门种植茉莉和玫瑰，劳力士一直坚持所有的零部件全部自己打造，万宝龙的每一款笔都因为数量稀少而成为收藏家的宠儿……

高价值的社交货币，就因为它能抵得住岁月之河的稀释，耐得住大众兴趣的消耗，具有强大的保值功能和持续的口碑效应。

这也是香奈儿 5 号历数十年繁华至今依旧不衰的重要原因之一。

➤ 品牌感悟

身上承载着传奇的人物，本身就是传奇。

——可可·香奈儿

8月25日

口碑引爆之超级服务：披萨之王的"黄金30分钟"

好的服务，本身就是口碑。

➤ 品牌案例

不但称王披萨界，而且笑傲华尔街。

它叫达美乐（Domino's）。

2017年，达美乐销售额为122亿美元，超越必胜客成为行业第一。到2018年，其股价在8年间大涨90倍以上，亦超谷歌、亚马逊、苹果等科技巨头的增速。

1960年，达美乐起步于美国密歇根州的一个小小披萨店。1969年，达美乐因连锁扩张导致资金链断裂，曾一度被银行接管，差点宣告破产。

但危机之中的达美乐决定向服务要效益，推出了"配送时间超过30分钟即半价"的宣言，后又升级为"配送时间超过30分钟即免单"……达美乐的命运，开始逆转。

在互联网时代，借力"黑科技"，达美乐更是将"准时送达"和外卖业务推向了极致。其不但席卷全球80多个国家，而且被誉为"一个卖披萨的科技公司"。

➤ 品牌分析

从濒临破产到登顶"披萨之王"，达美乐是超级服务引爆口碑的典范。

超级服务，就是将服务做到极致，创造出超越消费者预期的服务体验。

超级服务的本质，是通过感动消费者的服务来引爆口碑，赢得市场。它是品牌口碑价值链条的"最后一公里"，也是最重要的一环。

好的服务，其本身就是口碑；坏的服务，则可能让既有口碑"前功尽弃"。

那么，品牌该如何打造超级服务呢？

1. 服务标签——建立口碑支点

古希腊科学家阿基米德曾说："给我一个支点，我就能撬动地球。"

超级服务并不是一开始就将所有服务都做到极致的，而是首先在消费者的核心需求中，选取一个"点"，满足并超越消费者预期，形成令人难忘的超级服务标签。

这个点，就是口碑支点，它能撬起整个口碑。这个点，也常常是爆点和尖叫点。

达美乐选取的，便是消费者对配送速度的需求。其定位"黄金 30 分钟"，并辅以做不到就免单的承诺。一些消费者甚至故意挑选上下班时间，大风、大雨、大雪等极端天气订购披萨，可达美乐依旧风雨无阻地准时送达……

达美乐不但以此赢得了消费者的心，重构了自己的口碑，也迅速与同类品牌形成区隔，开创出一个新的品类：外卖披萨。

2. 服务沟通——清除口碑障碍

有这样一个故事：一个老太太上街买枣，一个个摊主都说自己的枣如何如何甜，可老太太就是摇头。这时，一个摊主拉住老太太询问，原来，她的儿媳怀孕了，要的不是甜枣，而是酸枣……

所以，超级服务的核心，是建立超级沟通——让品牌清除各种口碑障碍，直抵消费者心底最柔软、最渴望的地方。

达美乐尽管通过"黄金 30 分钟"逆转了命运，可达美乐披萨的口味曾让人不敢恭维，甚至被消费者抱怨为"全世界最难吃的披萨"。

2008 年，达美乐决定彻底改造披萨食谱来回应消费者的差评。

如何改造？

达美乐的方法是公开承认自己做的披萨非常糟糕，然后，在消费者众目睽睽的参与之下改进披萨。

这看似"自黑"和"服软",却以超级真诚的沟通赢得了消费者的感动,成功地清除了口碑障碍,推动了销量攀升。

3. 服务创新——引领口碑未来

超级服务之所以"超级",还在于"超越过去的级"——不断迭代创新。

这主要基于两个口碑逻辑:一是消费群体和消费喜好在不断变迁之中,唯有创新,才能口碑同步。二是喜好与传播"新故事",是人之本性,唯有创新,才有口碑热度。

达美乐在这方面更是"创出了新境界":早早推出在线订餐服务,甚至让消费者在线制作自己喜欢的披萨;让客户在沙滩上连接 Wi-Fi 热点下单,在 Facebook、Twitter、苹果手表上下单;用无人机送餐,用自动驾驶汽车送餐,用机器人送餐……

达美乐借力互联网和黑科技,在不改披萨主业和"黄金 30 分钟"的基础上,每一次创新都引领时尚,吸粉无数。达美乐的服务,也由此成了人们争相传播、讨论和追逐的"口碑现象"。

> ➤ **品牌感悟**

我相信推销活动真正的开始在成交之后,而不是之前。

——乔·吉拉德

口碑备忘：英国人为什么请中国人给他们取地名

真诚地"让用户说了算"，是品牌口碑运维的重要备忘原则。

➤ 品牌案例

"英国等你来命名！"

2014 年 12 月，英国旅游局以此为主题，耗资 160 万英镑，通过官方网站和社交平台，邀请中国人为英国的 101 个知名地名、文化活动和饮食传统，取中文名称。

为什么要这么做？

英国旅游局主管萨莉·巴尔科姆毫不避讳地说："我们的目的是让全中国谈论英国。""不仅向人们提供认知英国的机会，也将吸引更多中国游客前来英国旅游、发现英国之美。"

果然，这一活动激起了中国人的极大热情，70 天收到超过 1.3 万个命名，43 万票投票。"高富帅街""健肺村""摘星塔"等便于中国游客接受的名称也由此纷纷出炉。

在这次活动的推动下，2015 年中国赴英假日旅游人数同比增长 18%，游客总花销及在英逗留天数，均刷新历史最高纪录。

➤ 品牌分析

变"等你来旅游"为"等你来命名"——不能不说，英国旅游局开展的是一项极富创意的口碑营销活动。其通过"让用户说了算"，用目标用户喜爱的参与方式，成功地完成了一场旅游地口碑的推广、讨论和重塑之旅。

这也是值得众多品牌学习的地方——真诚地"让用户说了算",是品牌口碑运维的重要备忘原则。

1. 品牌口碑,只能"用户说了算"

传统的品牌理论认为,品牌口碑属于公司资产,是品牌美誉度和品牌忠诚度的重要支点,也是品牌危机管理的重要课题。

一些品牌甚至有专门部门进行口碑管理,24 小时都有人在线。更有甚者,见好评就捧,见差评就封。

事实上,品牌口碑属于用户资产,它是用户在体验、使用品牌产品及服务后,最直接的感受和评价。

也就是说,品牌口碑首先是用户的,然后才是公司的。因为公司拥有用户,用户口碑价值才成了公司资产。

从这个意义上说,品牌口碑,只能"用户说了算"。

用户说的,才是口碑;公司说的,只是广告。

只有遵循这个逻辑,品牌口碑建设才会找到核心:以用户为中心,而不是以公司为中心。否则,舆论公关做得再好,广告音量调得再大,只要用户不喜欢,口碑就并没有改变。

"等你来命名"的高明之处,就在于其一开始就从用户的角度出发,抓住了口碑建设的"牛鼻子"——"让用户说了算"。将本来准备广告的营销内容,变成了用户的兴趣话题;把商家要做的事情,变成了用户要做的事情。从而直指核心,拨云见日。

2. 不是"任用户说",而是"请用户说"

"让用户说了算",不等于放任不管、"任用户说",而是进行有效的发动、引导和管理,我们称之为"品牌口碑运维"。

通俗地说,就是主动"请用户说"。

其关键,在于一个字——"请"。

"请"是一种尊敬。要营造用户的被尊敬感。

"请"是一种仪式。要塑造口碑活动的仪式感。

"请"是一种参与。要营造用户的参与感。

"请"是一种方略。要塑造口碑活动的创意感。

"请"是一种共赢。要建立与用户口碑共赢的机制。

"请"在口碑运维中的智慧，还不止这些。

"等你来命名"的成功之处，则在于"请"出了智慧和水平。其耗费巨资，郑重地请中国人为英国取地名，让中国用户深深地感受到被尊敬感、仪式感、参与感、创意感和共赢感，从而自愿地去认知英国之美，自觉地完成了对英国旅游地的口碑塑造。

其实，达美乐请用户一起改变披萨口味，小米请发烧友参与手机创造，海尔请用户设计冰箱，麦当劳请用户搞"美食节"……都是"请用户说"的典范。

雷军说，厚道的人，运气都不会太差。同样，会"请"的人，口碑都不会太差。

> **品牌感悟**

一，客户永远是对的；二，如果客户错了，请参照第一条。

——沃尔玛

9

SEPTEMBER

竞争博弈：
"强品牌"是怎样炼成的

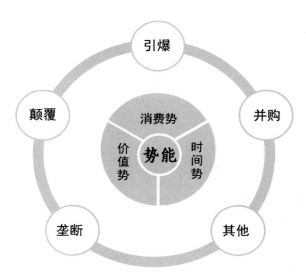

竞争博弈系统导图

竞争前传：十大公司"几乎控制了你所买的一切"

最安全的，是强势品牌；最常态的，是超级竞争。

➤ 品牌案例

无论你去吃肯德基还是必胜客，无论你喝百事还是七喜，都是在给百事公司"送钱"。

无论你的牙膏用佳洁士还是欧乐 B，洗衣服用汰渍还是碧浪，护肤用玉兰油还是 SK-II，洗头用伊卡璐还是沙宣，都是在照顾宝洁公司的生意。

无论你的零食袋里装着德芙、士力架、彩虹糖还是箭牌口香糖，它们都来自同一个企业——玛氏公司。

2012 年，一篇《全球十大公司几乎控制了你所买的一切》在网上广为流传。其观点是，人们生活中的大部分消费品品牌，被百事、可口可乐、卡夫食品、雀巢、宝洁、强生、联合利华、玛氏食品、美国家乐氏、通用磨坊十大寡头公司控制着。

➤ 品牌分析

十大公司真的几乎控制了我们所买的一切？

答案当然是否定的。

但这篇文章所揭示的背后规律，却不容忽视——品牌竞争领域强者恒强的"马太效应"正愈演愈烈。

要么成为强势品牌，要么被强势品牌碾灭，已成为每一个品牌的生死抉择，走"偏安一隅"的第三条路已越来越难。

十大公司，正是这种现象的典型代表。

1. 公司最安全的"护城河"——强势品牌

可口可乐前董事长曾有句名言：假如我的工厂一夜间被大火烧光，但只要可口可乐品牌还在，第二天我就能东山再起。

最能验证这句话的，莫过于王老吉。

2012 年，广药集团只是收回"王老吉"品牌，摇身就是"凉茶之王"；而加多宝的工厂、渠道和员工并没有改变，就是因为失去"王老吉"，迅速跌下神坛。尽管其完成了"加多宝"品牌的切换，但依旧难撼"王老吉"的地位和影响。

这便是强势品牌的力量。

因为，强势品牌一旦形成，消费者就很容易形成消费习惯和认知依赖。新生品牌重新改变这种习惯和认知，往往非常艰难。

所以，对于一个公司来说，最安全的"护城河"，就是品牌；而对于一个品牌来说，最安全的"护城河"，就是强势品牌。

定位大师里斯和特劳特甚至认为，在任何一个领域，最终都只会有两个品牌主导市场。

也就说，在一个成熟的细分市场，第一、第二品牌才是安全的强势品牌，第三都属于不安全的弱势品牌。

所以，我们看到，十大公司不仅把"马太效应"推向了极致，而且通过并购、孵化、延伸，不断渗入消费者生活的方方面面。

2. 品牌最常态的竞争——超级竞争

"强势"既然如此重要，品牌的竞争博弈自然也变得更加激烈——要么成为强势品牌，要么被强势品牌碾灭。

竞争战场，就是消费者的心智空间。

在传统商业时代，弱势品牌可以利用消费者的信息不对称"占山为王"。在万物互联和人工智能时代，这种现象将一去不返。哪怕在细小的"长尾领域"，你也要成为"隐形冠军"，才有可能最终活下去。

所以，每一个新生品牌一诞生，就等于在向既有强势品牌发起进攻。每一个既有强势品牌，必须时时高举着"枪"，扫射着每一个可能的潜在威胁。

于是，我们看到这样的现象：一方面，是类似十大公司这样的强势品牌，不断用自我创新和增强子品牌来垒高自己的"护城墙"。哪怕控制了消费者生活的诸多方面，它们仍不满足。另一方面，是类似柯达、诺基亚、西尔斯等传统巨头被挑落下马，苹果、亚马逊、谷歌等新强势品牌不断崛起……

美国管理大师理查德·戴维尼（Richard D'Avani）曾提出"超级竞争"观点，认为企业长期的成功需要动态战略，不断地去创造、毁灭、再造新优势。

对于品牌竞争，这无疑亦是一种"最常态"。

因为，安全不等于安逸——最安全的地方，往往又最危险。

➤ 品牌感悟

21世纪什么公司最赚钱？答案是强势品牌。

超级竞争：品牌势能金字塔

品牌竞争三势能：市场势、价值势、时间势。

➤ 品牌案例

在亚马逊，有一个秘密团队，名字取得跟"锦衣卫"或"007"似的，叫"竞争情报组"。

他们的主要工作，是在其他网上零售店购物，研究竞争对手的表现，然后给公司最高层提交竞争建议报告。

主营婴幼产品和清洁用品的电商公司 Quidsi 就是被这个团队发现的。为消除威胁，亚马逊提出收购它，遭拒绝。

但不久之后，Quidsi 发现，亚马逊的尿布和其他婴儿用品降价了 30%。而且，只要 Quidsi 改动自家商品的价格，亚马逊的价格就会相应地调整。

压力之下的 Quidsi，有意投入沃尔玛的怀抱。

这时，亚马逊放出狠话：如果它再次拒绝亚马逊，亚马逊将会把尿布的价格压到零美元……

2010 年，Quidsi 最终以 5.45 亿美元的价格，被亚马逊揽入怀中。

➤ 品牌分析

亚马逊创立于 1995 年，从美国西雅图郊区租来的一个车库中起家。其先是在网上卖书，后一步步覆盖全零售，崛起为"线上零售之王"。

很多人可能纳闷，在亚马逊崭露头角时，零售之王沃尔玛正如日中天，零售鼻祖西尔斯也威风凛凛，为什么没被扼杀于摇篮之中？

面对亚马逊的阻击，Quidsi 为何毫无还手之力？

答案其实就在于两个字——势能。

亚马逊在崛起时，与沃尔玛、西尔斯等传统零售巨头处在两股完全不同的势能赛道上，后者无法对其形成有效打击。而 Quidsi 正处于亚马逊的势能范围内，且属于弱势方，自然就容易遭遇碾压。

这也是品牌超级竞争的最核心秘密——在超级竞争的世界中，谁能最大胆、最迅速地打破旧势能，建立新势能，谁就能获胜。否则，就可能面临 Quidsi 的结局。

品牌到底该如何构建自己的势能呢？

三大核心路径：消费势、价值势、时间势。如图 9-1 所示。

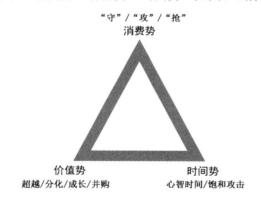

图 9-1　品牌势能金字塔

1. 消费势

在消费变革趋势中须构建超越竞争对手的强大消费势。

如何构建？

一是"守"。面对即将来临的消费变革趋势，集中力量提前潜伏，待其他品牌反应过来时，已形成势能，实现消费引领。

作为全球最早经营电子商务的公司之一，亚马逊正是因为守住了网络零售的消费浪潮，赢得了势能崛起。

移动互联网趋势之于小米，民用无人机趋势之于大疆……市场上许多新生强势品牌，都是在消费变革趋势中"守"出来的。

二是"攻"。"攻"者往往是那些既有强势品牌，为确保持续引领消费变革趋势，不断主动出击，以"攻"为守。

具体而言，"攻"主要表现在两个方面：自我攻击，不断自我革命，以确保成长势能与消费趋势同步；对手攻击，随时扫除威胁，以确保竞争势能与消费趋势同步。

亚马逊的"竞争情报组"和对 Quidsi 等众多品牌的收购，均是基于此理。

三是"抢"。面对已经来临的消费变革趋势，众多品牌短兵相接，"剩"者为"势"。

"抢"是最无奈的竞争，也是最残酷的竞争。它凭的不仅是消费创新，更是资本比拼。最终成势者，往往是那些有强大资本力量支撑的企业。

2. 价值势

在价值增长趋势中构建超越竞争对手的强大价值势。

价值势是消费势的支撑势。否则，纵然赢得消费势，也只是一时的，不会长久。

价值势的构建，主要体现在四个方面。

一是超越。在价值核心领域超越竞争品牌，形成更强势能。

例如，沃尔玛通过降低供应链成本实现对原有零售老大西尔斯的超越，达美乐通过"外卖"实现对原有披萨老大必胜客的超越。

二是分化。在价值细分领域塑造核心优势，形成独有势能。

例如，百事可乐以"新生代的可乐"形成势能，崛起为可口可乐的抗衡者；拼多多在"低价市场"形成势能，躲过了阿里巴巴、京东的"扫荡"。

三是成长。在价值增长领域保持升级优势，形成引领势能。

例如，苹果不断迭代新品，东阿阿胶不断提价，可口可乐不断创新"表达"，阿里巴巴从淘宝孵化出天猫。

四是并购。在价值相关领域并购他人优势，形成垄断势能。

例如，亚马逊并购 Quidsi，腾讯并购张小龙，欧莱雅、联合利华并购众多相关企业。

3. 时间势

在时间演进趋势中构建超越竞争对手的强大效率势能。

时间势是一种效能势，是对消费势和价值势的有效保障。如果不能赢得时间势，再强大的消费势和价值势，都可能成为先烈，而不是先驱。

时间势的构建，关键在于两个方面。

一是心智时间。时间势并不是以品牌真实的行为时间为标准的，而是以消费者的认知时间为标准的。谁先占领消费者的认知，谁就赢得了时间势。

例如，全球早期的 PC 电脑并不是 IBM，但 IBM 成了 PC 的代名词；中国最早的即时通信工具是米聊，但微信成了即时通信工具的代名词；过去几年，沃尔沃在美国公路致死率研究、美国撞击实验和美国保险实验中甚至没有进入前三名，但它却是安全的代名词……

二是饱和攻击。时间竞争窗口一旦打开，品牌应集中所有力量，对消费者的心智进行饱和攻击，不达全面占领切不可轻易罢兵。

例如，神州在试水租车市场时，前面已有一嗨租车和至尊租车，它们不仅进入时间比神州早，拥有车辆也比神州多。可神州通过"要租车，找神州"的饱和攻击，提前占领了消费者的心智，一举成为行业老大。

任正非曾说，任何成功，都是与时间的硬仗。同样，任何强势品牌的崛起，都是时间势的结果。

> **品牌感悟**

故善战者，求之于势，不责于人，故能择人而任势。

——《孙子兵法》

消费势：一个偏僻小村，黄金周游客何以超兵马俑

谁能重构竞争新优势，谁就能锁住消费变革势。

➤ 品牌案例

提到陕西的旅游景观，秦始皇兵马俑无人不知。但一个距西安78公里的偏僻小山村，2019年黄金周接待游客89.5万人次，比兵马俑的两倍还多。

它就是"中国乡村旅游网红村"——陕西礼泉县袁家村。

袁家村曾是陕西有名的贫困村，后通过整地造田和村办企业脱贫。2007年，由于村办企业遭遇困境，村支书郭占武决定带领村民发展乡村旅游突围。

很多人觉得这是"白日做梦"：陕西旅游景点多如牛毛，你袁家村凭什么？

但郭占武不走寻常路——他既不卖历史景观，也不卖红色旅游，而是兜售最原汁原味的"乡村生活"，通过关中民俗游和乡村美食度假游，使袁家村奇迹般地走红。

2019年，袁家村接待游客超580万人次，旅游总收入超10亿元，被誉为"关中第一村""陕西丽江"。

➤ 品牌分析

袁家村的崛起，是因为其"守"住了乡村旅游的消费新趋势，构建了强大的消费势。

2016年，中国社科院舆情实验室发布《中国乡村旅游发展指数报告》称，2016年是中国"大乡村旅游时代"的元年。

此时，袁家村发展乡村旅游已经整整 10 年。

如果停留在传统的旅游景观消费，袁家村估计无法取得成功。但切换到乡村旅游的赛道，提前构建了消费势的袁家村，顿时成了强势存在。

那么，新品牌该如何构建自己的消费势呢？

1. 锁住变革势——重构竞争新优势

每一轮消费变革浪潮的出现，表面上是因为消费者的需求变迁，本质上是因为消费游戏规则的洗牌与重建。

谁能重构竞争新优势，谁就能锁住变革势。

机会，往往属于那些提前守候并蓄势待发的品牌。

袁家村是一个地地道道的关中小村，传统旅游资源其实十分匮乏。其民宿建筑，基本上是后期所建。如果按传统的景观旅游思维，这只是个"山寨古村"。

然而，袁家村瞄准的是乡村旅游趋势，锁定的是城市居民受众——那原汁原味的古老乡村生活，才是最深切的消费需求和向往。

于是，袁家村把农民组织起来，恢复关中古老民俗，再造传统乡村生活，重构旅游竞争新优势，从而崛起为乡村旅游的超级 IP。

2. 打造成长势——升级竞争新能力

俗话说：罗马不是一日建立的。锁住变革势，很容易抢得消费红利。要把这种红利转化为持续的消费势能，还需要打造成长势。

袁家村的成长，经历了关键的"三级跳"，也打造出独有的"袁家村模式"。

一是民俗体验。挖掘、恢复关中民俗和农耕文化，形成独一无二的关中印象体验。

二是特色小吃。汇集近 100 种地道的关中特色美食，将"民间吃文化"推向极致。

三是民宿度假。构建关中客栈、酒吧街、艺术街……打造活色生香的关中市井生活地。

一个"留得住乡愁"的袁家村，就这样一步步成长为无数消费者的向往之地。因为，它卖的不是传统意义上的观光景区，而是丰富、真实的关中乡村生活。

3. 跳出消耗势——甩开竞争新对手

新锐品牌一旦在消费变革中赢得消费势，意味着新业态已经形成。此时，竞争对手就会跟风涌入，很容易陷入价格战和同质化的泥潭。

成功的品牌，需要迅速建立竞争壁垒，跳出消耗势。

袁家村出名后，亦很快遭遇跟风模仿。2015 年左右，周边一下子出现了 70 多个类似的乡村。但袁家村的游客不但没有减少，反而继续飙升。

因为，袁家村进一步推出了"百年袁家村"战略。

其一方面发展农副产品产业链，吸纳更多的人来袁家村创业；一方面推出"进城、出省"计划，在全国各地开设袁家村基地……

也就是说，袁家村的受众，已不再局限于本土，而是扩展到更远范围。

当然，在乡村旅游的消费浪潮中，袁家村虽已成势，但是否真能实现"百年梦想"，还需接受未来消费变革的检验。

➢ **品牌感悟**

顾客是唯一的效益中心。

——彼得·德鲁克

价值势：10年40倍，东阿阿胶的涨价玄机

价值增长三动能：消费价值、品类价值、生态价值。

➤ 品牌案例

有一个中国品牌，10多年来产品价格不断飙涨，涨幅不仅超过北上广的房价，连国酒茅台也望尘莫及。

它就是东阿阿胶。

据招商证券统计，2006—2018年，东阿阿胶的零售价从每斤80元飙升至近3000元，涨幅近40倍。

不仅如此，东阿阿胶的年营收也从2006年的10.72亿元，增长至2018年的73.38亿元；净利润从2006年的1.48亿元，增长至2018年的20.85亿元，连续12年保持净利润增长。

但这种"涨价神话"，在2019年戛然而止。

2019年，东阿阿胶的年营收骤然降至29.59亿元，同比下滑59.68%，利润亏损4.44亿元。

➤ 品牌分析

东阿阿胶的"涨价神话"始于2006年。当时，东阿阿胶有产品线40多款，虽然身为中国最大的阿胶企业，但不仅产品价格低廉，而且整个行业都处于边缘状态。

新上任的总经理秦玉峰于是提出品牌价值再造。

因为，清朝慈禧时的阿胶售价，换算成人民币约6000元/斤。

客观地说，东阿阿胶此后正是通过价值势的增长，推动了价格和市场的增长，其诸多运作手笔可圈可点，极具水平。

但其一味地以价格增长来彰显、提振价值，又陷入了愈走愈窄的死胡同，最终难以为继。

那么，品牌到底该如何打造不断增长的价值势呢？

1. 聚焦价值深度——强化消费价值

强化在消费者心智中的价值，是一切价值势的原点。

成功的品牌，都聚焦于自己的价值细分领域，做深做透，以此起势，如福田 T 形车、王老吉红罐凉茶……

东阿阿胶是如何做的呢？

（1）聚焦核心。将原来的 40 多种产品，砍为东阿阿胶块、复方阿胶浆、阿胶糕三种，塑造精品，深化价值基础。

（2）放大品类。将原来的功能定位——补血，改为滋补，扩大受众人群和市场需求，拓宽价值边界。

（3）深化内涵。"死磕"阿胶 3000 年的文化历史和"皇家贡品"的属性，提炼出李世民、乾隆、武则天、杨贵妃等历史名人为代言人，深化价值内涵。

东阿阿胶由此摇身为"滋补上品"，为价格上涨提供了价值根基。

2. 拉升价值高度——升级品类价值

做大品类蛋糕，通过品类价值的升级推动价值势增长。

作为阿胶品类的老大，东阿阿胶再祭"三板斧"：

（1）提升地位。先是提出"中药三宝——人参、鹿茸和阿胶"，将阿胶拉升到与人参、鹿茸一样的高度；再升级为"滋补国宝，东阿阿胶"，将东阿阿胶上升到"国宝地位"。

（2）抢占心智。进行宣传轰炸，构建"阿胶=东阿阿胶"，"东阿阿胶=滋补国宝"的品牌印象。

（3）不断涨价。通过价格上涨，彰显、提振价值，强力升级消费，驱动市场。

东阿阿胶的"涨价神话",由此成势。甚至整个阿胶行业都得到了有效带动——市场总量从 2008 年的 64 亿元,增长至 2017 年的近 400 亿元。

3. 拓展价值宽度——延伸生态价值

进行价值延伸,孵化、迭代、整合生态链品牌,通过"竹林效应"维持价值势增长。

因为,再强大的品牌,都有消费周期和市场天花板,只有向"宽处行",方能避"死胡同"。

具体而言,这主要包括两个方面:

(1)品牌链延伸。如腾讯孵化出微信、苹果孵化出智能手机、联合利华打造"多品牌家族"。

(2)生态链升级。如小米打造智能生态链、阿里巴巴推出新零售、欧莱雅发力"直播渠道"。

遗憾的是,东阿阿胶在这两方面均作为甚微。

为了维持"增长神话",其又不得不依赖"饥饿营销"式的价格增长。最终,透支了消费,推高了经销商库存,在 2019 年遭遇市场重击。

2020 年 1 月,秦玉峰辞职离任,一个时代宣告结束。能否实现新一轮"价值再造",也成了其留给继任者的"难题"。

➤ **品牌感悟**

贵有贵的道理,便宜有便宜的好处。

时间势：美团外卖是如何杀出"十面埋伏"的

时间势的本质，其实就是"要比竞争对手跑得快"。

➤ 品牌案例

2013 年，已成为"团购一哥"的美团欲进军外卖市场。它想收购当时的"外卖冠军"——饿了么，但遭拒绝。

于是，美团决定自己干。2013 年 11 月，美团外卖正式上线。

此时，占得先机的饿了么已完成 C 轮融资，所占市场份额超过 50%；到家美食会、易淘食等正紧追不舍，磨刀霍霍。

而美团之后，淘宝、百度又立马杀将进来……

很多人为美团外卖捏了一把汗，称其处境为"十面埋伏"。

然而，凭着从"千团大战"中杀出来的快速竞争能力，美团外卖以迅雷不及掩耳之势，完成了对饿了么的跟进与反超。

相关数据显示，2015 年，美团外卖所占市场份额跃至 32.3%，成为行业第一。2019 年，美团外卖销售业绩为 3927 亿元，所占市场份额超 60%，成为美团第一业务支撑。

➤ 品牌分析

美团外卖的崛起，是以速度赢得时间势的典范。

有这样一个故事：两个人在山里遇到老虎，其中一个人立即去系鞋带。另一个人不解，问，老虎来了，你系鞋带有什么用？那人说，我只需要跑得比你快！

时间势的本质，其实就是"要比竞争对手跑得快"。在市场尚未成熟的时间窗口里，迅速完成对消费者心智的有效占领。

那么，品牌该如何赢得时间势呢？

1. 准——精准锁住消费者心智

"准"即目标精准。目标不准，努力白费。

时间势的抢占目标，就是消费者心智中最"痛"的那个需求点，这也是消费者产生购买行为的最重要的驱动点。

饿了么从校园餐饮外卖起家，做到市场份额第一后，将自己定位为"外卖品类"的代名词。"叫外卖，上饿了么""饿了别叫妈，叫饿了么"。

一开始，美团选择的是模仿，可待市场份额起来后，其立即发起更精准的心智锁定——"美团外卖，送啥都快"，定位"更快外卖"，并主打全品类和配送的概念——本地生活服务类电商。

外卖的本质就是物流，对消费者来说，最重要的自然是快和多品类选择。

后来，饿了么被阿里巴巴收购，归属本地生活服务事业部。当饿了么也打本地生活服务牌时，已注定了它从引领者变成了追随者。

2. 快——迅速建立市场优势

"快"即行动敏捷，"首战即决战"。

快的核心，是迅速建立市场优势，而不只是市场占有率。没有优势的市场占有，很可能得而复失。

美团的"快"，体现在避开对手锋芒，迅速复制自己在"千团大战"中建立的下沉市场优势，在饿了么和其他外卖还来不及占领的三四线城市，进行全面包抄。

据说，2014年暑假，美团突然招了1000个人，将他们派到100个城市。饿了么发现后也跟着往这些城市派人，但晚行一步，差距拉大。

此外，美团在本地生活服务领域的优势，无论在技术端还是在运营端，均迅速为美团外卖赋能，建立起明显优势。

3. 狠——全力进行饱和攻击

"狠"即全力出击，在赢得绝对市场优势前，不给自己留后路，不给对手留机会。

阿里巴巴和百度做外卖为何始终不温不火？就因为这不是它们的主业，无意进行饱和攻击。

外卖对于饿了么和美团，一个是"命"（唯一业务），一个是"根"（核心业务）。

所以，意识到美团外卖的威胁后，饿了么立即进行全力反击——其迅速收购百度外卖，接着又投入阿里巴巴的怀抱，与口碑会师合并。

但美团显然更狠。

其先是与饿了么的投资方之一大众点评宣布合并，然后又投入腾讯的怀抱，成为微信支付线下餐饮最大合作方。

对于本地生活服务，微信无疑是更大的"流量口"。

> **➤ 品牌感悟**

天下武功，唯快不破。

——《小李飞刀》

竞争博弈之引爆：小米的秘密是什么

引爆市场的产品和策略，是赢得竞争博弈的关键手段。

➤ **品牌案例**

在诺基亚手机风头正劲时，有一位发烧友经常跟诺基亚的一位全球副总裁"吐槽"，这位副总裁回复说：你说得对，但我们就是没法改。

后来，这位发烧友决定自创一个手机品牌。

他定了个"小起点"：做一款最高性能的双核手机，价格在2000元以下。

很多人都说不可能，包括"代工之王"郭台铭。当时大多数品牌的智能手机价格为4000～6000元，价格砍一半还多，如何盈利？如何生存？

然而，2011年8月16日，他果然发布了国内首款双核1.5GHz手机，售价1999元。

一时间，市场震惊。更让人震惊的是，第二年，他的手机就卖出了700多万台，实现营收126.5亿元。2017年，其销售额突破了1000亿元。

他，就是小米品牌的缔造者——雷军。

➤ **品牌分析**

从0元到100亿元，需要多长时间？

雷军的答案是：1年。

从100亿元到1000亿元，雷军也只用了5年。而且，不建工厂，不压存货，一路走来，全部"轻资产"。

这在许多传统企业看来是"不可能完成的任务"，之所以被雷军和小米迅速攻破，缘于其一开始就执行了不一样的竞争策略，赢得了"秒杀市场"的引爆力。

这就是爆品战略。

雷军总结，所谓爆品战略，就是找准用户需求，集中所有力量，在一款产品上实现突破。只要持续地做出让用户尖叫的产品，销售额的增长就会水到渠成。

在品牌竞争博弈中，爆品战略亦属于引爆战略——品牌以超越用户预期的、竞争对手来不及拥有的引爆力，直接"炸"开市场，赢得竞争。

引爆工具，可以是产品，也可以是服务，还可以是营销，甚至是"补贴"。

那么，小米是怎么做的呢？

爆品研究专家金错刀将之总结为爆品三大法则：痛点法则、尖叫点法则、爆点法则。

1. 痛点法则

痛点法则即"一切以用户为中心"，找到用户最痛的需求点，把"用户至上"融入价值链和行动中，用用户创造产品，而不是用产品寻找用户。

雷军的方法是让用户直接参与。前期是通过小米手机论坛，找到 100 个发烧友，参与产品设计、研发、反馈等，然后不断扩散。

小米甚至确定了一个目标：组建一支 10 万人的外围产品经理和开发团队。现在，这个目标早已实现了。

小米的口号"为发烧而生"，也正缘于此。

2. 尖叫点法则

尖叫点法则就是把用户痛点变成产品的尖叫，让产品超越用户预期，产生口碑。

雷军的方法是追求最高性能、最高性价比。

一是在产品上动刀。把手机当电脑做，追求高配置，把性能做到极致。

二是在价值链上动刀。砍掉传统的线下渠道成本，靠电商直销；砍掉传统的广告轰炸成本，靠口碑驱动；砍掉传统的利润模式，将硬件"免费"，也就是硬件不赚钱，靠软件和互联网服务赚钱，从而把产品价格做到最低。

3. 爆点法则

爆点法则就是用互联网的方式引爆营销，把产品的尖叫变成市场的欢呼和追捧。

雷军的方法是，一手抓粉丝社群和事件营销，通过引爆"用户参与感"，把声势造得很大，另一手抓饥饿营销，限量，让用户在网上排队。于是，很快出现了"以能抢到一部小米手机为荣耀"的消费现象……

➤ 品牌感悟

为 1% 的可能贡献 100% 的专注。

——雷军

竞争博弈之颠覆：特斯拉和它的"封神演义"

颠覆就是——他们都 Out 了，只有我是最好的。

➤ 品牌案例

如今的特斯拉（Tesla），堪称"神般存在"。

它不但是新能源电动汽车品类的代名词，而且市值于 2020 年 6 月首次超越丰田，成为全球车企第一。

事实上，特斯拉并不是最早生产，也不是最早畅销的电动车品牌。

1991 年，通用推出全球首款量产电动汽车时，特斯拉还没诞生；2016 年前，全球销量第一的电动车型，是日产聆风（Leaf）；2015—2018 年，连续四年夺得全球新能源车销售冠军的车企，是比亚迪。

相反，濒临破产、起火事故、砸车风波……负面新闻似乎从未离开过特斯拉。

但这一切，都没有阻止特斯拉的崛起。

在 CEO 埃隆·马斯克（Elon Musk）独具个性的 IP 引领下，特斯拉以黑科技和颠覆者的形象受到市场追捧，并一步步登顶、封神、称霸。

➤ 品牌分析

在巨头林立、百年品牌无数的汽车领域，特斯拉之所以能缔造后来居上的逆袭神话，离不开其颠覆式的品牌竞争策略。

颠覆是品牌竞争博弈最常用的策略手段之一，其核心，是避开他人的优势，在消费者心智中建立一个完全不同的新认知——他们都 Out 了，只有我是最好的。

颠覆的本质是一种创新——颠覆式创新。在业务层面，这需要一种全新的价值链创造；在品牌层面，则是一种全新的价值观构建。

特斯拉具体是怎么做的呢？

1. 定位颠覆

特斯拉始于 2003 年，由硅谷的两位工程师创立。其最初的想法是将跑车和新能源结合，以表达对破坏环境的不满和对出行方式的改变。

所以，特斯拉一开始就是反传统的定位：为改变环境而来，而不是像燃油车那样污染环境；用 IT 理念造汽车，而不是像以底特律为代表的传统汽车厂商造车那样。

后来，埃隆·马斯克通过注资成为特斯拉的 CEO，他进一步将这种定位予以放大——自比汽车界的苹果和谷歌。借助苹果和谷歌在消费者心中的良好形象，对传统汽车形象进行"颠覆"。

特斯拉造车，由此被塑造成一个硅谷小子大战底特律巨头的故事，赚足了眼球和好感。

2. 产品颠覆

2008 年，特斯拉的最初产品——Tesla Roadster 面市。这是全球首款量产版电动敞篷跑车，耗费了特斯拉足足 5 年时间。

这款产品当然并不完美，但却开启了特斯拉颠覆式的产品风格和理念。

相较于传统燃油车，其极简的设计风格，出色的智能化体验，唤醒了消费者对于"科技感"的追求，开创了现代电动车的"模板"。

相较于从大众市场起步的电动车品牌，特斯拉一开始就以"小众高端"的形象惊艳亮相，并通过名流客户背书，奠定了高品质电动车形象。

埃隆·马斯克甚至毫不掩饰"特斯拉的秘密宏图"："生产跑车，用挣到的钱生产价格实惠的车；再用挣到的钱生产价格更实惠的车；在做到上述各项的同时，还提供零排放发电选项。"

所以，当实惠的特斯拉产品面市时，自然了引发了人们的狂热追捧，将原本销量领先的其他电动车品牌拉下马来。

3. IP 颠覆

有"硅谷钢铁侠"之誉的埃隆·马斯克是一个受到全球追捧的创业冒险家和梦想家，曾提出过"胶囊高铁"和"殖民火星"的惊人设想……

其旗下不仅有特斯拉，还有一个能让航空器发射再返航的太空探索技术公司（Space X）和太阳城公司（Solar City）。

就像乔布斯之于苹果，在埃隆·马斯克的个人 IP 赋能下，特斯拉已不仅仅是一款汽车，而是一种英雄气质和偶像光环，是一种颠覆过去、追求梦想的生活方式。

2020 年 2 月，埃隆·马斯克发射了一枚 Space X 猎鹰重型火箭，上面搭载的就是一辆樱桃红色的 Tesla Roadster，车里的电路板上写着这样一句话：Made on Earth by Humans。

这堪称科幻大片里的特斯拉，怎能不被推向"神坛"？

➤ **品牌感悟**

我情愿在火星上死去，只要不是坠毁其上。

——埃隆·马斯克

竞争博弈之并购：吉利频频"蛇吞象"为哪般

并购之道，在"势"；并购之术，在"合"。

➢ 品牌案例

2001 年，央视《对话》栏目，当吉利集团创始人李书福激动地谈起自己的造车梦想时，同台的联想创始人柳传志等纷纷摇头，嘲笑他"疯了"。

彼时，吉利刚刚拿到"准生证"，成为中国第一家可以生产轿车的民营企业。

但面对成熟的西方汽车工业，整个国产汽车领域非常悲观，"以市场换技术"的中外合资被重点扶持。吉利等民营品牌曾被挡在门外，一度命悬一线。

然而，就是这个"汽车疯子"，不但迅速在汽车领域站稳了脚跟，而且后来全资并购沃尔沃、收购美国太力飞行汽车、入股奔驰母公司戴姆勒……成为推动中国汽车工业走向世界的领军者。

"我错看了李书福。"在 2018 年亚布力中国企业家论坛上，柳传志公开赞叹："他给中国企业家长了脸。"

➢ 品牌分析

有网友总结："无论买沃尔沃，还是买奔驰，不都是图个吉利？"

李书福和吉利品牌的崛起，离不开其长袖善舞的"买买买"——品牌并购。

品牌并购是指企业通过兼并和收购其他品牌以获得其他品牌的市场地位和品牌资产，增强自己的竞争势能。

并购是一种资源整合行为，亦是一种竞争博弈手段。企业通过并购实现品牌战略性成长的案例不胜枚举，因为并购而拖垮主品牌的案例也同样不少。

如何才能实现成功并购呢？

1. 聚焦——选择"对"的而非选择"好"的

聚焦的核心，是对并购标的的选择——应围绕提升主品牌的核心竞争力进行，而非其他。

许多为了捡便宜或其他功利因素驱动的并购，往往是最终失败的根源。在美国第三次并购浪潮中的大量失败案例就是明证。

李书福看似疯狂的"买买买"，但均集中在汽车及相关领域，且是对吉利原有竞争力的有力补充和提升：借沃尔沃的"安全"形象和技术为吉利赋能；借收购伦敦电动汽车（LEVC）布局新能源；借控股豪华跑车品牌路特斯（Lotus Group）向高端形象挺进；借收购美国太力（Terrafugia）飞行汽车布局最前沿科技；借成为奔驰母公司第一大股东，跻身行业最前列……

2. 明道——顺势而为而非逆势而求

这个势，就是我们前面说的消费势、价值势和时间势。

很多人将李书福和吉利的并购称为"蛇吞象"。

但如果放眼吉利背靠的"中国制造"崛起之势和"中国市场"增长之势，以及正突飞猛进的全球化之势，就完全是另外一种格局了。

这，正是李书福并购成功的核心原因。

吉利 2010 年从福特手里收购沃尔沃时，沃尔沃的经营正陷入困境。而李书福成功拯救沃尔沃的"杀手锏"，正是顺势而为：一是将工厂搬迁至中国，大幅压缩成本；二是推动沃尔沃全面全球化，大幅扩大市场。

一缩一扩间，令沃尔沃焕然一新。

李书福坦言："今后全世界可能也就两三家独立的汽车企业。"

这种对未来势的重视，又驱动着吉利不断并购，不敢停歇。

3. 有术——放虎归山而非画地为牢

有专家曾总结出"七七定律"，即70%的并购没有实现预期目标，而其中

70%的原因是并购后文化融合失败。

既然文化融合难，就更不能画地为牢——为融合而融合。

李书福的方法是"放虎归山"。

沃尔沃在福特时，只是其一个下属部门。到了吉利这边，李书福则视之为"虎"，完全尊重和保持其个性与文化，推动其竞争力的充分发挥。

与此同时，吉利品牌通过与沃尔沃品牌的协同合作，成立了吉利欧洲研发中心（CEVT），将吉利的整体研发实力推向了世界级水平。

到2019年，沃尔沃全球销量相比2010年翻了一番。

吉利汽车不但连续三年位居国产品牌乘用车销量之冠，而且10万元以上车型销量占比超39%，7年间翻了10倍。

> ➤ **品牌感悟**

战略性并购的本质是战略性合作。

——李书福

竞争博弈之垄断：碳结晶体，如何变成了昂贵钻石

比垄断资源更重要的，是垄断人心。

➤ 品牌案例

"钻石恒久远，一颗永流传。"

这句脍炙人口的广告大概无人不知。推出这一广告的，是世界上最大的钻石公司——戴比尔斯（De Beers）。

1870年，英国商人塞西尔·罗兹（Cecil Rhodes）和他的哥哥买下南非戴比尔斯兄弟的农场进行钻石开采。由于钻石矿主越来越多，他们便相继买下整个南非的钻石矿，并于1888年成立戴比尔斯公司，控制了钻石的供货市场。

在高峰时期，戴比尔斯掌控着全球90%的钻石交易量。

为拉升钻石价格，戴比尔斯又通过广告宣传，将钻石塑造成忠贞爱情的象征。戴比尔斯也由此成为钻石品类的代名词。

随着澳大利亚、俄罗斯等国大量钻石矿被发现，戴比尔斯不再控制钻石原石供应，而是将重心转向钻石经营零售，并始终稳居钻石龙头的宝座。

➤ 品牌分析

有人认为，钻石是"20世纪最大的营销骗局"——它只是一种高密度的碳结晶体，完全靠人为控制原材料及大规模营销"洗脑"，支撑着高昂的价格。

其实，随着世界各国大量的钻石矿被发现，戴比尔斯早已不再是钻石原

石的垄断者。它之所以依旧稳居"带头大哥"的宝座，是因为它的品牌垄断。

品牌垄断是指品牌通过排他性的品类符号，成为消费者某个单一利益点的代言或象征。目标顾客产生此品类需求后，会不假思索地首先选择该品牌。

品牌垄断是合法的垄断形式，亦是品牌竞争博弈的终极追求。强势品牌通过品牌垄断，不仅可以获得垄断利润，而且可以建立竞争壁垒，稳固市场地位。

品牌该如何构建品牌垄断呢？

1. 优势垄断

在品牌核心竞争力上面，打造垄断性的市场竞争优势。也就是说，要形成特定竞争优势的独占性，让竞争对手不易模仿，无法超越。

优势垄断是品牌垄断的形成基础。

可口可乐雇银行保护"神秘配方"，Costco竭力维持"最低毛利率"……均属此理。

戴比尔斯一开始通过垄断矿产资源形成优势，而后，其通过统售贸易模式，建立起了覆盖全球的专业分销和推广网络，并引入了钻石行业的首个通用钻石分级系统——4C标准。

对全球营销网络和行业标准的掌控，形成了戴比尔斯持续性的优势垄断。许多新钻矿开采出来后，往往需要依托戴比尔斯走向终端市场。

2. 认知垄断

在品牌核心价值观上，打造垄断性的消费认知优势。这也是定位理论一直强调的观点——在消费者的心智中形成独占地位。

认知垄断是品牌垄断的核心表现。只有赢得了认知垄断，才算形成了品牌垄断。

钻石在被大量发现前，一度被统治者奉为"神物"，最初仅允许男性佩戴，多作为护身符，被视为地位和权力的象征。

戴比尔斯则聚焦钻石精纯无瑕、坚硬无比的特质，赋予其忠贞爱情的象征，并通过20多种语言向全球推广，既满足了大众对美好爱情的向往，又形成了垄断性的消费认知：戴比尔斯=钻石=忠贞的爱情。

正是这一认知的构建，稳定了钻石市场，夯实了戴比尔斯的地位。否则，钻石市场可能像玉石市场一样，鱼龙混杂，有品类而无品牌。

3. 创新垄断

在品牌持续竞争力上，打造垄断性的创新竞争优势。也就是说，品牌要在创新竞争上形成对潜在对手的封杀和领先优势。

创新垄断是品牌垄断的持续保障。

诺基亚、柯达等品牌巨人的轰然倒塌，就是因为失去了创新垄断。

当人造钻石大量出现时，很多人认为，戴比尔斯的地位将被彻底颠覆。因为，人造钻石在成分结构上与天然钻石已无差异，价格却便宜得多。

出人意料的是，2018 年 9 月，戴比尔斯推出了自有人造钻石品牌——"灯箱珠宝"，其价格比其他人造钻石更便宜。

与此同时，其推出行业首个端到端区块链平台，让钻石可溯源。

显然，这正是戴比尔斯的创新垄断行为——通过占据人造钻石的优势地位，既与天然钻石形成品牌区隔，又确保自己的龙头地位不受动摇。

➤ 品牌感悟

任何事业部门存在的条件，就是在市场上"数一数二"。

——韦尔奇

竞争备忘：竞品突然大幅降价了，我该怎么办

不断地围绕用户价值增长向自己开炮，是品牌竞争博弈的重要备忘。

➢ 品牌案例

据报道，2019 年，雅迪电动车全球销量突破 600 万台，连续三年蝉联行业之冠。

曾经的销量冠军，是爱玛电动车。

1999 年，爱玛成立于天津，两年后，雅迪在江苏成立。在很长一段时间内，爱玛一直是行业老大，雅迪紧随其后，亦步亦趋。

但长期的跟随策略和价格战争，让雅迪越来越被动。于是，雅迪以"更高端的电动车"为定位，开启差异化竞争，销量慢慢回升。

2015 年 6 月，感知到威胁的爱玛在全国发起了一场"击穿底价"的价格战，大有清场之势。

但这一次，雅迪不但没有跟进，反而继续在"高端价值"上发力，并于 2016 年在中国香港上市，成为中国首家电动车上市企业……

雅迪的反超之势由此形成。2017 年，其销量一举超越爱玛，崛起为行业领跑者。

➢ 品牌分析

在市场竞争中，几乎每一个品牌都会遇到这样的问题：竞品突然大幅降价了，我该怎么办？

雅迪的案例告诉我们，坚持价值战，才是赢得价格战的最好武器；向自

己开炮，才是赢得竞争博弈的最好方式。

1. 价格战的本质——价值投资

哪里有竞争，哪里就有价格战。在品牌竞争博弈中，价格战从来都是最重要的策略之一，也是最简单有效的拓客手段之一。正因为如此，这些年，"补贴大战"风起云涌，绵绵不绝。

很多人据此以为价格战就是"烧钱战"，最后把自己烧成了灰烬。

其实，价格战的本质，是一种价值投资——品牌通过价格让利，实现客户的价值增长，并进而较竞争对手更好地赢得流量、客户、口碑和市场。

也就是说，品牌打不打价格战、怎么打，应以价值战为标的。例如，沃尔玛的"天天平价"，其实就是价值战；劳力士、路易威登等奢侈品牌的"绝不降价"，亦是价值战。

电动车作为一种交通工具，消费者对其最核心的价值需求，并非价格，而是安全和品质。

所以，雅迪以"更高端的电动车"为定位跳出价格战，直指价值战的核心高地——以更高端的名义，赋予了消费者在安全和品质方面更大的价值感。

显然，相对爱玛的"击穿底价"，这更容易赢得消费者的心。

2. 竞争力的源泉——自我革命

俗话说：商场如战场。

但商场如战场，毕竟不是战场——战场是以消灭对手为唯一目标的，而商场是以赢得消费者为唯一目标的。

再强势的品牌，也不能干掉所有对手而永远独占市场，只能甩开对手持续领跑市场。

所以，不管是纯价格战，还是其他各种价值战，品牌赢得竞争力的源泉，表面是向对手开炮，其实是向自己开炮——自我革命。

雅迪转型"更高端的电动车"，就是一场自我革命。

爱玛意识到问题所在后，也很快开启了价值重塑。2018 年，其发布了全新的品牌定位——全球超受欢迎的电动车。

但问题是，什么是超受欢迎的？消费者的核心价值需求是"超受欢迎"吗？

显然，这是一个焦点十分模糊的"自我革命"。

其实，雅迪的"更高端"并非没有漏洞——更高端不一定就是更安全的，也可能只是价格贵而已。

所以，爱玛应该直接以"更安全的电动车"为定位，对垒雅迪的"更高端的电动车"。对于一个普通的代步工具，"安全"才是一切的核心。

如果爱玛完成"更安全"的价值重塑后，再来一场"更安全，更便宜"的价格战，也许，会是另外一种局面。

> **品牌感悟**

走自己的路，让别人无路可走。

OCTOBER

危机公关：
关键时刻的"三重响应"

危机公关系统导图

危机前传：一句玩笑话，害惨英国最大珠宝零售商

"意外"是品牌公关危机的最重要特点。

➤ 品牌案例

杰拉尔德·拉特纳（Gerald Ratner）是一位著名的珠宝零售商。他利用平价策略，将珠宝卖给工薪阶层，将原本亏损的拉特纳斯（Ratners）珠宝集团打造成"国民品牌"，占领了英国珠宝市场的半壁江山。

1991 年，杰拉尔德应邀到英国董事协会演讲。当有人问拉特纳斯的珠宝为什么卖得那么便宜时，他自我调侃地说："它们纯粹是垃圾。"

杰拉尔德以为这是一次半私人性质的活动，这种调侃不会有什么影响。

然而，第二天，"国民珠宝商 CEO 称自家产品为'垃圾'"的新闻传遍了全英国的大街小巷……

拉特纳斯由此遭遇致命打击。它的股价迅速下跌了足足 80%，数百门店被迫关门。1992 年，杰拉尔德不得不转股、辞职；2002 年，拉特纳斯被更名为 Signet 集团。

➤ 品牌分析

杰拉尔德的演讲，是一起典型的品牌公关危机事件。

在当前的英语语境中，人们还常用"Doing a Ratner"来形容意外、彻底地搞砸一件事，足见其警示意义之深远。

品牌公关危机，即品牌公共关系危机，是指对品牌或企业生存、发展构成威胁，使品牌形象和信誉遭受损失的突发公共事件。

严重的公关危机，甚至可使一个好端端的品牌，一夜间被市场吞噬、摧毁。建立有效的危机公关体系，是企业品牌建设不可或缺的重要内容。

1. 公关危机无小事

很多人以为，杰拉尔德的演讲事故纯属意外，他只要稍微慎重一点，一切可能都不会发生。

事实上，"意外"恰恰是品牌公关危机的最重要特点。

美联航因为托运时弄坏了一把吉他，最后被吉他主人谱成歌曲引爆网络，美联航由此损失约 1.8 亿美元；联想一个正常的 5G 投票事件，最后被网民演变成"卖国门"；汶川地震，王石一句捐款回应，引发汹涌的"王十元风暴"……

品牌公关危机往往具有"蝴蝶效应"，一些在品牌主看来不经意的"小事"，最后却点燃了公众情绪，演变成难以收拾的"危机海啸"。

而且，公众情绪一旦爆发，常常会淹没事实真相。若处理不当，哪怕正常的品牌，也会受到无辜伤害。例如，三株口服液因"常德事件"，最后虽然赢了官司，却垮了公司。

所以，品牌公关危机无小事。唯有建立系统的危机公关系统，才能"有火灭火，无火防火"。

2. 危机公关常态化

危机公关，即对危机的公共关系的处理和应对。

危机公关是公共关系学的一种。许多品牌，往往设有专门的公关（Public Relations，PR）部门。

在传统媒体时代，由于媒体数量有限，且处于舆论控制者地位，非"重大或典型危机新闻"，很难被媒体关注。

在互联网时代，人人都是"发声筒"，任何小火花，都可能通过网络和自媒体被引爆。危机公关也由非常态化，变成了常态化：

一是即时化。传统媒体的报道往往在第二天才会出现，所以危机公关曾有"黄金 24 小时规律"，但现在，需时时预警，即时响应。

二是系统化。以前危机公关以媒体公关为主，现在则需要系统公关推进——构建面向全社会的系统性公关策略。

三是引导化。以前可通过媒体合作"封杀"负面危机；现在只能通过正确引导，及时止损，化危为机。

对于品牌来说，不管媒介环境怎么变化，危机公关的宗旨始终是一样的——通过对公众负面舆情的有效预防、回应、沟通和引导，将不可控的公关危机，变成可控的危机公关，避免杰拉尔德式的悲剧发生。

> **品牌感悟**

树立良好的声誉需要 20 年，而毁掉它，5 分钟就足够了。

——巴菲特

超级公关：品牌响应金字塔

危机公关三响应：预警响应、责任响应、机会响应。

➤ 品牌案例

2016 年 1 月 20 日，著名熟卤制品连锁企业周黑鸭突遭国家食品药品监督管理总局点名通报：在安徽宿州两家周黑鸭门店的食品中，发现含有罂粟碱、吗啡等罂粟壳成分，存在涉嫌违法添加行为。

消息一出，舆论哗然。

但周黑鸭其实被"黑"了——它当时并未进入安徽市场，被通报的两家"周黑鸭"原来是侵权假冒的"李鬼"。

周黑鸭决定立即全面响应，扭转舆情风向。

它先是发布《郑重声明》，澄清事情真相。随后，武汉市食药监局官方微信也公开发声，为其"正名"。

接着，周黑鸭又推出系列创意文案，并悬赏"寻找伪鸭子"，号召全国"鸭粉"在网络上上演了一出"周黑鸭保卫战"……成功地将一场品牌危机，转化为备受欢迎的品牌营销活动。

➤ 品牌分析

周黑鸭在这次事件中的成功之处，在于其并没有止步于"澄清"和"正名"，而是全面响应，乘胜追击，通过强力的后续营销转危为机。

因为，随着国家食药局的点名通报，"周黑鸭食品违法添加"的舆论影响已经形成，仅仅"澄清"和"正名"，不足以把"墨汁"全部洗去。唯有更大范围的危机响应，才能去伪存真，刷新信誉。

传统的品牌公关理论认为，品牌危机公关的核心，就是沟通、沟通、再沟通。

但在新的舆论环境下，仅仅靠沟通显然已远远不够。品牌危机公关，更需要像政府应对各种突发公共事件而设立应急响应机制一样，建立并启动科学、有效、全面的品牌危机公关响应系统。

具体而言，品牌危机公关响应系统，主要有三重响应：预警响应、责任响应、机会响应。如图 10-1 所示。

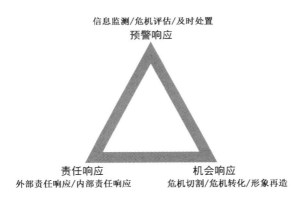

图 10-1　危机公关响应金字塔

1. 预警响应

预警响应的目的，是在危机尚未爆发时，将可能发生的危机消灭在萌芽状态。

预警响应系统主要包括三方面：信息监测系统、危机评估系统和及时处置系统。

其讲究快速（反应越快越好）、精准（判断越精准越好）、坚决（消灭在萌芽状态越坚决越好）。

2008 年，中国"问题奶粉"事件爆发，三元在国家质检总局的抽检中被列入"安全名单"。但某一媒体在发布消息时，误将三元也列入了问题奶粉名单。

该消息在网络发布不到 3 分钟，就被三元委托的信息监测机构发现，随后三元果断采取措施，促使该媒体及时更正并道歉，避免了危机的爆发。

周黑鸭不但有严格的危机预警系统，而且长期采用自营连锁模式，亦是为了更好地杜绝各类危机的发生。

2. 责任响应

责任响应的目的，是在危机一旦爆发时，最大限度地止损危机，保护形象。

危机一旦爆发，进入公众领域后，公众最强烈关注、最希望解决的是什么？

责任（谁的责任？谁来对我们负责？）。

所以，真正的危机公关高手，都是责任响应的高手，绝不虚与委蛇、推三阻四。

责任响应系统主要包括两方面：

（1）外部责任响应系统。即第一时间通过责任承诺、责任沟通和责任强化，厘清危机责任，赢得公众理解。

（2）内部责任响应系统。即迅速通过内部追责、担责，建立责任机制，回应公众关切，重塑责任形象。

周黑鸭在"罂粟壳事件"中，之所以能迅速逆转风向，就在于其及时通过郑重声明、官方背书和悬赏打假，开启了高分贝的责任响应——我是负责任的，我们一直直营，绝不干那种事；我是追责任的，谁再传谣言黑我们，法律伺候；我真的是负责任的，武汉食药监局也是这么说的；我是长期负责任的，所以，请随我一起去打假……

一个"责任鸭"的形象就这样从危机中脱颖而出，赢得了理解和尊敬。

3. 机会响应

机会响应的目的，是在危机爆发的中后期，最大限度地转化危机，修复形象。

机会响应系统主要包括三方面：

（1）危机切割系统。对危机进行切割，去危留机。

（2）危机转化系统。对危机进行转化，化危为机。

（3）形象再造系统。对形象进行再造，借机成事。

周黑鸭后续的危机营销，堪称机会响应的典范。

由于是被"黑"的，周黑鸭迅速完成了危机切割。

随后，其通过"寻找伪鸭子"和"保护周黑鸭"主题营销，将食品安全的"危"转化为食品打假的"机"；通过"周黑鸭不哭""安徽周黑鸭？你咋不说黄鹤楼也是你的！"等海报与文案，用幽默生动的表述方式让周黑鸭的"正品形象"借危机事件火了一把。

> **品牌感悟**

只有做好应对危机的准备和计划，才有力量和命运周旋。

——史蒂文·芬克

预警响应：一个坏案例，为何要将所有产品都召回

最好的危机公关，就是不需要危机公关。

➤ 品牌案例

这是中生联合董事长桂平湖在一次演讲中讲述的故事。

2014 年，中生联合并购了新西兰一家老牌企业。并购后不久，桂平湖接到该企业电话：一位新西兰消费者在服用了该企业的一款产品后，突然出现过敏状况。这是一款销售了近 30 年的产品，从未出过问题，只有这个人出现了过敏。

该企业决定，立即召回所有仍在销售的这款产品。

桂平湖想，这是否有点小题大做？会不会影响其他产品的销售？

但该企业坚持一定要召回，并且强调，这是最基本的，也是最好的办法。在新西兰，所有同行都会同样处理。

最后，这款产品全部被召回，而该企业其他产品不但没有受到影响，销量反而增长了。

➤ 品牌分析

管理专家斯蒂文·芬克（Fink）曾提出著名的危机传播四阶段模型，也称"F 模型"，即企业危机会经历征兆期（Prodromal）、发作期（Breakout）、延续期（Chronic）、痊愈期（Resolution）四大生命周期阶段。

危机预警响应，就是将危机消除在征兆期或征兆期之前，尽最大可能杜绝其进入发作期成为公众事件。

新西兰这家企业的召回案例，就是一种成熟的危机预警响应。也正是这种成熟的预警响应，让该企业管理者没有心存丝毫侥幸，而是认为"这是最好的办法"。

正可谓：最好的危机公关，就是不需要危机公关。

那么，品牌该如何打造自己的危机预警响应系统呢？

1. 建立并启动信息监测系统

信息采集是预警响应的第一步。尤其是在大数据时代，建立覆盖线上线下的品牌危机信息监测系统，获取全面、精准的信息，可以帮助品牌在第一时间拉响危机警报。

现在很多品牌都有网络舆情信息监控系统。这属于信息监测的一种，但真正的危机信息监测，端口还需前移——在还没有出现公开负面信息之前。

2011年，日本发生地震，当地汽车制造业大多受到严重影响。但通用汽车在地震发生后几个小时内，就集合信息成立了危机处理小组，通过积极应对，将地震对通用汽车的影响降到了最低。

2. 建立并用好危机评估系统

危机萌芽时，最怕的，就是战略误判。所以，科学、严谨的危机评估系统，是危机预警响应的"运行芯片"。

一般而言，品牌应根据对消费者和社会公众利益的影响程度，对危机信息进行分级评估，对应不同处置策略。这种评估，应以消费者和社会公众观念为判断依据，而不是基于企业的主观立场。

只有一个坏案例，也要召回所有同款产品，就是因为对于该企业来说，"安全"就是最高级别的危机。

郑州有一家火锅品牌，生意曾一直不错。有一天，突然被曝光回收锅底油循环利用，还附上照片。但实际上，这是在做渣油分开处理的工序。

因为缺乏科学的危机评估，品牌方认为问心无愧，没必要解释。最后舆论发酵，给其造成了沉重打击。

3. 建立并坚持及时处置系统

预警一旦完成评估判断，必须立即启动及时处置系统。

及时处置一要及时，速度越快越好。二要坚决，手起刀落，不可心存任何侥幸。三要坚持，哪怕消除了 100 次隐患，对第 101 次隐患的处置依旧不能有任何轻视。

安利曾出厂了一批空气净化器的双插头电源线。这款电源线符合国家及行业相关标准，但在极端情况下可能会出现过热、燃烧的情况，概率为几十万分之一。为坚决杜绝安全隐患，2017 年，在未发生任何人身伤害的前提下，安利主动对这款电源线进行了召回。安利此举，也得到了社会各界的赞誉与肯定。

➢ 品牌感悟

要将危机管理添加到你的日程里。

——韦尔奇

10月10日

责任响应：惠普"热管门"，为何让人"路转粉"

"责任"是一切危机公关的最核心焦点，也是最有力支点。

➤ 品牌案例

2017年8月1日，惠普在京东上架了一款新的高端笔记本电脑——暗影精灵3代Plus。

为强调散热效果，其官方宣传中特别提到了"高效散热""增加到5根散热管"等字眼。但两天后，网上便曝出真实拆机图，实际只有3根散热管。

此事迅速发酵，消费者纷纷质疑惠普进行虚假宣传。

惠普迅即给予了回应，不仅承认宣传资料中散热管数量标注有误，而且对已购买该笔记本电脑的消费者提出了两种赔偿方案：一是保留笔记本电脑，接受购买价格三倍人民币补偿，并额外获得500元补偿；二是退回笔记本电脑，接受原价退款，并获得购买价格三倍人民币补偿和500元额外补偿。

方案一出，舆论转向。消费者对惠普的质疑变成了对其负责任态度的称赞，不少人表示"已经路转粉"。

➤ 品牌分析

很多人可能以为惠普财大气粗，利用高价赔偿"花钱买平安"。其实，这是一种典型的责任响应。

危机一旦脱离预警响应进入发作期，立即启动责任响应系统，是品牌必须也是最好的应对策略。

因为，"责任"是一切危机公关的最核心焦点，也是最有力支点。

1. 外部责任响应系统

外部责任响应系统具体包括以下几个方面：

（1）责任承诺。品牌应在第一时间做出公开回应，承诺一定解决问题，承担责任，让公众放心。

责任承诺的关键，一定要快、快、快！

越快，越能更大范围地阻止传言传播，消除疑虑，止损危机。

2017年8月25日，海底捞"老鼠门"事件爆发。当天下午，海底捞官方微博发文回应，致歉并承诺整改。2个小时后，即进行了处理通报。这种高效，不但迅速止住了舆论发酵，而且受到了很多网民好评。

（2）责任沟通。品牌应主动进行责任沟通，厘清责任原因，赢得公众理解。

责任沟通的关键点有二：

一是要真诚面对。品牌应用事实和证据厘清原因和责任，切忌企图蒙混过关，更切忌与公众情绪"对着干"。例如，面对舆论和质疑，联想曾和网友"互怼"，最后越怼越被网友"讨伐"。

二是要主动沟通。品牌要及时、主动进行沟通和信息发布，变不利为有利，而不是被舆论追着跑，"被动就会挨打"。惠普迅速解析原因并给予赔偿，就是一种主动沟通。若遮遮掩掩被动应对，哪怕再好的赔偿方案，也会大打折扣。

（3）责任强化。品牌应强化责任解决方案，消除公众负面情绪，赢得公众好感。

责任强化的关键，就是拿出超出人们预期的责任解决方案，强化自己在消费者心中的责任形象——发生危机是一种意外，对消费者负责，才是一种常态。

惠普的赔偿方案就是对责任的强化——虽然只是多宣传了2根散热管，但三倍整机电脑价格还另加500元的赔偿，这样的"好事"哪个消费者不高兴？

可能有人想：这样惠普不吃亏吗？其实，相对危机的解除和形象的加分，这可比"硬广效果"好多了。

2. 内部责任响应系统

如果说外部责任响应是公关，内部责任响应就是"关公"，是外部责任响应的支撑和保障。其具体包括以下两个方面：

（1）责任追究。通过危机事件内部责任追究，既回应公众关切，又杜绝问题再生，还可以将消费者对品牌的负面情绪转移到具体责任人身上，减轻品牌压力。

（2）责任机制。通过建立危机公关专项责任机制，既确保具体危机有人具体负责，又确保整体公关力出一孔，"声"出一孔。

2019 年，范思哲（Versace）、蔻驰（Coach）、纪梵希（Givenchy）等奢侈品牌纷纷曝出"中国划"危机。很多人不解：这么常识的问题，它们为何如此傲慢？

其实，一个很重要的原因，是它们的内部责任响应系统传导失灵。待通过层层汇报直到海外高层反应过来时，已经错过了最佳的"黄金时间"。

➤ **品牌感悟**

一切危机问题，都是责任问题。

机会响应：他把反倾销官司，打成了"国际广告"

机会响应，是品牌危机公关的必需之战、终极之战。

➤ 品牌案例

福耀玻璃目前是全球第一大汽车玻璃供应商。在奥巴马投资的纪录片《美国工厂》里，就专门聚焦了来自中国的福耀。

但在 2002 年，美国商务部曾一纸裁定，福耀在美国属于倾销行为，倾销幅度为 11.8%。

有人建议福耀创始人曹德旺，既然如此，那就退出美国市场吧，你的产品在中国市场也能完全消化。

可曹德旺不服——问题是我没有倾销啊，这样岂不是背"黑锅"？

"那我就把事情捅大，让全世界来评评理！"

于是，曹德旺一纸诉状，将美国商务部告上了美国国际贸易法院。福耀由此成为中国第一家状告美国商务部的企业，并于 2004 年最终获胜。

这场官司堪称国际广告，不仅帮助福耀扩大了在美国的市场份额，福耀在日本、俄罗斯、澳大利亚、欧洲各国的市场份额也得到了高速增长。

➤ 品牌分析

曹德旺和福耀的反倾销官司，正是机会响应的典范。

心理学上有一个著名的"近因效应"，即在交往过程中，人们对他人最近、最新的认识往往掩盖以往形成的认识，因此，也称为"新颖效应"。

所以，有句话常说：消费者是健忘的。

在危机公关中，这句话包括两层意思：一是如果处理不好，消费者以前对品牌的好印象，就会被危机印象所取代；二是如果处理得好，危机印象也会被对品牌的新印象所取代，危机就会被淡忘。

所以，有效启动机会响应，设法化危为机，是品牌危机公关的必需之战，也是关乎成败的"终极之战"。

具体该如何做呢？

1. 危机切割响应系统

品牌应对危机进行切割，去危留机。

具体而言，危机切割主要有三个维度：一是横切——量的切割（危机面只有这么多，更多的是非危机）。二是竖切——时间的切割（危机是过去时，现在不是）。三是反切——非危机的切割（危机是被冤的，我根本不是）。

2013 年 10 月 2 日，一辆特斯拉 Model S 在美国西雅图因车祸起火。当天，特斯拉就发布声明进行切割：该车是撞击起火，并非自燃；大火仅局限在车头部位，没有进入内部驾驶舱；特斯拉的警报系统避免了人员伤亡。事故车主后来则继续帮助切割：车辆在这样极端的情况下表现良好，自己仍是特斯拉的粉丝，未来还会再买一辆。

曹德旺进行的则是反切——我没有倾销，不信让法院评评理，让全世界评评理。

2. 危机转换响应系统

品牌应对危机进行转换，转危为机。

转换响应系统主要包括三个方面：一是焦点转移；二是价值转换；三是情感转变。

转换响应的核心，是巧妙地寻找、塑造、放大危机背后的机会点，化消费者的不解为理解、失望为希望；变品牌的不利为有利、被动为主动。

曹德旺是如何做的呢？

其通过公开起诉，将被认定倾销的焦点，转移为反不公平裁定的焦点，以"伸张正义"和"反抗强权"的形象获得全球关注。

其通过价值主张，实现价值转换：你说我低价，我出厂价其实比美国同类企业还高，只是因为去中间环节，才在终端便宜；你说我拿了政府的补贴，可我是民营企业，财务账目一清二白。

其通过合作共赢，将原本起诉自己的美国竞争对手纳入合作伙伴，把它们对福耀的怨恨变成对福耀的尊敬……

正是这种转换响应，逆转了福耀的被动局面，取得了最终胜利。

3. 形象再造响应系统

品牌应对后危机形象进行再造，借机成事。

具体而言，形象再造响应主要体现在两个方面：一是关系再造，重塑危机后的消费新关系。二是形象再造，重塑危机后的品牌新形象。

通过反倾销官司，让福耀在美国市场建立起了全新的品牌关系。甚至原本起诉福耀的两家竞争对手，最后干脆关掉了自己的工厂，让福耀直接供货。

通过反倾销官司，亦让福耀在国际市场树立起了全新形象，不但推动了其海外市场的进一步增长，也助其赢得了美国花旗银行等国际金融机构的支持。

从此，福耀开始了全球化的"星光大道"，并一步步登顶"行业之巅"。

➤ 品牌感悟

永远不要浪费一场好危机。

——丘吉尔

10月16日

危机公关之立场：当王卫说"否则不配做顺丰总裁"

立场不对，努力白费；立场站对，先赢半回。

➤ 品牌案例

顺丰创始人王卫素以低调出名，但2016年，一个普通顺丰快递员在街头被打，他却异常高调地站了出来。

2016年4月17日，在北京某小区里，一名骑三轮送货车的顺丰快递员与一辆黑色小轿车发生轻微碰撞。小轿车驾驶员下车后不由分说，连抽快递员耳光，并破口大骂……

有人将视频发到网上，立即引发了人们对快递员尊严的强烈讨论。

当晚，王卫即在微信朋友圈发声："我王卫向着所有的朋友声明！如果我这事不追究到底！我不再配做顺丰总裁！"

最后，在王卫的霸气回应和顺丰的强烈要求下，警方介入，打人者被处以行政拘留10日的处罚。

2017年2月24日，顺丰在深交所挂牌上市，王卫携这位快递员登台，一起敲响了上市钟声……

➤ 品牌分析

我们说成功的危机公关，离不开三重响应。那么，在具体的响应过程中，有哪些决定成败的核心关键点呢？

有四大关键点：立场、速度、转换、修复。

其中，立场是第一关键点。

立场是品牌进行危机响应时所站的位置和所抱的态度，直接决定了品牌危机公关的方向和内容。

正可谓：立场不对，努力白费；立场站对，先赢半回。

王卫的霸气回应，就是一种成功的立场宣示。

因为，顺丰快递员被打，看似打人者的嚣张引发了舆论风暴，其实若处理不当，则是顺丰的严重危机——尊严如此受损，以后谁还敢做快递员？

王卫正是洞悉了这一点，毅然挺身而出，以鲜明的立场逆转了风向。

那么，什么才是正确的立场呢？

1. 消费者立场

在品牌危机公关中有一个重要规律——最终问题是否解决，不在于你做了什么，而在于消费者如何看待你做了什么。

所以，只有站在消费者的立场，才能重拾消费者的信任和尊重。凡与消费者立场"对着干"的，几乎都没有好下场。

2020年9月，一位微博博主发布了一则狗不理包子北京王府井总店的探店视频，并给出"差评"。随后，该店发布声明，称对方视频侵权，并已报警。

此声明一出，立即在网上引发强烈批评。网民纷纷怒斥："难吃还不让说了？""给差评就报警？"

显然，正是因为这份声明站在了消费者的对立面，不但没有解决危机，反而招来更大危机。

2. 公义立场

古人云："得道多助，失道寡助。"

站在公义的立场，会让品牌"得道多助"，从而利于危机的解决。

王卫的霸气发声，正是基于公义的立场。当时，被打的快递员是被欺侮的一方，对他的声援，就是对公义和尊严的主张，就是对底层员工的呵护，王卫不但获得舆论好评，甚至被誉为"中国好老板"。

很多人可能疑惑——王卫这不是站在顺丰公司的立场说话吗？

可如果打别人的是顺丰的快递员，王卫还敢如此发声吗？

只有与公义立场同步，公司立场才会在危机公关中顺势而为，进退自如。否则，往往会陷入两难境地。

3. 文化立场

以消费者所在地的文化为立场，在尊重当地的民族、风俗和本土利益的基础上，进行危机公关。

2017年，"萨德事件"爆发，韩国乐天在华业务迅速下跌，大量门店关闭，就是因为其背离了所在地的文化立场。

迪士尼在进入法国时，一项不准在乐园内饮酒的规定曾让欧洲人很不满；"苹果电脑PK个人电脑"系列广告，美国人认为滑稽有趣的情节，在部分亚洲国家却被认为粗鲁无礼……

在经济全球化时代，消费可以无国界，品牌可以跨区域，但文化往往是有地域和根系的。秉持正确的文化立场，是品牌危机公关的"必修课"。

➢ 品牌感悟

砍它枝叶千斧，不如砍它根基一斧。

——梭罗

10月19日

危机公关之速度：一只"套套"引发的"喜茶风波"

以前是"黄金24小时"，现在是"黄金2小时"。

➢ 品牌案例

2018年12月3日18：21，有网友在微博爆料，称自己在上海兴业太古汇店让跑腿代购的喜茶中，竟然喝出了一个"套套"。

这还了得？

网络舆论立即发酵，被传为"喜茶中喝出避孕套"。

爆料人后来证实，那其实是指套。

不过，1小时29分钟后，喜茶即回复称深表歉意，并将尽快核实此事。

第二天下午，喜茶即发布通报，称经内部调查及查看监控，产品离店前无任何异物在内，担心是不正规的跑腿代购在送货过程中导致的。

第二天晚上，喜茶再次公布进展，称邀请到当事人及上海市静安区市场监督管理局到店内检查，再次确认未出现可能会污染饮品制作的情况……

"套套"来源就这样成了悬案，但风波却渐渐平息。有网友甚至为喜茶抱屈——这估计是竞争对手下的"套"。

➢ 品牌分析

喜茶在"套套"风波的危机公关中，最值得圈点的，便是它的响应速度——不到2小时，即给出了明确、诚恳的回复；不到24小时，事件全部处置完毕。

正是这种快速响应，阻止了传言扩散，弱化了危机影响。

常言道：真相有多慢，谣言就会有多快。速度是决定品牌危机公关成败的关键。

1. "黄金 24 小时"不再

在品牌危机公关领域，有一个著名的"黄金 24 小时"之说。其意思就是，在危机发生 24 小时内进行权威回应，是控制事态发展、消除公众疑虑的"黄金时间"。

之所以是"24 小时"，是因为这是以报纸、电视为主的传统媒体时代提出的观点——那时舆论报道往往在第二天才会出现。

在信息即时化的互联网时代，这个观点显然已经过时了。

于是，人民网舆情监测室提出了突发事件中的"黄金 4 小时"概念。认为不能超过 4 小时，否则，以社交媒体为代表的"黄金 4 小时媒体"能产生快速的舆论发酵。

但也有观点认为，现在移动互联网信息几分钟就能发酵，甚至可以同步直播，所以 4 小时还是有点晚，应该是"黄金 2 小时"，或者"黄金 24 分钟"。

总之，越快越好，慢就是放纵"危"，快就能抓住"机"。

2. 危机公关的"提速之道"

那么，如何才能提升危机公关的响应速度呢？

（1）早预警，早响应。科学的预警系统，可以帮助品牌及时发现危机火花。最怕的就是，传言已经满天飞了，品牌主是最后知道消息的那个人。

（2）先承诺，后解决。很多人可能不解，从得知危机到调查清楚需要时间啊，哪是一下子的事？

其实，"黄金时间"不等于立即解决问题的时间，而是响应时间。品牌可以先承诺解决问题，止住舆论猜测，然后再去解决问题。

喜茶便是在 2 小时内给出回应，而真正查找及公布问题，则是在第二天。

（3）善取舍，速决断。在危机公关过程中，最影响速度和效率的，就是心怀侥幸、优柔寡断，错过最佳的处理时间。

所以，关键时刻，一定要敢舍，要果断。

2017 年，万达危机爆发，媒体一度疯传王健林被限制出境。王健林果断断尾求生，大手笔"卖卖卖"，堪称教科书式的危机应对。

> ➢ **品牌感悟**

当真相还在穿鞋时，谣言就已经跑遍了半个世界。

——马克·吐温

危机公关之转换：四个"对不起"，逆转加多宝

最大的危机，不是危机本身，而是不会转换危机。

➤ 品牌案例

2013 年 2 月 4 日，加多宝官方微博推出四组"对不起"，每组都配着一个男孩委屈流泪的照片——

对不起，是我们太笨，用了 17 年的时间才把中国的凉茶做成了唯一可以比肩可口可乐的品牌。

对不起，是我们太自私，连续 6 年全国销售领先，没有帮助竞争队友修建工厂、完善渠道、快速成长。

对不起，是我们无能，卖凉茶可以，打官司不行。

对不起，是我们出身草根，彻彻底底是民企的基因。

此微博一出，立即刷爆网络，短短不到 2 个小时，被转发 4 万余次，评论超过 1 万余次。网民纷纷感慨："加多宝，不哭！""加多宝，我们挺你！"

➤ 品牌分析

不得不说，四个"对不起"，是一次非常成功的危机逆转营销。

四条以退为进的哭诉式微博，成功地塑造出"不会打官司，但会卖凉茶"的加多宝形象。尽管无法改变"失去王老吉"的事实，但为加多宝赢得了重要生存空间，助其完成了名称切换，度过了"生死危机"。

危机公关专家杰森·瓦因斯在《化危为机》一书中曾指出，所谓危机，并不是指你做错了什么，而是你犯错后选择如何应对。

从这个意义上说，最大的危机，并不是危机本身，而是不会转换危机。

具体该如何进行转换呢？

1. 焦点转移

焦点转移是指将人们对"危"的关注焦点，转移到对"机"的关注焦点上，或者其他可以淡化危机的焦点上。

加多宝的"对不起"，就是将"失去王老吉"的焦点，成功地转移到了"会卖凉茶"上来。

2014年10月，刚上市不久iPhone 6 Plus手机遭遇"弯曲门"，苹果CEO库克随后宣布"出柜"，成功地转移了舆论焦点。

焦点转移的关键，是制造淡化或覆盖危机的新焦点，而不是相反。

2018年，鸿茅药酒"跨省抓人"之所以演变成一个巨大的危机事件，就是因为其不但没有转移焦点，反而制造了暴露危机的更大焦点。

2. 价值转换

价值转换是指将有损消费者利益的负面价值，转换为有益消费者利益的正面价值。

价值转换的关键，是重新设立消费者心中的价值标的。

加多宝的价值转换逻辑是，我们不会打官司，但我们会卖凉茶，是我们把中国凉茶做成了比肩可口可乐的品牌。

因为，对消费者来说，会打官司不重要，会卖凉茶才重要。

2007年，一批依云矿泉水进境时被上海检验检疫局抽检出细菌总数超标，遭退货处理。一时间，舆情汹涌。

但依云在随后的公关中，用国外的价值标准背书——细菌超标不等于有害健康，在WHO、美国EPA等最新标准中，细菌总数不再出现在标准之列，把价值转换到其纯天然矿泉水的特质上来……从而淡化了危机影响。

3. 情感转变

情感转变是指将消费者因危机而对品牌产生的对立情感，转变为理解、认同和尊敬。

情感转变的关键，是触发消费者心中的情绪按钮，引发消费者的新共鸣。

只有情感转变成功，品牌危机的转换才算基本完成。

加多宝正是通过打悲情牌，并配以委屈而哭泣的小孩图片形象，直接触发了消费者心中同情弱者、反抗强权的情绪按钮，将消费者对"王老吉商标官司"的观望情感，转变为对加多宝"我们挺你"的新情感……

➤ 品牌感悟

有时候品牌需要负面口碑，才能激发粉丝群体的正面拥护。

——科特勒

危机公关之修复：安全危机后，丰田如何再归来

危机修复的核心，是信任重建和形象再造。

➤ 品牌案例

2009 年 8 月 28 日，在美国加州圣迭戈的高速公路上，一辆雷克萨斯 ES350 轿车在突然加速时刹车失控，车上一家 4 人全部遇难。

一场席卷全球的丰田安全危机，由此发轫。

面对舆论质疑和美国政府施压，丰田一边公开道歉，一边全面召回，质量涉及脚垫、油门踏板和刹车问题，地域扩展到世界各地，创造了世界汽车制造史上最大的一次召回纪录。

2010 年，丰田单在美国就召回 710 万辆，而其 2009 年全球销量才 698 万辆。2011 年，丰田销量出现严重下滑，从全球冠军跌落到行业第三。

在庞大的召回阴影下，很多人以为丰田可能就此一蹶不振。

然而，丰田通过持续改善、顾客至上、形象再造等危机修复策略，很快"王者归来"。2012 年，丰田以 970 万辆销量再夺全球冠军，同比增长达 22%。

➤ 品牌分析

对于汽车来说，安全危机无疑是最大的危机，而丰田遭遇的，又是全球最大的安全召回事件。这一危机的严重性，堪称"灭顶之灾"。

但丰田不但没有就此沉沦，而且反弹至新的高度。其展现的，正是卓越的危机修复能力。

危机修复是危机转换响应的继续，亦是品牌形象再造的关键。成功的品

牌，往往在经历强力的危机修复后，浴火重生，更加强大。

丰田具体是如何做的呢？

1. 问题修复——自我改变

"丰田模式"以精益制造闻名于世，其中有一条重要原则：解决问题的方法要使公司的状态较问题产生前更好。

在危机发生后，丰田迅速成立了一个新岗位——地区首席质量总监，其首要任务是解决任何质量和安全方面的问题。

与此同时，成立"全球质量特别委员会"及"外部专家组委员会"，对所有的丰田质量过程进行审查、改善，进一步提升专业品质。

在丰田看来，问题修复还在于正确地识别并解决真正的问题，而不是外界观察者所推测的问题。

尽管舆论不断质疑，丰田始终否认其电子操控系统存在缺陷。最终，美国交通部的调查报告肯定了这一事实，为丰田的危机修复提供了重要背书。

2. 关系修复——顾客至上

丰田最为重要的危机修复哲学，就是不指责任何一个顾客，始终坚持顾客至上，用实际行动消除顾客疑虑，重建顾客信任。

在事故结论还没有定性之前，丰田总裁丰田章男就亲自公开道歉，并郑重承诺："我们将承担全部责任，解决任何问题。"

当时，有顾客拒绝开车去接受检测，丰田便派出大卡车，主动上门召回。丰田不仅对召回事件的受害者展开直接的经济补偿，还在汽车修复期间，给车主免费提供备用车辆。

与此同时，丰田迅速扩展了电话服务中心，悉心沟通、处理每个顾客的问题。丰田章男还亲自领导撰写了一本"我们的态度"的指导手册，将"顾客至上"列为第一条……

3. 形象修复——公益活动

"一个暂时的停顿，只为将您放在第一位。"

在危机发生后，丰田在美国多家主流报纸上刊出了一个巨大的播放暂停键印在丰田汽车上的图片广告，并以此向社会喊话，开展形象再造。

丰田还将传统的品牌宣传，变成将大篷车开到县级市及各种社区开展公益活动，面对面地将自己的正面形象和理念传递给更广泛的消费者和社会大众："只要涉及安全问题，我们能够做到满足顾客所期望的一切。"

与此同时，丰田还推出了"暖春行动"——展开全系促销，用强力价格回报消费者……

丰田模式研究专家杰弗瑞·莱克（Jeffrey Liker）后来总结，敢于承担责任的文化能够击败指责的文化。

正是这种责任形象的重塑，让丰田重新赢得了顾客的认可。

> **品牌感悟**

我们把错误视为学习的机会。

——《丰田模式 2001》

危机备忘：从汶川到清华，王石为何屡陷"捐赠门"

不与公众的道德情绪反向走，是品牌危机公关的重要备忘原则。

➤ 品牌案例

2020 年 4 月 2 日，王石代表万科企业股中心，将 2 亿股万科股票一次性捐赠给清华教育基金会，用于建立清华大学万科公共卫生与健康学院。

这些股票当时市值约 53 亿元，是国内对高校的最大单笔捐赠。

此番慷慨，让人不由想起 2008 年的"王十元事件"。

汶川地震后，万科因只捐赠 200 万元，及王石发文表示"普通员工限捐 10 元，不要让慈善成为负担"而遭网民强烈批评。

很多人以为清华捐赠会让王石的形象反转。可很快，有万科老员工公开站出来举报——王石捐的其实是职工的钱，但"我们不同意捐"……

王石再次陷入舆论漩涡。

➤ 品牌分析

客观地说，王石的两次捐赠，并没有什么完全不对的地方。第一次"不要让慈善成为负担"，其实亦是一种理性的声音；第二次，万科企业股中心早已明确——企业股资产最终用于公益。王石于疫情之际代表全体员工将其捐与清华，也不失为一个好归宿。

但为什么每次都陷入严重的舆论漩涡呢？

一个很重要的原因是，作为公众人物的王石，其当时的捐赠言行脱离了公众的道德期许，滑向了公众道德情绪的反面。

品牌定位大师特劳特有一句经典名言，"与显而易见的真理反向走"，讲的是品牌需要标新立异和差异化定位。

但在危机公关中，却恰恰相反——不与公众的道德情绪反向走，是一项重要的备忘原则。否则，你纵有满腹道理，也可能被口水淹没。

具体该如何避免"反向走"呢？

1. 不做"针尖"

品牌应避免采取与消费者和社会公众利益方直接互怼、傲慢说教、对簿公堂等针锋相对的策略。

2001 年，南京冠生园指责央视对其的报道蓄意歪曲事实；2018 年，权健直怼丁香医生诽谤中伤……最后都把自己拖入了生死危机。

在汶川地震刚刚发生时，王石和万科的社会影响正如日中天，公众自然对其寄予了很高的道德期许，希望其承担更多。

但王石不仅忽视了这种期许，还公开站出来给公众讲道理。"限捐 10 元"的强烈落差，极大地刺痛了大众神经，从而使自己滑向了漩涡。

2. 不当"鸵鸟"

品牌应避免采取"鸵鸟式"策略——对危机不以为然，置之不理，与消费者和社会公众的情绪需求"躲猫猫"。

万科企业股中心对清华的捐赠，按理来说，这是所有万科人的荣耀。

但在许多万科老员工看来，他们是看到新闻才知道，自己其实"被代表"了。

他们的举报和质疑，又激发了广大网友的共鸣——有多少企业的股权激励，其实都是"画饼游戏"？

显然，捐赠前若发起一场公开讨论和意见征求，可能就不会有后面的风波了。

不仅在事前缺乏预警和沟通，在事后面对质疑时，王石和万科亦罕见地采取了沉默。于是，质疑被不断放大，王石的形象再度遭受冲击。

3. 不为"浆糊"

品牌应避免在危机响应过程中，给公众模糊的感觉——认为你在敷衍塞责，推诿扯皮，故意不作为。

2018 年，碧桂园频频爆发安全事故，老板杨国强在媒体见面会上称"自己是天底下最笨的人"，本想凭此弱化危机，没想引来更大舆论反弹。"天下最笨杨国强"也成了网民广为传播的"新段子"。

> ➢ **品牌感悟**

处理公关危机，其实就是处理公众的情绪。

NOVEMBER

管理密码：
谁是你的超级品牌官

品牌管理系统导图

11月1日

管理前传：乔布斯交班库克时的一次私密谈话

品牌管理是企业的最高层级管理工作。

➤ 品牌案例

这是《蒂姆·库克传》里记载的细节。

2011年8月11日，乔布斯邀请库克到自己家里私密谈话，希望他接任苹果CEO。

那时乔布斯已身患癌症8年，刚刚接受了肝移植手术。

库克在回忆起那次谈话时说："我们对于他做董事会主席及我做CEO这样的安排，做了全方位的讨论。"

当时，乔布斯说"你全权负责"，库克还以为自己听错了，因为乔布斯一直都不愿意放权。

于是，库克"尝试着问一些乔布斯会介意的问题"。他说："你是说，如果我审核一条广告，我非常喜欢就可以直接使用，不需要经过你的同意？"

乔布斯听完哈哈大笑，说："这个嘛，我希望你至少问我一下。"

➤ 品牌分析

从库克和乔布斯的谈话可以看出，包括但不限于广告审核的品牌管理工作，才是苹果公司最高层级的管理工作。

品牌管理，即对品牌的管理，它贯穿品牌建立、维护、发展的全过程，是企业保持市场竞争力和品牌溢价能力的关键。

在万物互联的今天，品牌管理已不仅是一项重要的企业管理工作，而且是企业的最高层级管理工作。

1. 从生产管理到品牌管理

曾经的"手机王"诺基亚被原本并不生产手机的苹果颠覆。很多人以为，是因为诺基亚错失了智能手机时代的技术创新。

其实，早在 2004 年，诺基亚就开发出触控技术，那时苹果还没"入行"。诺基亚每年的研发费用，更是数倍于苹果。

诺基亚之败的核心原因，不在技术，而在品牌管理。

在传统工业时代，企业的核心工作是生产管理。所有创新是以公司为中心的，谁能以更低的成本生产出更好的产品，谁就是那个时代的王者。

随着生产过剩及互联网的崛起，企业的核心工作转为品牌管理，企业的核心战场已不在工厂，而在消费者心里——所有创新是以用户为中心的，谁能以更好的方式赢得用户，谁就是新时代的王者。

显然，诺基亚是工业时代的王者，它遵循精益生产法则，硬是把传统手机的性价比做到了极致，连续 14 年占据市场份额第一。

但这种精益生产构建的庞大组织体系和严密管理流程，使高层决策者和消费者的真实声音之间隔着重重障碍。

所以，当乔布斯以"重新定义手机"发出消费势能的新集结号时，诺基亚从漠视到迟疑，再到后面的手忙脚乱……最终被消费者无情抛弃。

2. 从品牌经理到超级品牌官

传统工业时代以生产为核心，但并非没有或不需要品牌管理。这种管理的一个重要标志，就是品牌经理的诞生。

品牌经理的概念 1931 年始于宝洁公司，即公司为每个品牌的产品或产品线配备一名直接经营责任者，负责品牌建设的全过程。

品牌经理的出现，是品牌管理专业化的一次飞跃。后来的首席品牌官制，正是这种专业化的进一步提升。但尽管如此，品牌管理大多从属于公司战略，处于部门级的附属地位。

在万物互联时代，品牌管理不再是从属地位，而是核心地位。其标志是超级品牌官的大量涌现。

所谓超级品牌官，就是把创建、投资、管理品牌作为核心任务和追求的公司掌门人。其优势是可以整合公司的一切资源，去发掘消费梦想，引领消费变革。

当然，在传统时代，也不乏这样的超级品牌官。例如，"可口可乐之父"阿萨·坎德勒，迪士尼创始人华特·迪士尼，以及许多顶级奢侈品牌的掌门人。

乔布斯的出现，宣告了这一时代的全面来临。乔布斯集品牌创始人、品牌管理人和品牌代言人于一身，验证了哪怕凭技术立身的科技公司，也必须在消费者的梦想中，找到品牌的立足之地。品牌梦想一旦与消费梦想合流，就可以缔造改变世界的强大商业力量。

试想，如果当初不是乔布斯而是一个普通的品牌经理，苹果敢跨界进入手机行业吗？

所以，当诺基亚的高层坐在总部办公室里，聆听品牌经理的层层汇报时，其与苹果的那场战争，已有了结果。

➢ **品牌感悟**

品牌是一切战略的核心。

——江南春

超级管理：品牌关系金字塔

品牌管理三核心：关系权益、关系触点、关系进化。

➤ 品牌案例

1985 年 4 月 23 日，可口可乐宣布停止使用已有 99 年历史的老配方，推出全新配方的可口可乐。

为此，可口可乐耗巨资进行了长达两年的调研和准备。盲测结果显示，60%的消费者认为新配方可乐比老配方可乐好喝，52%的人认为新配方可乐比对手百事可乐好喝。

然而，谁也没有料到，配方的改变，立即引来消费者的疯狂抗议和抵制。

大多数美国人表达了同样的意见：可口可乐背叛了他们。

可口可乐开通了 83 部热线电话，雇了大量公关人员进行安抚，但依旧无济于事。许多顾客公开威胁："将再也不买新可口可乐！"

两个多月后，可口可乐不得不公开向消费者道歉，宣布停止新配方，重启原味可口可乐。

➤ 品牌分析

谈起品牌，很多公司都认为是自己拥有品牌。在它们看来，品牌管理就是管理好自己的公司形象、产品形象、广告创意形象等。

但事实上，真正拥有品牌的是消费者。

因为，品牌是消费者的一种认知和认可。公司拥有的只是产品，消费者拥有的，才是品牌。

否则，一旦消费者抛弃了品牌，品牌自认为形象、产品和创意再好，也是枉然。

消费者拥有品牌的表现，就是消费关系。所以，品牌管理的本质，是品牌关系管理——以消费者为核心，帮助消费者建立、强化和维护与品牌的良好关系。

可口可乐新配方之所以遭遇抵制，就是因为挑战了原配方与消费者形成的良好关系：消费者忠诚的，已不只是口味，而是口味背后那个"神秘配方"带给人的神秘感，以及其所蕴含的"正宗可乐"和美国文化精神。

那么，品牌该如何管理品牌关系呢？

具体而言，品牌关系管理应管理好三个核心：关系权益、关系触点、关系进化。如图 11-1 所示。

图 11-1　品牌关系金字塔

1. 关系权益

关系权益即维系品牌与消费者关系的价值权益。它是品牌关系的核心纽带和基本前提。

对于品牌来说，权益是一种价值承诺；对于消费者来说，权益是一种价值拥有。

品牌管理，首先要管理好这种权益，让其得到强化，而不是弱化。权益越强化，关系越牢固；权益若弱化，关系就会松散，甚至解除。

可口可乐原是一种用于提神、镇静及减轻头痛的药剂糖浆，后被推向大众饮料市场。为强化其稀缺价值和经典可乐的特性，可口可乐一直宣称这是一种"神秘配方"：其配方单长期被保存在一家银行的保险柜中；掌握神秘配方的只有三人，他们不仅身份绝对保密，且不允许坐同一架飞机……

随着时间的推移，这种"神秘故事"已被塑造成品牌关系权益的重要部分，是"正宗可乐"的重要象征元素之一。

显然，新配方的出现，是对这种权益的弱化，而非强化，自然被广大消费者视为可口可乐对权益承诺的一种背叛，故而加以抵制。

2. 关系触点

关系触点即消费者能接触到公司产品和品牌的任何场景点和交互地。它是品牌关系形成、深化的"连接口"。

触点管理的关键，一要精准，二要有黏性。精准，才易"对眼"；有黏性，才好"留客"。

20 世纪 70 年代自动售货机出现后，可口可乐的自动售货机迅速铺展到世界各地市场，成为其最重要的消费关系触点之一。

为增加黏性，可口可乐经常设置一些特殊售货机，消费者投入一个硬币，它会"傻乎乎"地多吐出一瓶又一瓶的可乐，一度引发消费狂欢。

2020 年 10 月 9 日，阿里巴巴旗下淘宝特价版推出首家"1 元体验店"，并宣称要开 1000 家。很多人惊呼："1 元店，阿里巴巴不会亏死吗？"

其实，阿里巴巴的这个策略亦是一种强化触点黏性的"套路"。其目的是以此推介"淘宝特价版"，促进消费关系，与拼多多等争夺"特价客户"。

3. 关系进化

关系进化即品牌关系的动态演变和升级变化。

品牌关系专家苏珊·福尼尔（Susan Fournier）曾指出，品牌关系是一种动态的、暂时性的现象，需要对它进行及时的主动管理。

一般而言，品牌关系会经历一系列不同的阶段：建立期、成长期、维持期及衰退期或升级期。

关系进化管理，就是对这种关系周期的主动管理。而其核心，就是阻止衰退期，持续升级期。

可口可乐始于 1886 年，至今已 130 余年，比中国的许多老字号还要老。可为什么我们很难感觉到它身上的"老"？

因为，其不断通过营销创新，刷新着消费关系活力。

自"换味风波"后，可口可乐再也没有更改过口味配方，以保持核心关系权益的恒定。但它不断通过广告、活动的年轻化营销，以及个性化的瓶体表达，赢得了一代又一代消费者的追捧。

古人云："苟日新，日日新，又日新。"消费生活如是，品牌关系亦如是。

> **品牌感悟**

品牌就是指你与客户间的关系。

——亚马逊创始人　杰夫·贝佐斯

关系权益：两句小文案，"害死"了一个国货老大

顾客让渡价值越大，顾客越渴望与你建立和维系消费权益关系。

➤ 品牌案例

凭"植物一派"崛起的重庆奥妮，曾是国产洗发水的老大。到 1997 年，其销售额为 8 亿元，市场占有率为 12.5%，仅次于宝洁。

也就是这一年，中国香港回归，奥妮推出了"长城永不倒，国货当自强"的广告，以"国货扛旗者"的身份倍受舆论叫好。

然而，舆论叫好，销量却下滑——许多消费者原以为奥妮是个国际品牌，突然发现是个国货，开始选择"用脚投票"。

奥妮急了，便火速找到国际上一家著名的 4A 广告公司，提炼出"不腻不燥，爽洁自然"的新广告语，并以黄果树瀑布为形象，开始了新广告轰炸。

可这个广告一推出，消费者更不买账了——我想要柔顺和爽洁，我直接去买飘柔、海飞丝啊，为何选奥妮？

奥妮就此遭遇滑铁卢，后来一蹶不振，逐渐淡出了市场。

➤ 品牌分析

重庆奥妮的案例过去 20 多年了，依旧发人深省。其对广告词的更改，表面上是一种形象重塑，本质上是一种品牌关系权益重塑。这种重塑，因为没有强化反而弱化了原有的关系权益，最后自毁前程。

权益强化还是弱化，堪称品牌关系管理的"生死线"。

那么，品牌具体该如何强化关系权益呢？

1. 权益价值强化

权益要以价值创造为依托，要强化对消费者价值需求的满足和获得。价值，是品牌关系形成的根基。

营销大师菲利普·科特勒有一个著名的"顾客让渡价值理论"，认为"顾客让渡价值"是顾客总价值（Total Customer Value）与顾客总成本（Total Customer Cost）之间的差额。顾客总价值指顾客购买某一产品与服务所期望获得的一组利益，它包括产品价值、服务价值、人员价值和形象价值等。顾客总成本是指顾客为购买某一产品所耗费的时间、精神、体力及所支付的货币资金等。如图 11-2 所示。

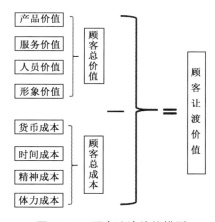

图 11-2　顾客让渡价值模型

价值强化，就是提升、增加顾客让渡价值。因为，顾客让渡价值越大，顾客越渴望与品牌建立和维系消费权益关系。

奥妮的"国货广告"，显然走向了反面——消费者所期望获得的是洗好头发，而不是"国货自强"。尤其在国货口碑不佳的年代，这相当于直接弱化了顾客总价值。

2. 权益特性强化

权益要以最显著特性为核心，强化与市场竞争品牌的差异化区隔，以及与消费者关系的唯一性。特性，是品牌关系竞争的壁垒。

一是权重强化。强化品牌特性在消费需求关系中的权重。例如，可口可乐强调的是"正宗"，百事可乐强调的是"年轻"；宝马强调的是"驾驶的乐趣"，沃尔沃强调的是"安全"。

二是品类抢占。将品牌特性塑造成消费者在某一细分领域的第一或唯一选择。例如，"怕上火，喝王老吉""吃饭，就到老乡鸡""专业定制柜，就是索菲亚"。

奥妮原本凭"植物一派，重庆奥妮"受到消费者青睐，"植物一派"已成为其重要特性。其旗下的"百年润发"广告，亦颇具口碑。可后来的"不腻不燥，爽洁自然"，不仅弱化了这一特性，而且重叠了市场竞品的特性。

3. 权益增值强化

权益要以随着关系深化、持续而不断增值为目标，强化忠诚顾客的恒定预期。增值，是品牌关系持续的保障。

这种增值，主要体现在三个层面：一是物质利益层面的，如通过消费返现、会员积分、定制服务等，让顾客越用越便宜；二是情感和精神层面的，如通过形成消费依恋或身份象征，让顾客越用越依赖；三是品牌价值成长层面的，如通过不断引领消费创新，不断扩大品牌影响，让顾客越用越自豪。

在权益增值过程中，顾客的恒定预期，往往离不开品牌核心特性的稳定和持续。除非重大战略升级，这种稳定，不仅是顾客情感依赖的需要，也是权益增值的基础。

所以，沃尔沃始终坚持"安全"，可口可乐经历"换味事件"后，再也没有更改过配方……

奥妮本是"植物一派"的最先提出者，遗憾的是，奥妮并没有坚守这一特性，而是在不断的焦点偏移中，动摇了顾客的恒定预期，造成了品牌关系的松散和破裂。

➢ 品牌感悟

伟大的品牌使顾客感觉到的是感性收益，而不是理性收益。

——科特勒

关系触点：维珍航空为什么鼓励乘客"约空姐"

触点管理，要脚下有"路"，心中有"数"。

➤ 品牌案例

云端之上，如果见到一个美丽空姐，下飞机后可以约她共进午餐吗？

维珍航空的答案是——当然可以。

维珍航空是英国第二大航空公司——英国维珍大西洋航空公司（Virgin Atlantic Airways）的简称。其成立于 1984 年，以"好玩"的品牌理念而享誉世界。

例如，维珍航空是第一家在民航客机上装配个人娱乐系统的航空公司，并提供包括酒吧、英式茶点及美容保健服务等在内的娱乐服务；维珍航空还曾推出机上"搭讪服务"，不但号召乘客"交朋友"，在机舱内表达爱意，亦鼓励乘客下机后主动"约空姐"。甚至，维珍航空老板理查·布兰森曾亲自穿上裙子，扮成"空姐"为乘客服务……

维珍航空也一度被誉为"最性感的航空公司""一个在天上飞的娱乐公司"。

➤ 品牌分析

品牌管理专家戴维·阿克（David Aaker）曾指出："品牌体验是消费者关系的精华。它应该是令人愉悦、超乎预料、令人瞩目的，甚至能够激发人们积极的互动交流。"

他同时亦强调："品牌体验是由品牌接触点带来的，品牌接触点可以发生在人们与品牌接触的任何时间。"

显然，不管机上的"搭讪服务"，还是下机后的"约空姐"号召，都是维珍航空的一种品牌触点管理策略。其旨在通过更多有黏性的互动体验，建立更好的品牌关系。

那么，品牌该如何进行触点管理、构建良好的体验呢？

1. 脚下有"路"——绘制"触点管理地图"

"触点管理地图"亦即"客户/用户旅程地图（Customer/User Journey Maps）"，是将消费者按购买前接触点、购买接触点、购买后接触点相关顺序，绘制沿该路线的"客户/用户旅程地图"，并进行系统规划、管理。

"触点管理地图"的好处，可以以客户视觉及全局意识，来确定优先次序，并根据竞争对手的特点，科学监测、系统管理和优化客户触点体验。

常见的"触点管理地图"，主要包括以下环节：

（1）客户画像，即锁定并勾画目标客户情况。

（2）触点轴线，即客户完成一个购买体验闭环需要经历的触点轴线。

（3）关键时刻，即影响客户决策和态度的核心场景及互动体验设计。

（4）情绪轴线，即客户在具体触点体验环节表现出的实际情绪轴线，一般可分为喜悦、舒服、满意、一般、负面、糟糕6种。

（5）效果检视，即用户触点体验的KPI监测及优化调整。

"触点管理地图"不仅广泛应用于线上线下全渠道、全场景、全流程的用户体验环节，亦是品牌产品和服务研发的重要工具，是客户增长管理体系的重要内容。

2. 心中有"数"——明晰触点管理原则

地图是"作战工具"，明晰的触点管理原则，则是"指挥系统"。

（1）触"及"——精准性原则。触点设置，要力求精准挖掘和触及用户痛点（需求点）、痒点（兴趣点）、爽点（兴奋点）和喜点（满意点）。

（2）触"动"——唤醒性原则。触点体验，要有黏性和互动，能引发客户共鸣，唤醒客户行动，促进客户关系。

（3）触"通"——一致性原则。触点风格，要与品牌整体理念始终保持一致，触点连接，要能够"一键打通"，形成"整合效应"。

很多人可能以为，维珍航空的"搭讪服务"和"约空姐"号召，以及维珍航空老板的"特立独行"，只是一种好玩的"噱头"而已。

事实上，维珍集团是英国最大的私营企业之一，其旗下横跨多领域的300多个品牌，均秉持着同样的理念——打破传统、独特、乐趣与娱乐。严格的触点管理，是其聚合所有品牌的一条主线。

一次"好玩"，可能是一种炒作。长期"好玩"，并玩成事业、玩出个性，就是一种管理原则了。

➤ **品牌感悟**

维珍是一种（与用户的）终身关系。

——理查·布兰森

关系进化：迪士尼"幻想工程师"的幕后逻辑

关系进化管理的本质，是愿景管理。

➤ 品牌案例

20 世纪 50 年代初，迪士尼公司创始人——华特·迪士尼（Walt Disney），开始了主题公园的构想——打造一个观众能亲身走进去的卡通梦幻世界。

但因为过于"梦幻"，他的计划遭到了公司股东的集体反对，银行也拒绝提供资金。

1952 年 12 月，华特·迪士尼便独资成立了华特迪士尼幻想工程事业部，专门负责迪士尼乐园的建设。

为此，他卖掉了别墅，提前兑换了自己的保单。

他将新的团队，称为"幻想工程师"——他们来自不同行业，只为将最大胆的奇思妙想，变成可以体验的神奇世界……

1955 年 7 月 17 日，世界上第一个现代意义上的主题公园——加州迪士尼乐园正式开业。当天，游客爆满，轰动一时。

迪士尼，也由此开启了其娱乐事业的全新纪元。

➤ 品牌分析

一般的旅游目的地，顾客往往去一次就不会再去，双方从此没有了关系。可迪士尼乐园需要顾客不断去重复消费，凭什么？

凭的是"幻想工程师"的不断创新。

所以，从华特·迪士尼设立"幻想工程师"的第一天开始，他们就肩负着迪士尼集团，尤其是迪士尼乐园最核心的工作——品牌关系进化。

他们看似"幻想"，其实遵循着严格的品牌关系进化规律——他们所做的一切，都是以顾客为中心的，以进化顾客关系为目标。

也正因为如此，世界乐园千千万，唯有迪士尼成了"最快乐的地方"。

那么，品牌到底该如何进行关系进化管理呢？

1. 关系进化管理的本质——愿景管理

伟大的品牌，几乎都是以消费愿景为品牌愿景，以品牌愿景为公司愿景。

再放大一点，就是以消费梦想为品牌梦想，以品牌梦想为公司梦想。

因为，愿景是消费关系的最大牵动力。人们对"未来"，永远充满着最大的兴趣。

华特·迪士尼显然是洞悉这一本质的卓越企业家。从动漫到电影，从电影到乐园，他一步步地推动着品牌关系的不断进化。在生命的最后 10 年，他依旧孤注一掷地投入乐园开发，就是因为他坚信，迪士尼乐园，是迪士尼故事王国的下一个消费愿景。

"他对昨天不感兴趣，他只在乎今天和明天。"有人如此评价他。

可现实中，许多企业却恰恰相反。

影像巨头柯达最先研发出了数码技术，可为了现实的胶卷生意，曾一度把数码技术"雪藏"起来不推向消费市场。最后，遭遇消费者的无情抛弃。

2. 关系进化管理的关键——活力激发

《品牌大师》一书认为，一个有活力的品牌，至少要具备以下特征中的一个：

- 有趣/令人兴奋。让人们有谈论该品牌的理由。
- 邀人涉入/参与。人们愿意参与其中，它是有价值的活动或生活方式的一部分。
- 创新/生动鲜活。品牌要有创造"必需品"的创新能力，这些创新能够定义新的子品类或具有不断增长但又可见的特征。
- 有激情/有目标驱动。品牌要传递能够激发激情的更高目标。

迪士尼"幻想工程师"虽然是"造梦",但他们并非胡编乱造,而是遵循严格的、全面的活力激发规律,根据消费者的关系特点,打造"永远建不完的迪士尼"。

例如,加州迪士尼园区主入口是美国小镇大街,而上海迪士尼项目主入口是米奇大街。因为,"幻想工程师"调研后认为,米奇、米妮更能引发中国人共鸣,让人更愿意参与其中。

3. 关系进化管理的窍门——IP 聚能

其实,愿景也好,活力也罢,都是为推进消费者与品牌情感的不断深化。人格化的品牌 IP 可以承载和累积这种情感,并随着时间沉淀愈发深厚。

这,也是迪士尼乐园最与众不同的地方。

也就是说,迪士尼"幻想工程师"的所有幻想,都围绕着迪士尼动漫 IP 进行,并结合当代先进的技术,营造出让游客沉浸其间的情感体验。

迪士尼前首席运营官汤姆·斯泰格斯曾如此总结:"将游客与耳熟能详的故事、人物角色和音乐联系起来,帮助他们彼此分享能够延续一辈子的快乐记忆,这就是迪士尼的秘方。"

➤ **品牌感悟**

只要想象力还存在于这个世界,迪士尼就永远不会完工。

——华特·迪士尼

品牌管理之"道"：世界 500 强最长寿企业之谜

基业长青的品牌，都是遵循"道"的结果。

➤ 品牌案例

不管在《财富》2019 年世界 500 强企业名单中，还是在世界品牌实验室发布的 2019 世界品牌 500 强名单中，有一家公司，都稳居"最长寿企业"。

它，就是法国的圣戈班（Saint Gobain）。

圣戈班始于 1665 年，也就是中国康熙四年，到 2020 年，已经 355 岁了。

圣戈班由法国路易十四财政大臣 Colbert 创立，缘起于为凡尔赛宫的兴建供应玻璃。当时因兴建凡尔赛宫而创立的工厂很多，但走到现在的，唯有圣戈班。

目前，圣戈班系房屋和建筑领域的全球领导者，业务遍布全球 70 个国家和地区。2019 年，圣戈班销售收入为 425.73 亿欧元，折合人民币约为 3308.73 亿元。

➤ 品牌分析

我们说品牌管理的本质是品牌关系管理。抓住了"关系"，就抓住了品牌管理的"牛鼻子"。

但具体的品牌管理，是一个系统工程。它在以"关系"为内核的基础上，还离不开"道""法""术""器"四大系统。

"道"，即品牌规律；"法"，即品牌规则；"术"，即品牌方法；"器"，即品牌工具。

圣戈班既持续数百年风雨而不衰，又能做到世界 500 强的规模，其真正的谜底，显然已不只是某一管理技术的成功，而是遵循"道"的结果。

中国古话说："小赢靠智，大赢靠德。"

何谓德？老子认为：合乎道者为德。

那么，品牌该合乎什么样的"道"呢？

1. 时代之道

张瑞敏曾说："没有成功的企业，只有时代的企业。"

时代的发展、变化规律，是每一个企业和品牌背后最隐秘也是最强大的力量。

圣戈班始于世界五大宫殿之一——凡尔赛宫建设的时代机遇。但与其他建设商不一样的是，它进一步抓住了玻璃被广泛应用的机会，并成功切入陶瓷塑料、石膏建材等高技术材料领域。

世界 500 强另一家长寿企业——诞生于 1802 年的杜邦，其以造火药起家，后成功转型为一家化工企业。当年，杜邦为美国军方研发出了原子弹，可杜邦只是象征性地收了 1 美元。

杜邦吃亏了吗？当然没有。正是在原子弹研发过程中掌握的先进技术，成就了它的未来。

2. 消费之道

消费之道即消费者对美好消费生活不断向往的规律。

圣戈班如此定位自己的"消费之道"：每个人幸福生活的源泉，人类美好未来的基石。

为此，圣戈班始终把创新看得"高于一切"。圣戈班在全球拥有 8 大研发中心，每年申请 400 多项专利，不断为消费者提供创新解决方案。

为激活创新力，圣戈班还保持开放的心态。

据报道，在圣戈班，如果员工有好的科技创意，可以带着创意团队离开公司。公司还会对优质项目进行资金投入。

正是这样的消费之道，使圣戈班每卖出 4 件产品，就有一件是在过去 5

年内不存在于这个世界上的。

3. 企业之道

企业之道即企业作为一个组织系统本身的成长和兴衰规律。

兰德公司曾花 20 年时间跟踪世界 500 家大企业，发现百年不衰的企业有一个共同的特征，那就是树立了超越利润的社会目标。具体包括三条原则：一是人的价值高于物的价值，二是共同的价值高于个人的价值，三是客户价值和社会价值高于企业的生产价值和利润价值。

在圣戈班，有五项社会承诺："创造可持续舒适建筑，减少我们对环境造成的影响，为员工的职业发展保驾护航，支持当地社区发展，在工业市场中保持差异化。"

一次，一位圣戈班工程师去工地，很多建筑工人反馈在使用工业砂浆时会有很多粉尘。工程师回来后，就按照减少粉尘、减少对人体伤害的需求，最终研制出无粉尘的砂浆，不仅提高了施工效率，也降低了对人体的伤害……

➤ **品牌感悟**

圣戈班的目标一直是帮助人们创造美好生活。

——圣戈班亚太总裁　孟昊文

品牌管理之"法"：IBM"大象也会跳舞"的秘密

品牌型组织管理的核心，是建立统一的品牌目标和绩效指标。

➤ 品牌案例

1993 年 4 月，路易斯·郭士纳（Louis Gerstner）临危受命，加入正陷入严重亏损的蓝色巨人 IBM，出任董事长兼 CEO。

郭士纳决定重整 IBM 品牌："如果 IBM 的品牌搞砸了，那我们的一切努力，就都等于零。"

当时，几乎每个分部的产品经理都设立了自己的广告部。光广告代理机构，就有 70 多家。在同一份杂志里，曾出现了 18 种不同版本的 IBM 广告。

郭士纳与新任市场营销负责人商定，整合所有分散的广告部门，"一个声音，一个机构"。

为说服全球管理委员会，他们在会议室的每一面墙上，都布满了来自不同分部的广告、包裹及营销小册子……

混乱的画面震动了所有与会者，整合方案顺利通过。这为 IBM 重现辉煌奠定了重要基础。《广告时代》称之为"全世界为之动容的市场营销之弹"。

➤ 品牌分析

郭士纳被誉为"IBM 的拯救者""IT 巨子"。他成功让濒临破产的 IBM 实现转型，重回辉煌，缔造了"大象也能跳舞"的商业传奇。

在这个过程中，他对 IBM 的"品牌整合"无疑影响深远。

这种整合，就是品牌管理之"法"——品牌规则的建设和重塑。

品牌具体该如何建设自己的规则呢？

1. 组织规则

组织规则即品牌运营团队的组织设置、运作和管理规则。

传统的品牌管理组织，往往属生产型导向。而目前，以客户为导向，以品牌管理和经营为核心的品牌型组织正在兴起。

成熟的品牌型组织，一般采用三级管理模式：品牌管理委员会—品牌管理部门—品牌执行部门。

在一些"超级品牌官"公司，则直接由 CEO 代替品牌管理委员会。

品牌型组织管理的核心，是建立统一的品牌目标和绩效指标，提高决策效率和协作能力。否则，市场部的短期业绩冲动很容易打断整体品牌规划。

郭士纳正是基于 IBM 品牌的整体目标，重构了广告部门，建立起"大品牌、大战略、大未来"的新组织。

2. 价值规则

价值规则即品牌价值理念的设计、发展和管理规则。

具体而言，品牌价值理念规则主要包括品牌定位、品牌使命、品牌愿景、品牌价值观、品牌文化、品牌形象、品牌个性、品牌规划等。

价值规则管理的核心，是坚持整体性、持续性和一致性。正如星巴克创始人霍华德·舒尔茨所说，"必须以每一天的努力来保持和维护"。

郭士纳一方面驱动 IBM 从一个标准软硬件一体化的公司，转型为解决方案公司，一方面提炼出"四海一家的解决之道"这一理念，并与奥美合作，以一套全新的品牌价值规则系统开启了"王者归来"。

有人评价，郭士纳"大象跳舞"的秘密，并不在于产品品牌领域，而在于公司品牌领域。

3. 行为规则

行为规则即在品牌执行过程中的行为准则及监督管理规则。

行为规则的管理，关键有二：

一是制度化。品牌通过《品牌管理手册》《品牌 CI 手册》《品牌推广手册》《品牌活动手册》《品牌监测与评估制度》等，让品牌行为可操作、可检验、可复制。

二是全员化。行为规则覆盖所有成员，实现全员品牌管理。将每个员工、合作伙伴，甚至忠诚顾客，都变成企业品牌的推广者、代表者和管理者。

郭士纳的做法是，一切行为品牌化，连接待员的风格、办公室的摆设都有着严格的品牌执行规范。

迪士尼乐园的每一个岗位，都有详尽的书面职务说明，细致具体，有规可循；飞利浦还专门开设了一门课程，推动品牌行为规范的落实……

➤ 品牌感悟

我按照原则而不是程序实施管理。

——郭士纳

品牌管理之"术"：肯德基爷爷是怎么"复活"的

成功的品牌方法，可以事半功倍，甚至"化腐朽为神奇"。

➤ 品牌案例

"肯德基爷爷"山德士上校（Colonel Sanders）是肯德基品牌创始人，也是肯德基的标志性符号。然而，其1980年去世之后，肯德基便很少在广告当中使用他的形象。

直到2015年。

这一年，因为美国市场销售低迷，肯德基找到素有"创意热店"之称的W+K，对方给出的方案是——重新启用、激活山德士上校的形象。

于是，肯德基先后找了十几位不同的明星、喜剧演员来扮演山德士上校。随着一声"美国，我回来了"的宣言，山德士上校一会儿变身型男，一会儿男扮女装，一会儿宣称"要把炸鸡送上太空"……

果然，在"肯德基爷爷"的"回魂"下，肯德基美国的同店销售很快增长了6%，领跑全球4%的同店销售增长。

➤ 品牌分析

一个去世35年的老人，竟成了公司业绩的"救心丸"——肯德基激活的，看似是山德士上校的形象，其实是品牌管理之"术"——品牌活化。

"术"，即品牌方法。成功的品牌方法，可以事半功倍，甚至"化腐朽为神奇"。

在众多的方法中，最重要的，则是"活化"。因为，世移时迁，消费变换，唯有不断活化，品牌之树才能青春常驻、魅力常在。

如何活化呢？

1. 热度活化

热度活化即活化在消费者心目中的热度。品牌有热度，消费才会有人气。

如果把热度比作一团火，热度活化的方法有以下两种：

一是"借火"，即通过借他人的热度，来激活自己的热度。肯德基激活山德士上校，首先选择的是请流量明星来扮演山德士上校，并且一个又一个地扮演，成功地将诸多流量明星的热度转化为山德士上校的热度。

二是"点火"，即制造新话题，生化新热度。不同明星扮演的山德士上校，一会儿说要把香脆辣鸡堡"送上太空"，一会儿推出"炸鸡味"的指甲油，一会儿变身酒吧驻唱……通过不断制造新话题，山德士上校成功回归舆论中心，并受到欢迎。

2. 情感活化

情感活化即活化与消费者之间的情感。品牌有情感，消费才会有黏度。

情感活化是品牌活化最常用的套路。如可口可乐的"城市瓶"、江小白的"表达瓶"、三只松鼠的"主人语"、农夫山泉的"水源视频"等，都是为了情感活化。

肯德基更是大打情感牌，其不仅大力宣传山德士上校的创业故事，以及他身上的"美国传奇"，还发行了一款《我爱你，山德士上校》的游戏，"肯德基爷爷"转身为一个"偷心的贼"而再次引发热潮。

3. 价值活化

符号活化的终极目的，就是价值活化。品牌有价值，消费者才会有忠诚度。

肯德基在重启山德士上校的同时，承诺提高服务水平和满意度，在全国范围内重新训练员工，在口味上和服务上向竞争对手 Chick-fil-A 看齐……

正是因为价值的活化，才支撑起业绩的持续增长——截至 2017 年，重启山德士上校为肯德基带来了 12 个季度的持续增长。

> **品牌感悟**

问渠那得清如许？为有源头活水来。

——朱熹

11月25日

品牌管理之"器"：当三个欧派遇上一个蒋雯丽

一旦失去保护，再好的品牌，也有可能"裸奔"。

➤ 品牌案例

欧派家居原名欧派橱柜，创立于1994年。2005年，其携手蒋雯丽，一句"有爱、有家、有欧派"的广告，响彻大江南北。

当雄霸中国橱柜"销量之冠"后，欧派家居开始向木门等家居全品类扩张。

然而，它怎么也没有想到，有个2006年成立的浙江厂商——江山欧派不但注册了木门类别的欧派商标，而且还同样请了蒋雯丽代言，其广告语是"幸福家，欧派门"。

一气之下，欧派家居便向对方提出收购，可价格没有谈拢，后一纸诉状将对方告上法庭，又遭驳回——你是橱柜，人家是门业，不构成侵权。

同样富有戏剧性的是，市场上竟还有一个欧派电动车，请的代言人也是蒋雯丽，其广告语是"我选欧派，源于信赖"。

无奈，2015年，欧派家居将代言人换成了孙俪，其门类产品则启用了子品牌——欧铂尼。

➤ 品牌分析

同一个代言人，不同的欧派品牌——尽管后来者有蹭名气之嫌，但人家完全是合法的。相反，欧派家居若在门类上使用欧派品牌，却是被法律禁止的。

如此局面，缘于欧派家居对品牌保护不足。

古人云："工欲善其事，必先利其器。"

成功的品牌管理，还需要借助一系列管理之"器"——品牌工具，如大数据工具、信息化工具、舆情监测工具、视频营销工具、区块链工具等。

最重要的是品牌保护工具。因为，一旦失去保护，再好的品牌，也有可能"裸奔"。

品牌保护是指通过法律、资本等各种手段和工具，对品牌的各项权益进行全方位的保护，以防范来自各方面的侵害及市场风险。它主要包括法律保护、特性保护和价值保护。

1. 法律保护

品牌一旦确立，必须首先利用法律工具进行保护，消除法律权益风险。

一是商标保护。欧派家居在品牌保护上的第一大疏忽，就是在商标注册时没有覆盖整个家居品类，为后来的品牌发展留下了"法律漏洞"。

二是版权保护。版权保护即对品牌的著作权进行保护，确保其法律权益属于公司。

三是专利保护。专利保护即对技术、产品、包装等发明创造及时进行专利申请，构建专利"防火墙"。

2. 特性保护

特性保护即通过品牌特性的限制性工具，确保品牌特性的唯一性和专属性，消除消费者的识别风险。

欧派家居在品牌保护上的第二大疏忽，就是在签约代言人时没有限制性约定，从而没有确保代言人这一符号特性的唯一性和专属性。

具体而言，特性保护主要有两方面内容：一是有门槛。品牌特性表达要有门槛，让人不好模仿或无法模仿。二是有密码。品牌特性识别应借助互联网、区块链等新技术，构建防伪密码，确保识别安全。

3. 价值保护

价值保护即通过资产收购、市场垄断等竞争工具，确保品牌价值的稳定及增长，消除有损品牌价值的市场及经营风险。

欧派家居在品牌保护上的第三大疏忽，就是在有意收购欧派门业时没有"咬牙搞定"，当时对方的开价再高都应"好好掂量"。后来，欧派门业高速发展，并与欧派家居同年登陆 A 股市场就是明证。

曾经，外资一度掀起对中国本土品牌的"收购潮"，而且许多被高价收购回的品牌竟藏着不用，为什么？就是一种对自有品牌的价值保护。

价值保护的关键，一是减损，二是增益。垄断品牌的各种市场空间及机会，就是最好的减损及增益。

> **品牌感悟**

品牌管理是一项终生的事业。

——星巴克创始人 霍华德·舒尔茨

管理备忘：你离世界 500 强，可能只隔一个董明珠

几乎每一个成功品牌的背后，都有一个灵魂人物在推动。

➤ 品牌案例

"我糊涂、胆子大，去省里告状，最后救了这个中国品牌。"多年之后，谈及格力曾差点被"卖掉"，董明珠如是说。

2004 年，当地政府拟引进世界 500 强企业——美国开利收购格力。价格都谈好了，9 亿元；对方还给董明珠开出了 8000 万元年薪的承诺。

但董明珠却强烈反对。在她看来，珠海应打造自己的世界 500 强，而不是依靠别人。

最终，政府采纳了董明珠的意见。

在董明珠的引领下，格力也果然进入了世界 500 强。2018 年，格力营收 2000.24 亿元，净利润 262.03 亿元——2 天的营收就可以买下一个 2004 年的格力了。

➤ 品牌分析

实际上，在那一波收购潮里，并不是每一个品牌都像格力一样幸运。

中华牙膏卖掉了，活力 28 卖掉了，熊猫洗衣粉卖掉了，苏泊尔卖掉了，大宝卖掉了，南孚卖掉了，小肥羊卖掉了……

那些被外资收购的品牌，部分还在运营，更多的则被"雪藏"，淡出了大众视野。

它们与格力之间，可能只差了一个董明珠，或者说，差了一个像董明珠

这样的超级品牌官。

超级品牌官在品牌管理和品牌战略中有着无可取代的重要作用。几乎每一个成功品牌背后，都有一个灵魂人物在推动——他们不仅是引领品牌前进的组织动力，亦是品牌灵魂的人格代言，更是品牌管理的第一责任人。

那么，企业家如何才能成为优秀的超级品牌官呢？

1. 信念

企业家应树立坚定的品牌信念。没有信念，就难以点亮品牌的灯，无法照亮消费的路。

董明珠正是因为"让世界爱上中国造"的信念，才赢得了格力的强势崛起；乔布斯正是因为"用科技改变世界"的信念，才有了苹果的惊艳；山姆·沃尔顿正是因为"天天平价"的信念，才让一个乡村小店崛起为世界零售之王；马云正是因为"让天下没有难做的生意"的信念，才在自己的家里开启了一个庞大的商业帝国……

2. 格局

企业家应胸怀强大的品牌格局。没有格局，就无法拓宽视野，吸纳智慧，担当责任。

蒙牛在创立时，资金非常匮乏，实力排中国乳企 1000 名开外。然而，牛根生依然勒紧裤带悄悄拿下呼和浩特市主要街道的 300 块广告牌，发出了"创内蒙古乳业第二品牌"的强力号音。6 年后，蒙牛销售额一举跃至全国第一。

同样，因为格局，董明珠宁拒 8000 万元年薪而选择格力品牌。这不但为格力的品牌赋能，也有力地推动了整个"中国制造"的地位的提升。

3. 匠心

企业家应永葆炽热的品牌匠心。没有匠心，就无法守住初心、抵制诱惑，更无法精益求精、臻于至善。

国外，那些传承数百年的顶尖奢侈品牌，无不是因为创始人的匠心得到传承；国内，任正非"20 年只向一个城墙口开炮"，曹德旺用一块玻璃改变世界，董明珠"28 年没有休过一天假"……无不是一颗匠心在推动着品牌的崛起。

英特尔创始人安迪·格鲁夫曾说："只有偏执狂才能生存。"

正是一个又一个企业家对品牌信念、格局和匠心的"偏执"，一个又一个超级品牌官的不断涌现，才让人们的消费生活不断变得美好。

➢ 品牌感悟

品牌不是吹出来的，是脚踏实地做出来的。

——董明珠

12

DECEMBER

未来已来：
新品牌，新世界

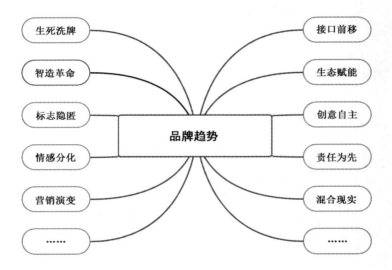

生死洗牌　　　　　　　　　　　接口前移

智造革命　　　　　　　　　　　生态赋能

标志隐匿　　　　　　　　　　　创意自主
　　　　　　　　品牌趋势
情感分化　　　　　　　　　　　责任为先

营销演变　　　　　　　　　　　混合现实

……　　　　　　　　　　　　　……

品牌趋势导图

生死洗牌：中国品牌日，仅仅只是开始

这是奋进者的号角，也是落伍者的丧钟。

➤ 品牌案例

2017 年 5 月 2 日，《国务院关于同意设立"中国品牌日"的批复》公布。自 2017 年起，将每年 5 月 10 日设立为"中国品牌日"。

2018 年 3 月 21 日，中国品牌日标志发布，其整体为一枚由篆书"品"字为核心的三足圆鼎形中国印。

品，品牌理念，时代象征；鼎，国之重器，文明象征；印，信誉标记，权力象征。

以"品—鼎—印"为标志元素，不仅寓示着中国品牌的价值内涵和重要意义，更彰显出这一节日在中国经济文化和国家战略中的重要地位。

➤ 品牌分析

中国品牌日的设立，意味着中国已将品牌建设纳入国家战略，并正在成为全民共识，并为之付诸行动。

这背后的原因，主要有二：

一是现实推动。中国是制造大国，却是品牌弱国。中国制造业企业的平均利润率仅为 2.59%，远低于世界 500 强企业的 6.57%。

与此同时，中国消费者对"洋品牌"依旧趋之若鹜。甚至有些游客"打飞的"去日本，只为抢购一个"马桶盖"。

二是趋势拉动。随着数字技术的发展和应用，不仅"品牌通吃"的马太效应越发强烈，而且许多"超级巨星"正在形成，并掌控着世界经济和未来。

中国经济和中国企业要真正崛起，必须走品牌强国、品牌强企之路。

所以，中国品牌日的设立，将注定是中国经济和中国品牌史上的一个重要分水岭。

一方面，在这一重大仪式的推动和唤醒下，中国的消费市场将越发成熟，一批优秀的中国品牌将相继崛起，并迎来自己的"高光时刻"。

据世界品牌实验室（World Brand Lab）发布的 2017—2019 年世界品牌 500 强排行榜数据，2017 年中国入选品牌为 37 家；2018 年为 38 家，2019 年为 40 家。尽管整体排在美国、英国、法国、日本之后，但数量呈上升趋势。

另一方面，这意味着产业洗牌和价值重构，意味着一条决定企业"生存还是死亡"的全新赛道：那些没有正确的品牌意识，依旧沉浸在传统思维里的企业，将逐渐遭到市场抛弃；那些把"忽悠消费者"当成品牌建设的旧式老路，将在官方和民间的集体"围剿"下，敲响丧钟……

巴菲特说，只有在潮水退去的时候，才知道谁光着身子游泳。

"低端制造"的潮水正在退去，品牌奋进的号角已经吹响，这是献给每一个品牌建设者的礼赞。

对于那些依旧"看不见，看不起，看不上"的企业和企业主，以后的这一天，也许是永远的伤感日。

➤ 品牌感悟

未来，你可以没有公司，但不能没有品牌。

智造革命：阿里巴巴秘密打造"犀牛"的背后

让用户直连生产，用智能重构制造。

➤ 品牌案例

2020 年 9 月 16 日，"阿里动物园"正式对外宣告，它增加了一个新物种——"犀牛"。

这便是阿里巴巴新制造一号工程"犀牛智造工厂"。

阿里巴巴"犀牛智造工厂"秘密筹建和运行了 3 年。其 2018 年 3 月在杭州建厂，同年 8 月试产。定位为专门为中小企业服务的数字化智能化制造平台，率先在服装行业开始新制造探索。

这也是马云的"五新战略"之一。

据介绍，"犀牛智造工厂"主打按需生产、小单快返。在需求端，打通淘宝、天猫，为品牌商提供精准销售预测，让按需生产可规模化实施；在供给端，可实现100件起订、7 天交货，运转效率达行业平均水平的 4 倍。

➤ 品牌分析

"犀牛智造工厂"的亮相，是阿里巴巴对"新制造"的一次探索和"打样"，也是在"工业 4.0"时代，制造业的一个重要变革方向。

自 18 世纪中叶以来，人类历史上已发生了三次工业革命：第一次是蒸汽技术革命，开创了"蒸汽时代"；第二次是电力技术革命，开创了"电气时代"；第三次是计算机及信息技术革命，开创了"信息时代"。

目前正在发生的，则是以人工智能、石墨烯、基因、虚拟现实、量子信息技术、可控核聚变、清洁能源及生物技术为技术突破口的第四次工业革命。

第四次工业革命宣告了"工业 4.0"时代，也就是智能化时代的来临。

在传统工业时代，生产效率的提升，依赖的是规模化、标准化和机械化，大批量制造和先产后销，是产品步入千家万户的主要模式。高库存、重资产、长周期，也是其主要"副作用"。

得力于信息技术和智能技术的融合，智能化时代的生产制造，则是一次与以往完全不同的颠覆式革命。这主要表现在两个方面：

一是按需生产。业界称之为 C2M 模式。C2M 是英文 Customer-to-Manufacturer（用户直连制造）的缩写，又被称为"短路经济"。主要包括纯柔性生产、小批量多批次的快速供应链反应。

在 C2M 模式下，消费者可直接从平台下单，工厂定制生产。既可以满足消费者个性化需求，又可以去除库存、分销等环节，降低购买成本。

2016 年创立的码尚，采用 AI 在线量体技术，提供服饰个性化定制服务，是服装业最早试水 C2M 模式的典型。

"犀牛智造工厂"目前并不直接面对消费者，而是通过天猫和淘宝的众多中小品牌商家连通消费者，并通过阿里巴巴的海量数据能力，预判需求，制造爆款，为天猫和淘宝商家赋能。

二是智能生产。智能生产即通过云计算、物联网、人工智能等新技术的综合运用，为工厂赋予"智慧大脑"，实现生产的云端化。

在"犀牛智造工厂"中，智能中央仓可智能采购、柔性供给；每块面料都有自己的 ID，可全链路跟踪；产前排位、生产排期、吊挂路线，都由 AI 机器做决策……

正因为这种智能化，以往必须清点物料和检查排期才能确定的工期，在"犀牛智造工厂"一键即可得到秒级回复，效率得到大大提高。

按需生产重构了消费价值，智能生产则重构了生产效能。二者的融合，让"智造革命"正爆发出强大的威力，成为"新制造"的必然。

未来，甚至可通过机器人解放人力，实现"无人工厂"……

➢ **品牌感悟**

未来的制造业是 Made In Internet。

——马云

12月7日

标志隐匿：没有 Logo，为什么不影响它的"火"

最好的标志，藏在消费者的心里。

➤ 品牌案例

Everlane 是一家美国时尚品牌，它的 Logo 几乎从不出现在商品表面，但这丝毫不影响它的火爆。

Everlane 成立于 2011 年，以线上销售中高端衣服、包、鞋为主。它的产品不打 Logo，但却在官网和挂牌上详细地列出了该件产品的成本明细价格，明确地告诉顾客自己到底赚了多少钱。

Everlane 也不追潮流。其聚焦基本款，没有过多花纹、修饰，倡导环保理念，每年推出的新品连 100 种都没有，而且从不打折销售。

正是凭着这种"极简主义"的产品特点和"极致透明"的品牌原则，Everlane 以"无 Logo，好品质"的高性价比形象受到欢迎。巨星娜塔莉·波特曼、超模吉吉·哈迪德都是其忠实粉丝。

2016 年，成立仅 5 年的 Everlane 销售额就突破 1 亿美元，估值达 2.5 亿美元。

➤ 品牌分析

这些年，不仅 Everlane 等新锐品牌以"无 Logo"赢得了消费者的心，路易威登、古驰、博柏利等奢侈品牌也越来越淡化 Logo 的作用，掀起了一股"去 Logo 化"的风潮。

是 Logo 失去意义了吗？

当然不是。而是在万物互联的新品牌时代，品牌价值表达和品牌消费逻辑正在发生巨大变化，品牌通过隐匿标志，彰显着与消费者"零距离"的决心。

这种变化，主要体现在两个方面。

一是 DTC 模式的兴起。DTC 是一个舶来概念，即 Direct to Consumers（直接面向消费者），是电子商务和互联网经济的产物。

在过去，品牌采取的基本都是"宝洁路线"，主要通过大量广告和营销渠道去沟通、接触消费者。这时，Logo 作为产品识别符号，就显得非常重要。

DTC 模式的出现，品牌与消费者的沟通和接触即时化、透明化、零距离化，有没有 Logo 已不影响价值识别。再加上 DTC 砍掉了渠道环节，没有"中间商赚差价"，消费者往往直奔价值本质而来，"Logo 效益"进一步得到了弱化。

所以，Everlane 一方面有意隐匿 Logo，彰显"我不赚商标的钱"，另一方面又把"透明策略"做到极致，让消费者有满满的获得感。

路易威登等大牌奢侈品，则借 DTC 有效规避了假货，强化了顾客的情感链接和价值直达。将昔日的大 Logo 弱化，亦是这种新型关系的表达。

二是消费理念的变迁。这些年，随着社交媒体的兴起及新生代消费者的长大，消费理念亦发生了巨大变迁。

在社交媒体普及之前，人际沟通渠道有限，身份信息极不透明。大 Logo 产品，尤其奢侈品，是非常重要的"身份标签"和"社交名片"。

在社交媒体普及以后，人际沟通透明化，社交圈层化，富人无须用大牌 Logo "显摆"，穷人用大牌 Logo 去"装"也没用。选择自己喜欢的，才是王道。

与此同时，年轻一代的消费者，眼光更加挑剔，个性更加突出，他们更多地把目光转移到低调、独特和高品质的品牌上。有的甚至故意通过无 Logo 品牌，彰显自己的"低调奢华"和"好品位"，以及与父母辈的区别。

所以，不管无 Logo，还是藏 Logo，都是消费理念变迁的产物。

而且，这种消费理念看似淡化了品牌，其实是给品牌商提出了更高的要求——在隐匿 Logo 的情况下，你用什么更好地彰显自己的个性和价值，并以此赢得消费者？

　　这个问题的答案，关乎品牌的未来。

➢ 品牌感悟

　　未来的品牌，明明可以靠颜值，却偏偏要靠实力。

情感分化:"有情绪食品"背后的情绪战争

甲之蜜糖,乙之砒霜。

➤ 品牌案例

"男友力"锅巴、"玻璃心薯薯"麻薯、"手撕鬼子"面包、"嘴炮 er 系列"果干、"一夜十集"追剧必备果蔬干、"四六级必过"地瓜片……

这个名为"河豚有情绪"的零食品牌,Logo 也很有情绪——是一只鼓着腮帮子的河豚。

2017 年,"河豚有情绪"进入休闲零食市场。其深度结合年轻人的各种特定生活场景,通过有趣的视觉设计、调侃性文案和强烈的情绪表达,迅速俘获了不少消费者的心。

据报道,该品牌上线一个月销售额就近百万元,仅半年时间,就积累了50 万粉丝,打造出 4 个子品牌,30 多个 SKU。

➤ 品牌分析

情绪是情感的反应和表达。有数据表示,80%以上的购买都是基于感性的情绪,而不是理性的逻辑。所以,"情绪"一直是营销者的强大武器,在广告、文案和营销活动中被广泛运用。

但相对市场上常有的"情绪营销","河豚有情绪"显然切入得更深,出手也更"狠"——它让强烈的情绪表达,直接变成了产品本身。

高情绪力、高辨识度、高场景化,让"河豚有情绪"击中了许多消费者的心。

类似的案例还有江小白的"表达瓶",流露着"丧的气息"的丧茶。

"河豚有情绪"创始人李倩认为:"过去我们看到的零食分类,都是以传统的生产侧逻辑,按照膨化、坚果、蜜饯等工艺分类的,这样的分类是工厂思维的分类,你从消费者的视角看就会发现其实消费者并不关心这样的分类,他们更在乎场景和情绪,更在乎自己的实际需求。"

这代表了一种越来越显性的品牌趋势:品牌,正在加速进行情感分化。对消费者分化情感的竞争,甚至将是未来品牌内容竞争和流量战争的重点。

情感分化的背后,是随着时代的发展,不同阶层、不同年龄、不同圈子、不同场景下的消费者的情感鸿沟越来越大,情绪响应需求越来越强,"大一统"的产品将越来越不讨喜。越个性、越情绪、越精准的产品和内容,将成为必然。

具体而言,品牌情感分化主要表现在三个方面:

一是 IP 形象越来越个性化。一些独特的小众 IP 品牌将崛起;一些大品牌,则会分蘖、孵化出无数小众 IP,组成 IP 家族,以生态取胜。

二是情感表达越来越强烈化。正如《让创意更有黏性》一书里提出的"联想力量和语义夸张","运用(情感)联想可以说是某种军备竞赛,别人造了一枚,你就得造两枚;他要是'独特',你就得'超独特'"。

三是营销传播越来越分众化。"广而告之"的效果将越来越弱,精准的链路营销、场景营销、社群营销、直播营销、粉丝营销等将成为"标配"。

日本一位销售专家曾指出,"卖物的时代已经过去了,现在是卖事的时代了"。

你的品牌,会是那回"事"吗?

➤ 品牌感悟

现在,如果我们不用感性分析来研究市场,根本无法理解。

——小林敏峰

营销演变："便利店黑马"的"算法革命"

"拍脑袋"营销，正在让位于"技术营销"。

➢ 品牌案例

2020 年 5 月，新型连锁便利店品牌——便利蜂，宣布其在北京地区超 500 家门店已实现整体盈利。

北京被称为"便利店的荒漠"，至今很多老牌便利店也没有宣布整体盈利。才 3 岁的便利蜂，堪称"黑马"。

便利蜂创始人庄辰超原是去哪儿网联合创始人，携程并购去哪儿后，庄辰超于 2016 年成立了便利蜂。

一开始，同行并不看好便利蜂。因为对于传统便利店行业，庄辰超完全是外行。

但庄辰超带着互联网基因而来。其以数字化重新定义门店和后端生意，用算法优化和覆盖整个便利店系统，大大地提升了营销和运营效率。

仅仅 3 年多时间，便利蜂便在全国开出超 1500 家直营门店，并完成 C 轮融资，累计募集资金达 15 亿美元。

➢ 品牌分析

便利店的本质是零售，且需在不大的店面里销售数千种 SKU。一个店开起来后，其主要难点便是——卖什么好？如何卖好？

任何一个 SKU 如果不能卖好，都是对坪效的消耗。

对此，传统便利店主要依托店长的经验决策。而培养一个店长，一般需要 2~3 年。且不同区域的消费者习惯又不同，经验难以复制。

所以，传统便利店不但扩张缓慢，且主要采用加盟方式。

便利蜂通过对生产、物流、门店、消费者全链路数字化采集，再通过客户画像和算法分析向不同门店输出个性化决策指导，不仅为店长"减负"，而且降低了主观判断的不确定性，让"卖什么好"变得更科学、简单。

与此同时，便利蜂通过数字化门店打造，让消费者既可线下自助选购，也可线上下单，从而将店员解放出来，侧重提供更有温度的服务，让"如何卖好"变得更高效、便捷……

当然，便利蜂到底能走多远，还需要更长时间来检验。

但它在社区"最后一公里"掀起的"算法革命"，深刻地揭示了全渠道数字化时代正在全面到来，"拍脑袋"营销，正在让位于"技术营销"。

这主要体现在两个方面：

一是链路重构——从"人找货"，到"货找人"。

传统营销，不管是店面留客还是 PC 搜索购物，都是典型的"人找货"模式，即以"货"为中心吸引顾客的链路营销。在全渠道数字化时代，则是以"人"为中心的，在用户画像和算法分析的基础上，调整供应链，让货随着人的需求、场景、喜好转换。用户在需要时只要打开手机，"匹配好的货"就会出现，"所见即所得"。

"人找货"，比的是截客能力，好比守株待兔，关键是经营好"株"；"货找人"，比的是锁客能力，好比守兔待株，关键是经营好"兔"。

从这个角度来看，未来的便利店，将主要是"最后一公里"服务店，配送周转点。

二是技术推动——从"人工创意"到"数字创意"。

传统营销，营销者的个人创意非常重要，一个"好点子"甚至可以打开一个市场，救活一家企业。在全渠道数字化时代，人工创意则离不开技术赋能，并演变成数字创意。创意的策略要建立在大数据和算法分析的基础上，精准出击；创意的执行更要依赖自媒体和社交平台的"流量算法"，以及客户端的"种草"和"养鱼",服务端的 AI 和机器人出动……

在这一趋势的推动下,一种全新的岗位——首席技术营销官(Chief Marketing Technologist)已在许多企业兴起。用技术赋能营销,正在成为新"标配"。

➢ 品牌感悟

所有的企业未来都会是数字化的企业。

——王文京

接口前移：不同品牌乳品盒上的同一个秘密

品牌向下，价值向上。

➤ 品牌案例

不知你是否留意到，在许多品牌的牛奶包装盒上，都有这样一行字："保护好品质。"

这是乳品企业对消费者的共同承诺吗？

不，这是包装盒生产商利乐（Tetra Pak）的品牌口号。也就是说，但凡印着"保护好品质"的包装盒，其实都是利乐生产的。

在中国，利乐在常温奶包装市场所占份额高达75%，最高时达95%——伊利、蒙牛、光明、三元等品牌的牛奶，都在使用或曾经使用过利乐的包装盒。

一家牛奶产品的上游企业——包装盒生产商，为何如此精心地向终端消费者展现自己的品牌承诺？这有必要吗？

➤ 品牌分析

对于品牌，传统的观点认为，并不是所有的企业都需要品牌。

例如，富士康是全球大型电子产品制造商之一，它生产的产品——苹果、小米、索尼……早已经覆盖世界各地，然而，我们看不到"富士康"品牌的产品，这些，都只是在富士康代工而已。

也就是说，富士康之类的上游企业，因无须直面终端消费者，并不需要品牌。它们的核心竞争力，是产品生产能力。生产技术和成本管控能力，是决定它们能否持续下去的关键。只要工厂不变，如果郭台铭把富士康换一个其他××康名称，并不影响它的经营。富士康只是商号，并非品牌。

然而，利乐似乎并不这么看。

利乐是全球最大的软包装供应商。1961 年，其发明的超高温无菌灌装技术，彻底改变了牛奶的储运和销售半径。

但利乐并未简单定位于包装生产商，而是将自己视为食品行业的积极参与者，自称"为液态食品生产厂商提供设计方案的国际性公司"。

一方面，利乐不仅提供包装，还为客户提供从市场调研、市场分析、工艺设计、渠道网络建设及市场推广方案等全过程的服务，积极参与下游的品牌建设。20 世纪 90 年代，正是利乐帮助伊利走出了内蒙古。

另一方面，利乐始终重视消费者的体验和感受，不断开发出更加人性化的产品——手感好，瓶盖开启方便的利乐钻；不用使用开瓶器和剪刀的利乐佳……

"保护好品质"，不仅是对消费者的承诺，更是对行业的承诺。正是在这样的承诺中，利乐做大了市场，成就了自己。甚至有人说，是利乐改变了中国乳业。

利乐的做法，是将品牌价值链接口向消费端前移。这样的"前移"，正变得越来越多。亚马逊在半径 20 英里设置的配送站网络，已经可以覆盖美国44%的人口；韩国第一大钢厂浦项钢铁通过设立汽车零件厂，涉足下游汽车零件业务；温氏股份投资建立社区生鲜连锁品牌——温鲜生……

接口前移的背后，是消费端需求变化的加快和消费端势力的进一步增长。上游品牌唯有进一步将自己融入消费端的价值变革中去，才能更好地实现自己的价值向上，唯有更紧密地触控到终端消费者的冷暖，才能更好地掌握命运、成就伙伴，共塑未来。

> **品牌感悟**

品牌已不再是终端企业的"专利"。

生态赋能：小米电视，凭什么"夺冠"

以前推崇"松树企业"，现在追求"竹林效应"。

➤ 品牌案例

2013年，已在智能手机市场取得骄人业绩的雷军，产生了把电视屏幕变成手机显示屏的想法。他后来总结道："手机是电视的遥控器，电视是手机的显示器。"

于是，2013年9月，小米智能电视面市。

但一开始，市场的反应非常平淡。据有关数据，2014年底，小米电视的累计销量才30万台，与小米手机一开始的火爆形成了强烈反差。

不过，小米并未就此退却。

其一边加强小米电视的内容生态建设，一边不断推出小米生态链产品……慢慢地，小米电视与小米系列智能产品互联互通，成为智能家庭的可视化控制中心。

小米电视销量开始迎来高速增长。到2019年，小米电视不仅拿下中国市场年出货量、年销量双料冠军，而且成为中国市场首个年出货量破千万台的电视品牌。

➤ 品牌分析

仅仅5年多时间，小米电视就超越海信、TCL、创维等老牌厂家，登顶中国市场销量之冠，凭什么？

有人总结，一是智能，二是便宜。

其实，更重要的原因，是小米强大的生态链赋能。

一方面，小米电视建立起了与爱奇艺、腾讯视频、搜狐视频、PPTV 几大主流视频巨头的强大内容生态联盟。在所有电视品牌中，小米电视成为全部接入这几家视频内容的独家，堪称"内容之王"。

而且，别人靠卖电视机赚钱，小米靠开机广告赚钱，价格岂能不便宜？

另一方面，小米通过一系列生态链企业的孵化，打造出扫地机器人、空气净化器、净水器等一系列"感动人心、价格厚道"的智能家居产品。当这些产品深入千家万户，消费者岂能离得开其"枢纽产品"小米电视？

在"智能"和"便宜"上，别的厂家其实都可以超越。唯有生态链，才是小米电视的强大竞争壁垒。

小米生态链谷仓学院有一个比喻：传统时代的企业像松树，成长慢，且一旦遭遇意外打击，没有回旋余地；互联网时代的企业像竹林，不仅一夜春雨，迅速成林，而且根系相连，生生不息。

这代表了品牌生态时代的来临。企业的竞争，正在由单一品牌的较量，演变成品牌生态系统的比拼。

因为 IoT（The Internet of Things，物联网）及 AI（Artificial Intelligence，人工智能）的应用，人与物、物与物之间的"万物智联"，可以让所有产品的"用户流量"互相贯通，并在平台汇聚成流量池优势，最后形成品牌生态——流量贯通所有"竹根"，赋能所有"竹笋"，化为"竹林效应"。

小米生态链建设始于 2013 年，其最初计划利用小米的品牌平台和方法论，通过投资而不控股的模式，复制"100 个小小米"。

2016 年，小米手机曾遭遇销量"滑铁卢"，正是生态链企业初步形成的"竹林效应"，使小米度过了低谷。

小米电视也在这一年开始迎来销量爆发。

其实，不仅小米，华为云布局工业 AI 生态圈，海尔更名"海尔智家"，慕思打造健康睡眠生态圈，VIVO、OPPO、美的、TCL 等厂家宣布成立 IoT 开放生态联盟，中国互联网公司三巨头（BAT）之间绵绵不绝的"合纵连横"

与"明争暗斗"……

随着各行业领军品牌开启"生态模式"，行业界限将越来越模糊，"竹林效应"将越来越普遍，越来越强大。

未来的品牌，要么自建生态，要么共建或并入他人生态链。除此，别无他途。

> **品牌感悟**

小米，是独一无二的新物种。

——雷军

创意自主：有一种新"广告狗"，叫甲方

碎片化传播时代，推动了 In-house 模式的兴起。

➤ 品牌案例

2018 年 3 月，世界快消费品巨头——联合利华（Unilever）在 2017 年年度财报中宣布，因为 In-house（内部）模式，该公司节省了约 30% 的广告代理费。

联合利华内部创意团队 U-Studio 成立于 2016 年。

一开始，联合利华旨在利用 U-Studio 以数字渠道为重点跟消费者接触，包括为线上定制视频、图像、文章等内容，同时对抗广告拦截软件的发展。

从 2017 年起，联合利华不断削减与外部广告公司的合作，整体减半到 3000 家，并把部分数字营销和广告创意交给公司内部创意团队完成。

不仅联合利华，宝洁、可口可乐、红牛、万豪、耐克、百事等国际品牌都纷纷建立了自己的 In-house 部门，不断推行去代理化。中国品牌蒙牛，亦早在 2013 年就开始了 In-house 试水……

➤ 品牌分析

"甲方虐我千百遍，我待甲方如初恋。"

长期以来，因为广告代理制模式，"广告狗"既是乙方的象征，亦是乙方工作人员的"自嘲"。品牌方，常被尊称为"甲方金主""客户爸爸"。

但随着 In-house 模式的兴起，这一现象正在改变。

表面看来，这是为了削减成本，"不让中间商赚差价"。其实，是不得已而为之。

在传统媒体"中心化"时代，广告代理公司不但凭借"客户联盟"的第

三方优势，拿到更便宜的价格，而且凭着独立性和专业性，成为品牌创意的重要策源地。

对于品牌商来说，这时选择优质广告代理公司合作，无疑是上好选择——只要把钱"烧"出去，效果基本"看得见"，可谓"省心省力"。

但在新媒体时代，万物皆媒，传播变得碎片化、即时化和互动化，代理公司的"传统套路"基本失灵。消费者的"零距离"，逼迫品牌从"产品生产"转型"内容生产"，让即时的内容供应成为必需。

这时，广告代理公司在应对消费者反应上，当然没有自己人亲自上更及时、更直接、更懂产品和品牌。

所以，In-house 模式的出现，是碎片化传播时代的一次创意自主革命。它表示完全依靠代理公司"省心省力"的时代将逐渐结束。品牌商必须以"广告狗"思维，亲自付出心思和精力，直接与消费者"谈恋爱"。

但"烧脑"比"烧钱"可麻烦多了——"广告狗"，岂是那么好做的？

品牌发展的趋势，将会呈现出以下局面：

一是"广告狗"基因将成为公司管理的重要基因。从长远看，一切品牌皆媒介，甚至一切 CEO 都是"广告狗"。

一批品牌型 CEO——超级品牌官将大量登上商业舞台，成为公司的重要 IP，如乔布斯、马云、雷军、董明珠、钟睒睒、史玉柱、段永平……

缺乏品牌思维的公司管理者，将迎来转型危机。因为，组建 In-house 团队容易，管理并使其产生效益却并不容易。

二是"广告狗"人才将成为公司争夺的重点人才。尽管技术营销风起云涌，但到最后，技术也会同质化。唯有人，带有梦想、温度和原创思想的优秀广告人、品牌人，才是品牌走向未来的重要推手。对"广告狗"人才的争夺，将是未来重要的人才战略。

传统广告代理公司也会向策略咨询公司或精细型营销服务公司转型，通过更高端的价值重塑，再造广告业的未来。

> **品牌感悟**

不做总统，就做广告人。

——罗斯福

责任为先：Facebook 创始人为何频频认错和道歉

先责任，后品牌。

➤ 品牌案例

"Facebook 犯了一个'操作错误'。"

2020 年 8 月 28 日，Facebook（脸书）创始人、CEO 马克·扎克伯格（Mark Zuckerberg）为 Facebook 未及时删除一则"武装动员"的帖子，再次公开认错。

有网友感慨，这已是扎克伯格第 N 次认错和道歉了。

2004 年，20 岁的哈佛学生扎克伯格在校园创办了 Facebook。Facebook 也从一个校园分享网站，一步步崛起为全球最大的网络社交平台。

但伴随 Facebook 的发展，用户隐私数据保护和劣质信息净化也成了其"成长之痛"。为此，扎克伯格先后 10 余次公开向公众认错、道歉。

2018 年，英国"剑桥分析"挪用 Facebook 用户数据事件爆发，扎克伯格曾连续两天接受美国国会质询，并不断表示——这是我的错，我感到抱歉……

扎克伯格也一度被讥"道歉高手""Facebook 就是一部扎克伯格的道歉史"。

➤ 品牌分析

客观地说，扎克伯格并非一个不重视"责任"的企业家。

早在 2012 年，他就发表公开信表示，建立 Facebook"是为了承担一种社会责任，让整个世界变得更加开放和融合"。

2015 年，31 岁的扎克伯格与妻子借女儿出生之际，宣布将名下 99%的 Facebook 股票捐出用于公益事业。2020 年，他名下的股票市值已达 1000 亿美元。

2018 年，因"剑桥分析"，Facebook 不但主动认罚 50 亿美元，还承诺"确保隐私是 Facebook 每个人的责任"。

然而，为什么公众依旧不依不饶呢？

因为，时代变了——企业对社会责任的承担，已不再只是"重视选项"，而是"第一前提"。

很多人可能认为，企业是经济动物，应先赚钱，然后才谈社会责任。只要不违背法律，企业赚钱才是最大的社会责任。

在过去，这也许没错。但现在——若不谈责任，你未来可能根本就赚不到钱。责任，不是在赚钱以后，而是在赚钱之前。

具体而言，这主要基于三个变化：

一是信息透明化。信息的深度变革，让"老底"随时都可能暴露在阳光之下。昨天悖逆社会责任的行为，今天没事，明天可能就是舆论掀翻你的理由。舆论遵循的，往往不是法律逻辑，而是道德和责任逻辑。

二是经济丰饶化。这表现在商品的过剩和消费水平的提升上，企业竞争的重心，已不是简单地满足功能消费需求，而是要在精神消费需求领域拿出更完善、更有持续性的解决方案。责任，则是这种方案不可或缺的元素。

三是品牌人格化。品牌人格化是企业和产品的灵魂。随着竞争的深入，"魅力人格体"越来越常态化。责任，不仅是品牌人格的"脊梁"，亦是品牌可持续的支点。

1979 年，美国佐治亚大学教授阿奇·卡罗尔（Archie B. Carroll）提出了著名的企业社会责任金字塔模型，认为企业社会责任与财务责任是一个整体，"包括了经济责任、法律责任、伦理道德责任，以及其他任意方面的责任"。

1997 年，国际可持续发展权威、英国学者约翰·埃尔金顿（John Elkington）

又提出了"三重底线",即企业盈利、社会责任、环境责任三者的统一。

　　而今,扎克伯格用不断的道歉和认错提示我们——责任为先的时代,已不再是理论探讨,而是真的来了:"Facebook 认识到,不能光建造工具,还要确保这些工具被正确地使用。"

➤ 品牌感悟

　　今天忽略它(社会责任)的公司,明天可能不再存在。

——爱德华·F. 伯格曼

混合现实：迈向"奇点时刻"，你准备好了吗

当混合现实和人工智能的大门完全打开，一切品牌都将重构。

➤ 品牌案例

如果你是一个家居销售员，你是否想象过这样的场景：

如果客户来店，那么你只需要给他一个"眼镜"，他就可以进入一个混合现实（MA）空间，里面有店里所有的产品，他可以随意挑选、摆放、体验；如果你去客户家里，那么只需要给他一个"眼镜"，他就可以把他喜欢的产品，在家里真实展示，然后根据自己的喜好和摆放的风格直接下单……

而今，这不是想象，而是正在发生的事实。

2020年10月1日，居然之家举行战略合作发布会，宣布联手ID家与微软，打造全球首家混合现实家居新零售卖场，实现卖场全面数字化升级。

据悉，混合现实是虚拟现实（VR）和增强现实（AR）的升级，是结合真实和虚拟世界创造出的新沉浸式体验世界，已被应用于诸多行业。

➤ 品牌分析

居然之家的混合现实化，还只是未来世界的"冰山一角"。

美国作家卢克·多梅尔在《人工智能》一书中曾提出"奇点"概念，指的是机器在智能方面全面超过人类的那个点。奇点，也用以形容那些打破平衡、发生突变的临界点。

美国奇点大学校长雷·库兹韦尔甚至预言，这个"人类奇点"会出现在2045年。

但对于品牌和商业世界来说，混合现实和人工智能技术的融合与发展，将会提前开启自己的"奇点时刻"。

目前，混合现实技术已实现可视、可听、可嗅、可触；人工智能已进入"预测性分析"阶段，正在向能"模仿人类直觉"的"第四代AI"挺进……

一个全新的世界正徐徐到来。

从PC互联网到移动互联网，再到物联网，我们已见证了数字列车的高速发展和商业世界的颠覆性变革，而列车的下一站，正是"混合现实+人工智能"。

因为，混合现实赋予了数字空间声色与感觉，让虚幻变得真实；人工智能赋予了物质世界"智慧"，让万物变得有"灵性"。

所以，许多专家已做出明确预测：混合现实将成为下一代社交工具；人工智能将成为下一代产品标配。

对于所有品牌来说，这将是又一个重要的"变革风口"：

一是重构连接。现在手机是移动互联的"连接接口"，在混合现实时代，"接口"是什么？可穿戴设备？还是只需"Siri"一声，就会"芝麻开门"？

那时，你的品牌该如何与消费者和世界连接？

二是重构产品。当万物皆有智慧时，你的产品如何重构？如何进行交互互动？

当每个消费者都有自己的"宠物机器人"时，赢得其"宠物机器人"的喜爱和推荐，是否会是未来的广告形态？

三是重构体验。如何构建你的混合世界，让消费者"Siri"一声，就可以进入沉浸式体验？又如何让消费者在多样的混合世界中，愿意把自己的时间分配给你？

四是重构世界。混合世界的大门一旦完全打开，消费者对虚拟世界的迷恋和依赖，将注定远超现实世界。那时，消费观念、商业伦理、产业生态都将被重新定义。

你的品牌，又会被如何定义？

当然，罗马不是一天建成的。

李迅雷曾在一篇文章中分享过屠光绍教授关于"过去与未来"的四个象限图，如图 12-1 所示。

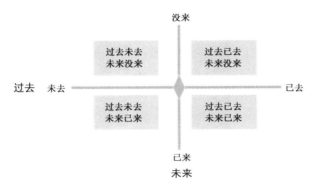

图 12-1　"过去与未来"的四个象限

那么，你和你的品牌、你的行业、你的竞争对手，分别正处在哪个象限？又在去向哪个象限？

> **品牌感悟**

预测未来最好的方法，就是去创造未来。

——亚伯拉罕·林肯

后 记

著名品牌管理大师戴维·阿克曾说："下一批重要的全球品牌，将出自新兴国家。"经过市场化、全球化的深度洗礼，今天，中国企业创建品牌的机遇之大、雄心之烈，均前所未有。

但大浪之下，亦"如万里黄河，与泥沙俱下"。

在长期的品牌策略工作实践中，笔者接触到形形色色的企业家、企业高管，以及各类品牌和市场营销工作者，深感他们对品牌建设的重视正与日俱增，但其对品牌的认知和理解，却存在着大量的误解，甚至偏见。

究其原因，一方面，市场变革剧烈，新技术、新概念、新热点层出不穷，让人犹如雾里看花，莫衷一是。另一方面，面对"品牌"这一西方舶来的概念，中国的原创品牌理念和品牌思想有些滞后，短期主义、实用主义、炒作主义充斥市场，真知灼见有时被漠视，甚至被淹没。

正是基于这一现象，笔者决定写一本简单的书——站在当下的时代节点，将复杂的品牌理论，简单化、常识化，通俗化；从中外品牌典型案例中，找出普适规律，刨出底层逻辑，并将其制作成可读、可学、可用、可参照的"日志"，以飨读者。

一开始，笔者以为这是一件简单的事——说真话，求真知即可。但行动起来，才发现原来一点也不简单。无数个深夜，于浩瀚的案例海洋和思想星空中，笔者仿若一个拾贝壳的孩子，迷恋忘返。而抬起头来，窗外已泛白，喧嚣又开始在城市中上演。

从 2018 年底开始，到 2020 年底完稿，断断续续，一晃就是两年。在笔者已出版的所有图书中，这是读起来最轻松的一本，却是笔者耗费时间最长、付出精力最多的一本。

所以，在本书付梓之际，笔者心里充满了感念，以及感谢。

感谢书中引用的每一个案例及案例的创建者。不管是经验之谈，还是教训总结，不管是声名显赫，还是初出茅庐，你们都用实际行动为时代做出了有益探索和积极贡献，为他人点亮了一盏明灯。

感谢书中引用的理论、名言和相关资料的所有者。在具体行文中，亦进行了注明。正是你们以"巨人的肩膀"，赋予了本书更阔远的视野。若有引述错误和疏漏之处，也敬请谅解并及时联系，以便再版时更正。

感谢电子工业出版社大众出版中心副总编辑刘声峰先生。在近两年的时间里，您对本书耐心跟进，细心指导，彰显了一个卓越出版人的高怀和渊识。

感谢本书责任编辑杨雅琳老师。您一字一句，严谨细致，是本书当仁不让的又一"母亲"。

感谢我的朋友和同事韩可弟、曹康林、邰勇夫、余歌、钟奇鸣、阎炜、杨凤娇、陈奕琳……正是你们的支持和建议，给予了我不断向前推进本书的力量。

感谢曾答应为本书写推荐语的专家。考虑到图书市场上"推荐语"太多，笔者再次选择了"简单"，但对你们的谢意，藏在心底。

感谢所有已经和即将阅读本书的读者，你们，才是本书的"真正主人"。也真诚地期待着你们的批评和建议。

写下这篇后记之时，已是庚子腊月，寒冷依旧。窗外，阳光若隐若现，湖水碧波荡漾，春的气息依稀可闻。牛年，正姗姗而近……

祝福您，祝福所有的遇见！

彭雅青

2021 年 1 月 24 日于江城

图书在版编目（CIP）数据

品牌之王：超级品牌管理日志 / 彭雅青著.—北京：电子工业出版社，2021.4
ISBN 978-7-121-40917-2

Ⅰ. ①品… Ⅱ. ①彭… Ⅲ. ①品牌－企业管理－通俗读物 Ⅳ. ①F273.2-49

中国版本图书馆 CIP 数据核字（2021）第 059610 号

责任编辑：杨雅琳
印　　刷：河北迅捷佳彩印刷有限公司
装　　订：河北迅捷佳彩印刷有限公司
出版发行：电子工业出版社
　　　　　北京市海淀区万寿路 173 信箱　　邮编：100036
开　　本：720×1 000　1/16　印张：24.5　字数：365 千字
版　　次：2021 年 4 月第 1 版
印　　次：2021 年 4 月第 1 次印刷
定　　价：98.00 元

凡所购买电子工业出版社图书有缺损问题，请向购买书店调换。若书店售缺，请与本社发行部联系，联系及邮购电话：（010）88254888，88258888。
质量投诉请发邮件至 zlts@phei.com.cn，盗版侵权举报请发邮件至 dbqq@phei.com.cn。
本书咨询联系方式：（010）88254210，influence@phei.com.cn，yingxianglibook（微信公众号）。